センター試験の社会科選択で迷っている方、ぜひ「倫理」や「政治・経済」といった公民科目を選んでみよう。

　なぜなら面白いからだ。科目としての扱われ方が比較的「軽い」ため、その面白さを知らない人が多いが、間違いなく受験科目の中では1、2を争うほど面白い。受験勉強そのものは辛いのだから、科目ぐらいは面白いものを選ばないと損だ。

　「倫理」は人間の内面を扱い、「政治・経済」は社会の外面を扱う。人と社会を学ぶ科目が、面白くないわけがない。しかもどちらの科目とも楽しんで学ぶうちに、常識と論理的な思考能力が身につく。

　「倫理」の良さは、人間の内面に深く入り込んでゆく深さにある。僕らは哲学・宗教・心理学を通じて、そのディープな世界に潜入する。そうすると、面白いことに気づく。それは、世の中の仕組みには正解は1つしかなくとも、人間の内面には「人間の数だけ正解がある」ということだ。

　つまり、キルケゴールやニーチェの実存主義のように「他人にとっての真理など知らない。私にとってはこれが真理だ」なんて思想も成立するのだ。もちろん基本は「この頃の時代背景がこうだったから、こういう思想が必然的に生まれました」という形だが、そこで決まるのはあくまで大まかな"思想の方向性"であり、その後の詳細は思想家の主観も加味されて決定される。そして倫理では、それらすべてが「正解」だ。

　だから「倫理」では、そのような数多の「正解」をすべて尊重し、その上で各人なりの考え方をじっくり吟味する。だからこそ「倫理」はとても難しく、そしてメチャクチャ面白いのだ。

　とは言っても、倫理はあくまで受験科目。だから倫理を面白がるだけでなく、みんなにはきちんと必要な得点を取ってもらわないといけない。ここからは、きちんと得点をとってもらうために、学習時に気をつけてほしい点も伝えておく。

①**その思想が生まれてきた時代背景を、きちんと理解する。**

　思想は、いきなり何の脈絡もなく、ポンと生まれてきたりはしない。後世に残る力強い思想は、戦争・迫害・社会情勢の激変など、時代の必要性から必然的に生まれてくる。これをしっかりつかんでいけば、今まで断片的な知識の羅列であった倫理にスッと軸が通り、理解が驚くほど深まることは間違いない。

②**自分にわかる言葉で理解する。**

　「難解な哲学用語を使いこなす自分ってかっこいい」──　こんな薄っぺらで誤った意識は捨てよう。かえってかっこ悪い。本書では僕が皆さんに伝わる言葉で説明するので、まずはそれを理解すること。難解な用語は、その後で覚えていけば十分だ。

③**西洋思想ばかりやらず、日本の思想と現代社会分野も学ぶ。**

　西洋哲学に感銘を受けて倫理を学び始める人は多い。しかしセンター試験は、ソクラテスやデカルトが好きな皆さんをあざ笑うかのように、道元や中江兆民、西田幾多郎について出題してくる。

　最近のセンター試験では、日本の思想と現代社会分野からの出題が激増している。ならば「日本の思想なんて嫌い！」なんて子供みたいなことを言わず、きちんと全部学ぼう。

　そもそも、ここに挙げた3人の日本人の思想は、どれも非常に面白い。もしこれらが面白くないと思っているなら、それは単に皆さんの勉強が足りていないだけだ。しっかり勉強すること。

　本書を「倫理」のみで使う人、あるいは「倫理、政治・経済」で使う人、どちらも科目の面白さを存分に楽しみながら頑張ってほしい。

　最後に、僕の本の編集でいつもお世話になっている学研の田中宏樹氏に感謝の意を表して、筆を置きたいと思う。いつもありがとうございます。

蔭山　克秀

もくじ

はじめに 2
本書の特長 5

第1講　青年期
1　青年期の課題と人間形成 8

第2講　世界の思想
2　古代ギリシア思想(1) 26
3　古代ギリシア思想(2) 40
4　キリスト教思想・イスラーム 55
5　古代インド思想 70
6　古代中国思想 81
7　西洋近代思想の成立(1) 96
8　西洋近代思想の成立(2) 108
9　近代民主政治の思想 121
10　西洋近代思想の展開 135
11　現代の思想(1) 155
12　現代の思想(2) 169
13　現代の思想(3) 185

第3講　日本の思想
14　仏教の受容 192
15　日本仏教の展開 203
16　江戸時代の思想 215
17　日本近代の思想 229

第4講　現代社会分野
18　日本の伝統文化 246
19　現代社会の特質 256
20　その他の問題 272

さくいん 296

本書の特長

　本書はセンター「倫理」攻略のために必要な知識を、代ゼミの蔭山先生が理解しやすい言葉で、わかりやすく解説した本です。ここでは本書の特長を紹介します。よく理解して、存分に活用してください。

講義ページ

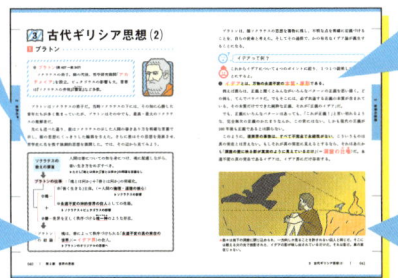

1 先生と生徒との講義形式なので語り口調でわかりやすい！

2 コンパクトな「板書囲み」でポイントがひとめでわかる！

3 赤文字で重要語を、黄色マーカーで重要記述を表示。

4 イラストが豊富で、見やすく親しみやすい！

※赤文字は付属の赤セルシートで隠すことができます。

チェック問題

　各項目の最後に、センター試験の過去問を掲載。問題傾向の把握や理解度のチェックに活用しましょう。

1 センターの最新傾向に沿って、よく出る問題をセレクト！

2 著者独自の視点で、センター問題をコンパクトに解説。

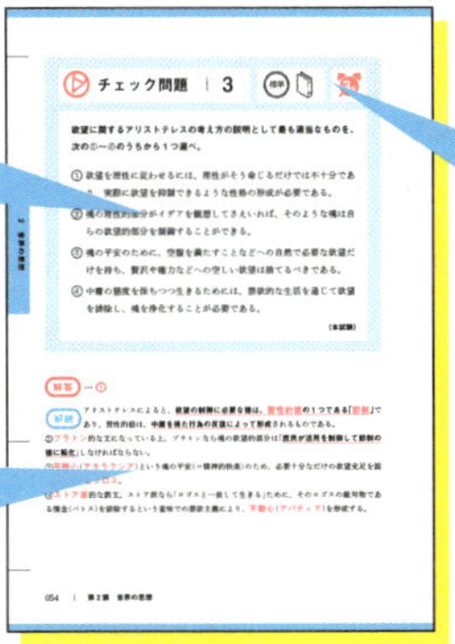

3 解答の目安として、難易度と解答時間を表示！

 青年期の課題と人間形成

青年期の流れ

中学生：
第二次性徴の発現期 … （肉体的な変化（精通・初潮など）が現れ、自分の中の激しい**性衝動や異性愛**の感情を自覚。）

↓

- 男女は互いの存在を強烈に意識し始める。
- 性の悩み＝親に言えない初めての秘密。

◉次第に**自我**（＝他人と区分された自分自身という意識）が芽生えてくる。
▶異性愛：「男女は別」という自我／性の悩み：「親とは別」という自我

高校生：
❶**親との分離**が進行し、情緒的に不安定に。
❷さまざまな**葛藤**（＝両立不可の複数の欲求への迷い）との闘い。

↓

❶
第二反抗期：親からの自立を求めての**反抗**が増える。
　▶性衝動＝「自立できる」というサイン
アンビバレンス：**相反する２つの感情**の同居を自覚。
　▶親は好きだけど嫌い → 「愛着と自立」の葛藤

❷
「接近―接近」型：「大学に入りたい」＋「遊びたい」
「接近―回避」型：「大学に入りたい」＋「勉強したくない」
「回避―回避」型：「勉強したくない」＋「不合格したくない」

↓

大学生：
アイデンティティ（＝自我同一性）確立のためのモラトリアム期 ＝ **自立に向けての最終準備段階**

↓

- **アイデンティティ**：「これが自分だ」と言える、一貫性のある自分。
- **モラトリアム**：さまざまな責任や義務を負う前の「**猶予期間**」。

↓

（束縛なく過ごせるモラトリアム期に**対人関係を多く持つ**（＝自我の明確化）ことで、確固たる自分（アイデンティティ）を確立。➡自立した大人へ。）

1 青年期とは

青年期って人生のどのあたりの時期ですか？

肉体に性的な特徴が現れてから自立した大人になるまでの時期、この長い長い悶々とした時期が**青年期**だ。

青年期の長さは国によって違う。一般に文明国ほど長いと言われてるんだ。

なぜ文明国の青年期は長いの？

それは**学校で教育を受ける期間が長いから**だ。

文明国では職業選択の幅も広いし、専門知識を要する仕事も多い。中学を出てすぐ医者や弁護士ってわけにもいかないから、当然高校・大学で勉強することになる。そうなると、自立に要する時間も長くなる。

でも肉体的にはすでに大人だ。精通と初潮を終えた肉体は、早く親から独立して、結婚・出産をしたがってる。でもまだ学生だから、それもできない。

こんなジレンマが、文明国の青年期を長く複雑なものにしてしまってるんだ。つまり僕たちは、自然に反した青年期の過ごし方をしているから、この時期やたら不安定になるわけだね。

じゃ文明国以外の青年期は違うの？

マーガレット＝ミードの研究によると、**文明国以外での青年期は短く、しかも安定**している。そこでの職業は農業・漁業・狩猟ぐらいだ。だから体が大人になると、青年は早々に成人として大人社会に仲間入りし、家庭を持って働き始める。そこにあるのは自然な流れだけだ。

でも日本に暮らす僕たちに、そんな青年期の過ごし方はできない。やるべきことはこの長い長いトンネルを正しく過ごし、ちゃんと自立できるよう努力するだけだね。

❶ 青年期を特徴づける表現

冒頭で示した通り、青年期とは「**性衝動とともにくる自立への欲求を満たすた**

め、親への反抗・葛藤との闘い・さまざまな対人関係を経て、次第に自我を形成し、確固たる自分を作って自立するまでの時期」と言うことができる。

冒頭では中学・高校・大学と区割りしたけど、あくまでこれは目安にすぎない。早い人は小学校5年生ぐらいから第二次性徴が始まるし、大学を出ても自立できない人間もたくさんいるもんね。でも全体的には、ほぼここに書いたような進行になるから、覚えておいてね。

この青年期、非常に複雑な時期だけに、それを特徴づける言葉も多い。だから、冒頭のまとめに書いた言葉だけじゃなく、これらも覚えておこう。

青年期を特徴づけるキーワード

- **第二の誕生**（たんじょう）… 第二次性徴後の自我の芽生えの時期が、人生を主体的に生きる「第二の誕生」の時期である。
  ▶ルソー

- **マージナル＝マン**… 青年期は大人と子どもの中間期。大人でも子どもでもない、不安定な時期である。
  ▶周辺人・境界人（レヴィン）

- **疾風怒濤の時代**（しっぷうどとう）… 青年期はさまざまな意味で激動の時期である。
  ▶もともとはドイツの文学運動を示す言葉

- **ヤマアラシのジレンマ**… 近づきすぎると傷つけ合い、離れると孤独になる。
  ▶人間関係には適度な心理的距離が必要

なんか独特な言葉が多いですね。

そうだね。全部に共通してあてはまるキーワードは「不安定」ってことかな。青年期は、とにかく不安定だ。そしてその激しい感情の起伏（きふく）は、主に前半期に見られる。それは、中高生の頃に、肉体の変化に対するとまどい・異性への強い興味・肉親や生活に対する嫌悪・家庭外の人物の理想化などが、いっぺんに現れるからだ。これらはすべて「親からの自立と新しい生活への欲求」であり、どれも大切で、絶対に理性で抑え込んではいけないものばかりだ。

> なるほど。

でも、青年期の過ごし方で最も注意を要するのは後半期、つまり大学生の時期だ。**この時期は労働と受験地獄という責任と義務が免除された・貴重な貴重なモラトリアム期**だ。この時期にやるべきことは、自立した一人前の大人になるための準備だ。

> そのためには何が必要なんですか。

対人関係を多くもつことだ。
　この時期の最も大事な課題は、**アイデンティティ**の確立だ。アイデンティティとは「**これが自分だと言える確固たる自分像**」。だから、**人とつき合わないと、自他の区分を明確になんかできない**よ。覚えておこうね。**アイデンティティを確立しなきゃ、自立した大人とは言えないし、その確立には他者との対人関係が不可欠**だ。アイデンティティは、部屋にこもって1人で確立するもんじゃない。この確立がちゃんとできなきゃ、僕らは**アイデンティティの危機**（**拡散**）と呼ばれる、**自分らしさがわからない心理的混乱**に陥るから、気をつけて。**モラトリアムもアイデンティティも同じ心理学者エリクソンの言葉**だから、関連づけて覚えよう。

　そしてもう1つ。自立した大人になるためには、経済的にも情緒的にも、そろそろ親から離れた自分独自の基盤・価値観を築き上げる必要がある。そのため、アメリカの教育学者**ハヴィガースト**は、**青年期の発達課題**として次のようなものを挙げている。

青年期の発達課題

- 同世代の男女との、洗練された人間関係。
- 男または女としての役割を理解する。
- 両親や他の大人からの、情緒的自立。
- 経済的独立、職業選択や結婚の準備をする。
- 社会的に責任ある行動をとる。　＋　その指針となる価値観を学ぶ。

どう、大変でしょ。君らも大学に受かって安心して、その後ボーっと過ごしてちゃダメだよ。この時期、やるべきことは多いんだ。

> そうか、大学生になれば遊べるとばかり考えてた…

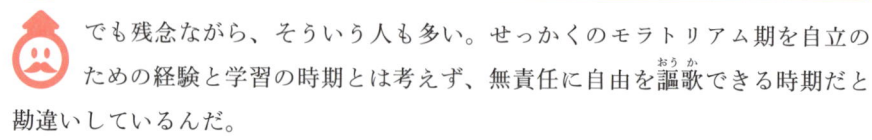

でも残念ながら、そういう人も多い。せっかくのモラトリアム期を自立のための経験と学習の時期とは考えず、無責任に自由を謳歌できる時期だと勘違いしているんだ。

そういう人は、**社会に出る直前になって、自立への不安に押し潰されそうになる**。すするとどうなるか。こんな中途半端な人間になってしまうんだ。

自立への不安がもたらす病理的症状

- **ピーターパン＝シンドローム** … 「大人になりたくない。モラトリアムがいい」と考える男性が示す心理。
- **シンデレラ＝コンプレックス** … 「いつか素敵な王子様が私を幸せに……」と空想する、女性の依存的心理。
- **ステューデント＝アパシー** … 大学入学で燃え尽きた、無気力・無感動な学生。無意味な留年・転部などを繰り返す。
- **青い鳥症候群** … 自分にふさわしい仕事を求め、次々と転職。
- **パラサイト＝シングル** … いつまでも親に経済的に寄生する独身男女。
- **永遠の少年** ▶ユング … 傷つくことを恐れ、人と深くつき合えないため、自分らしさが確立できない。
  ▶「ひきこもり」もこの一種

これらは僕たちが思っている以上に身近な問題だ。こうならないよう、しっかり自覚して青年期を過ごそうね。

こういった問題への対処の１つに、**ボランティア活動**がある。つまり青年期にボランティア活動をすることで社会参加を疑似体験し、人間関係を深めつつ社会への関心も保とうという考えだ。

いいことづくめじゃないですか。

でも残念ながら、**ボランティアが単なる「自分探し」の場になっていたり**、高校の取得単位に強制的に組み込まれたりしていることがある。これらは本当の意味でのボランティアじゃないでしょ。

ボランティアってのは、相手のことを第一に考えて、自発的にやるものだ。近年のボランティアの多くには、**何のために参加するのかという問題意識**がない。これがない限り、ボランティア活動を通じて自分のためになることを学んだりはできないよ。

❷ 青年文化

青年層を中心に形成される青年文化の特徴としては、次のような点が指摘されている。

青年文化の特徴

- **流行**に支えられている（**アイデンティティが未確立**だから）。
- 青年層に特有の風俗的現象。
- 既成の価値観に対する逸脱性・反抗性が強い。
- **大人の商業主義**の手の中で踊らされている。

そう、青年は確固たる自己を持ってないため流行に流され、みんながみんな同じような服装やメイクをする。そうすると妙な安心感が生まれる。これは、**マージナル＝マンである青年が、仲間とともに帰属すべき場所を発見した安堵感なんだ**。

でも、そのような青年の特性は、大人も十分知っている。大人もかつての青年だからね。だから彼らは青年を食い物にするため、流行を供給してやり、それに付随する商品を売りまくる。

なぜ世の中には、若者しか着ない服や、若者しか聴かない音楽があるのか？それはそれを供給することで、金を得ている大人がいるからだ。ムカつくけど、これが事実だ。

流行に流されるのは青年の属性。誰もが通る道だと思って、あきらめよう。でもせめて、大人になったら流されるのはよそうね。それはもはや青年ではなく、「**大衆**」と呼ばれるものだ。

> ### コラム　流行はどの時代にも存在する
>
> 　アイデンティティの確立してない若者が流行に翻弄（ほんろう）されるのは、昔も今も同じだ。君らが今の流行を追うのと同様、僕らの世代はかつて、リーゼントに短ラン・ボンタンでキメたり、「聖子ちゃんカット」を保つことに命をかけていた。
>
> 　そんな時代時代の若者に眉をひそめるのは、いつも大人だ。でもその大人だって、昔は頑張ってたんだ。君らも両親の古いアルバムなんかを見てみたら、そこには必ず「モミアゲのりりしいお父さん」とか「ソバージュにボディコンのお母さん」などの、それぞれに気合いの入った「青春の記念碑」を見つけるはずだ。君らはそれを見て笑うだろう。でも君らもいずれ笑われる。それでいいじゃない。

2 適応と欲求

　欲求の実現を、心理学では「**適応**」と言う。例えば「大学に入りたい」という欲求への適応は、志望校に合格することだ。

　でも、この例ならわかりやすいけど、**適応は不成功に終わることも多い**。僕たちは、受験勉強に集中すべき時期に、いろんな葛藤（かっとう）に悩まされ、結局、適応に失敗することも多い（みんな、心して聞くように）。そうなると、僕たちの心の中には当然、**欲求不満**が生じる。

　欲求不満は不安や不快などを伴う、精神的な緊張状態だ。それがあまりに強すぎると、僕たちはノイローゼや自殺、犯罪などに追い込まれることもある。そういうのを「失敗反応」という。

　でも受験の失敗で、死んだりグレたりする人は少ない。なぜなら**僕たちの心の中に、その緊張を解消しようとする無意識の働きが起こるから**だ。このようなメカニズムを**防衛機制**（ぼうえいきせい）という。つまり防衛機制とは、極度の緊張に自分の心が潰されないための、**心理面でのさまざまなごまかし**のことだ。

●防衛機制の種類

種類	内容と例
抑圧（よくあつ）	緊張のもととなる体験を、意識の底に沈めてしまう。 ▶恐怖の体験で記憶が飛ぶようなパターン。最も一般的。
反動形成	適応の困難な欲求に対し、正反対の行動をとる。 ▶好きな子への意地悪 → 嫌われることを正当化する理由を先に作る
合理化	適応への失敗を、負け惜しみで納得してしまう。 ▶イソップ物語の「キツネとすっぱいぶどう」の論理
代償（だいしょう）	適応できない欲求と似た欲求を実現し、満足する。 ▶「バスケやりたいけど背が低い」→「野球で頑張るぞ」
昇華（しょうか）	本能的な欲求を、社会的価値の高い欲求に向けかえる。 ▶性欲 → スポーツで発散（「ティーンの悩み」の回答みたい？）
退行（たいこう）	緊張局面に対処しきれなくなり、幼児返りする。 ▶例はなくてもわかるよね。あんまり想像したくないな。
投射（とうしゃ）	自分が作った緊張状態を、人のせいにする。 ▶「やつは俺を嫌ってる。イヤなやつだ。」（→そりゃ、あんたが嫌ってるだけ）
同一視（どういつし）	他者の能力や業績を自分のもののように考え、満足する。 ▶「うちの県から総理大臣が出た。誇らしい。」（→あんたは違うでしょ）

　防衛機制の名づけ親は心理学者の**フロイト**。フロイトについては、15ページ以降でユングとまとめて説明するね。

　あと、欲求に関しては、**マズロー**の「**自己実現**欲求」についても覚えておこう。

　マズローによると、人間の欲求には5段階あり、これらを段階的にクリアーすることで健全な人格が形成されるんだそうだ。

5段階の欲求

▶マズロー

… （健全な人格形成には、自己実現欲求を満たした達成感（＝至高体験（しこうたいけん））が必要。）

生理的欲求 ⇒ 安全欲求 ⇒ 愛情欲求 ⇒ 尊重欲求 ⇒ **自己実現欲求**

- 食べたい寝たい
- 安全でいたい
- 愛してほしい
- 認めてほしい
- 自己の可能性を実現したい

1　青年期の課題と人間形成

●個性の形成

個性とは「その人らしさ」のことで、その人の持つ「**気質・能力・性格**」のことを指す。

形成要因は遺伝の影響とも考えられるし、環境の影響とも考えられる。どちらかに決めるのは難しい。だから「倫理」では「**遺伝と環境の相互作用で形成**」ととらえることになっている。

個性の分類についても諸説あり、どれが正しいと決めるのは、やはり難しい。ていうか、どの分類を見ても、どうもしっくりこないなっていう人の方が多いかもしれない。

何か納得のいかない分類、でも試験範囲だから覚えなきゃいけない。こういうのがいちばんイヤだけど、鼻つまんで覚えちゃおう。

●**体型**による分類：**クレッチマー**

体型	気質	特徴
やせ型	分裂気質	非社交的で無口。
肥満型	そううつ気質	社交的。躁と鬱が交互にくる。
筋骨型	粘着気質	几帳面。実直。義理がたい。

●**関心の向き**による分類：**ユング**

外向型	交際好きで精力的。決断力と実行力あり。
内向型	内向的で思慮深い。控え目で気難しい。

●**追求する価値**による分類：**シュプランガー**

タイプ	追求する価値
理論型	整合性・合理性に価値を見出す。
経済型	利益の追求に価値を見出す。
審美型	美に価値を見出す（＝芸術型）。
社会型	友人・福祉・奉仕などに価値を見出す。
政治型	権力に価値を見出す（＝権力型）。
宗教型	救いに価値を見出す。

3 代表的な心理学者

最後に、有名なフロイトとユングについても、簡単に見ておこう。

● **フロイト**(1856〜1939)
　オーストリアの精神医学者。無意識に抑圧された性衝動を自覚させていく斬新な手法で、精神分析学を確立。著書は『精神分析学入門』など。

　フロイトは、精神分析の草分けともいうべき人物だ。**性と無意識のメカニズムへの注目**と、着眼点も大いに興味をそそる。

　でも、「倫理」で出てくるのは次のようなメカニズムぐらいなので、グッとこらえて、そこだけ見ておくことにしよう。

フロイトの「心の三層構造」　防衛機制発動のメカニズム

❶ **エ　ス** … 無意識の領域にある**本能的な欲求・衝動**。
▶イド　　　　性衝動(＝**リビドー**)がエネルギーの源泉。

❷ **エ　ゴ** … 「他人と区分された自分」という意識。
▶自我　　　　社会への適応のため、❶と❸を調節。

❸ **スーパーエゴ** … 幼少期に親のしつけで学ぶ「**道徳的良心**」。
▶超自我　　　　親に代わって自我を監督。(＝**自我の検閲者**)

◎ ❷が❶や❸に圧倒されると、非常手段として**防衛機制**が働く。

コラム フロイトとライヒ

フロイトはとても面白い人だけど、倫理ではあんまり出てこない。それは彼が青年期よりも幼児期を重視したのと、性（リビドー）を重視しすぎたせいだ。文部科学省はそういう人、あんまり好きじゃないみたい。

僕も予備校で初めてフロイトを教えた頃、嬉しそうに「男根期」だの「去勢不安」だの言って、思いっきり生徒に引かれたことがある。第二次性徴は「性器期」だしね。そりゃ引くわ、みんな。文部科学省、正解。ただし**エディプス＝コンプレックス**（同性の親を殺し、異性の親と結ばれたいという欲望）は範囲に入るから覚えといてね。

でも心理の世界では、フロイト以上に性を追求した人もいる。それがライヒだ。ライヒは性のエネルギーを「オルゴンエネルギー」と呼び、晩年はそのオルゴン抽出機の開発に心血を注いだ（すげえぜ、ライヒ！）。こんな危ない奴、教科書に出てくるはずがない。彼は文部科学省上「いなかった」ことになっている。

でも実は、彼の著書『きけ小人物よ！』は、ニーチェ以上に僕の魂をゆさぶる、ものすごい名著だ。今では入手困難だけど、機会があればぜひご一読を。

● **ユング**（1875〜1961）

スイスの精神医学者。フロイトの協力者だったが、性偏重（へんちょう）のフロイトと決別し、独自の無意識理論を確立する。著書は『無意識の心理』など。

ユングはフロイト同様、無意識のメカニズムを探った人だが、フロイト以上にセンターで出る言葉は少ない。一応、参考までに全体図を示すから、赤文字だけ覚えといて。

ユングのとらえる人間の心

表面： **ペルソナ** ▶仮面 … 自我につけるマスク。社会に示す表面的な自己。
▶年齢や職業にふさわしい態度など。

↓

その下： **個人的無意識** … 自分の経験に基づく、抑圧された無意識。
フロイトが扱ったのはここまで。

↓

その下： **集合的無意識** … 個人の経験とは無関係に、**人類が普遍的に持つ共通の無意識**。どの民族にも共通するイメージ（＝**元型（アーキタイプ）**）あり。

↓

- **影**（シャドウ） … 自分の性格を補完する、隠れた性格。
  ▶おとなしい人の激しい面など。
- **太母** (グレートマザー) … 人類に共通する、普遍的な母のイメージ（慈しみ＋感情的）。青年期にここから自立しないと、感情的な太母に翻弄されて自我が飲み込まれ、マザコンになる。

  ↓
  - **アニマ** … 男性の中の女性的部分。グレートマザー克服後に明確になる「母と区分された女性」。
  - **アニムス** … 女性の中の男性的部分。グレートマザーを克服するための、理性的な父のイメージ（＝**老賢者**）。

↓

ユングによると、これらを克服すると、僕らの心の宇宙は整理され、まるで**仏教のマンダラ図や風景が出現**する。それは僕らの心の宇宙が整理されたイメージだ。これにて自我（個性化）は完成。

フロイトの心理学は「**ひと皮むけば、人間の無意識はこんなふうになってるよ**」というものだ。でもユングのは「**無意識というマンホールのふたを開け、深く深く潜っていこうよ**」って感じで、これがまた面白い。特に集合的無意識に登場するキャラは面白いね。グレートマザーだの老賢者だの、まるでゲームや神話のようだ。

1　青年期の課題と人間形成

国や地域を問わず、人類はみんなこれらのイメージを持っている。だから各国の神話には共通性がある。マンダラ模様も、なぜか世界中にある。そう考えると、人の心は面白い。これがユングの心理学だ。

心の奥に深く深く降りてゆくと、いちばん底にはマンダラ図の形で、すべてが整理されたイメージがある。
マンダラは中心を持った、心の宇宙の見取図だ。ユングにとってここで示されているものは、いろんなイメージが中心へと向かう、個性化の過程だ。

青年期と人間形成・その他覚えておくべき用語

- **役割実験** … **モラトリアム期**に行うべき、**自己に適した生き方探し**のこと。
  ▶エリクソン

- **『子供の誕生』**…**アリエス**（仏）の著書。
  かつての子供は「**小さな大人**（徒弟として大人の下で職業訓練）」
  ➡近代以降は**大人への準備期間として独自の価値**が認められた。

- **アイデンティティの危機**（拡散）
  自分のアイデンティティが実感できず、**自分が何者かわからなくなる心理**的混乱。不安や虚無感などを伴う。

- **成熟した人格**…**オルポート**（米）の発表したレポート。

  > **特徴**：自己意識の社会への拡大／他者との暖かい人間関係／
  > 　　　　情緒的安定／自己の客観視とユーモア　など。

- ピアジェ…子供の認識能力が「**段階的に発達**」することを研究。

- **ブーバー**…人間関係には以下の2種類がある。

  > ・「**われ―それ**」…相手を人格的存在と見ず、自己愛的な欲求を満た
  > 　　　　すための「モノ」として扱う。
  > ・「**われ―汝**（なんじ）」…互いを人格的存在と認め合う。（→こちらが大事）

- **一次的欲求**…食欲・睡眠欲・性欲などの「**生理的欲求**」。
- **二次的欲求**…愛情・尊重・自己実現などの「**社会・文化的欲求**」。
- **合理的解決**…欲求不満を、ごまかさず正面から解決すること。
- **近道反応**…欲求不満から**短絡的・衝動的**行動に。(八つ当たりなど)
- 失敗反応…欲求不満から**非行・犯罪・自殺**などに走ること。
- **タナトス**…フロイトの語。リビドー(性衝動)に対する「**破壊衝動**」。
- 「**生きがい**」に関するさまざまな用語

    > ルソー:「最も多く生きた人は、最も長く生きた人ではなく、生きていることを最も多く感じた人である」
    >
    > **神谷美恵子**(かみやみえこ):『**生きがいについて**』の著者。
    >
    > 「生きがいを感じる人＝**使命感に生きる人**」

コラム　青年期は濃密な時間

　ルソーは青年期を「第二の誕生」と呼んだが、まさにその通りだ。だって僕らは、12歳から13〜14歳に移るわずかの間で、同じ風景が全然違ったものに見えるのだから。

　第二次性徴を挟んだだけで、女の子は眩しく、親は疎ましく、友人は絆深く、見慣れた通学路は情感豊かな風景に見える。これは僕らの目が子どもから大人に変わったせいだ。

　そして目が変わると、「当たり前の日常」は「新たな経験」に様変わりする。しかも経験を新鮮に感じられる時期は、濃密で長い。だから中学・高校の6年間は、人生の中でも非常に長く感じられるんだ。

　でも、20歳を過ぎると新鮮な経験は徐々にタネ切れになり、その辺から人生は猛スピードで流れ出す。まるで止まってた砂時計が急に動き出すようにだ。僕は代ゼミに入って18年目だけど、「誕生→高3」までの年数をここで過ごした実感なんてない。だから君らも、人生を無為に過ごさないようにしなくちゃね。まずは受験生という停滞の時期を突破しようか。

4 その他…さまざまな人間観

センター試験にときどき出てくるさまざまな人間観を、いくつか挙げておこう。この機会に覚えておこうね。

ホモ＝サピエンス ▶リンネが命名	「**知恵のある人**」の意。理性を持つ動物としての人間を表す言葉。
ホモ＝ファーベル ▶ベルクソンが命名	「**工作人**」。道具を作り、世界を変えてきた存在としての人間。
ホモ＝ルーデンス ▶ホイジンガが命名	「**遊戯人**（ゆうぎ）」。遊びの中から文化を形成してきた人間。
シンボルを操る動物 ▶カッシーラーが命名	言語や記号など、意味を表す象徴（シンボル）を使う人間。
ホモ＝レリギオス ▶不明	「宗教人」。神への信仰心をよりどころとする人間。
ホモ＝エコノミクス ▶不明	「経済人」。経済的利潤（りじゅん）の追求をめざす存在としての人間。

チェック問題 1

2つの欲求が対立し選択に迷う状況を葛藤という。葛藤状況に関する説明として最も適当なものを、次の①〜④のうちから1つ選べ。

① レヴィンは、1つの対象に接近したい欲求と回避したい欲求を同時に抱く状況において、どちらを選択するか葛藤する人間を、境界人と表現した。

② シュプランガーは、青年期には内向型の価値と外向型の価値とが葛藤を起こし、その解決を通して自己形成に至るとする、性格の類型論を提起した。

③ 防衛機制とは、葛藤や欲求不満に対する心の反応で、抑圧や退行などが原因となって心の安定が乱され、不安や緊張に陥ることである。

④ ヤマアラシのジレンマとは、相手に接近したい気持ちと、お互いが傷つくことへの恐れとが葛藤を起こし、適度な距離を見出しにくい状況を表す。

(本試験)

解答 … ④

解説 ヤマアラシは、仲間と離れると寒いが、近づきすぎると互いに傷つけ合ってしまう動物。人間関係には適度な心理的距離が必要であることの例え。

①：レヴィンの「**境界人（マージナル＝マン）**」は、青年期が**大人と子どもの境界にあたる不安定な時期**であることを示す言葉。

②：内向型と外向型の性格分類を行ったのは**ユング**。シュプランガーは「**求める価値の違い**」による性格分類。

③：防衛機制は「欲求不満が原因」となって不安や緊張に陥った際、抑圧や退行でそれらをごまかす心理的作用。

2 古代ギリシア思想 (1)

1 自然哲学とソフィスト

哲学って、いったい何ですか？

哲学とは「**世界や人間の根本原理についての探究**」だ。つまり「世界とは何か」「人間とは何か」について、その全体像が明らかになるまでとことん追究することだ。

哲学の語源は**フィロソフィア**。これは「**知を愛する（＝愛知）**」という意味のギリシア語。古代ギリシアの哲学は、まさに素朴な「知の探究」だった。

つまり彼らは、別に変わったことをしようとしたわけではなく、地震や落雷といった日々の不思議や驚きの原因をただ素朴に「知りたい」と思っただけだ。そしてそのような自然に対する素朴で素直な好奇心こそが「愛知」の始まりというわけだ。

とはいえ彼らだって、日々の労働や生活に忙しかった大昔には、とてもじゃないが知を愛しているヒマなんかなかった。その頃は、日々の不思議や驚きはすべて**神話（ミュトス）**で説明された。確かに地震や落雷を、すべてギリシア神話の神様のせいにすれば、何も考えなくていいから楽だ。そういう意味では、神話は一種の思考停止だね。

でもその後、正確には紀元前6世紀頃から、ギリシア人たちはヒマになる。なぜなら**奴隷制が発達した**からだ。

当時のギリシア人たちは、敗戦国の人間やよそから金で買ってきた人間を奴隷とし、彼らに生活上の雑事を押しつけた。その数は、当時の中心的な都市国家（ポリス）・アテネの総人口の3分の1にもなった。

これだけ奴隷がいれば、市民はヒマになる。そしてヒマになれば、くだらないことに熱中して、ヒマつぶしをしたくなる。つまり、**満ち足りた閑暇（スコレー）** が、**実用性とは無関係な自然探究へと発展した**ということだ。これが彼らの「愛知」の始まりだ。

ヒマになり、考える時間のできた彼らは、もはや神話的な説明では納得できな

い。彼ら は**理性**（**ロゴス**）に基づき、自然の**ことわり・理法**を、**理性**的な**言葉**で説明することに熱中し始めた（※ 赤文字の「ことわり・理法・言葉」も、すべて「ロゴス」と訳される）。

　彼らは次第に、日常生活とは無関係な「**万物の根源**（＝**アルケー**）」の探究に没頭していくことになる。なんせヒマだからね。

コラム　古代ギリシアのオルペウス教

　古代ギリシアでは、自然科学と哲学の境界線があいまいだった。

　自然科学の役目は現実世界の探究だが、実験・観察手段の乏しかった古代ギリシアでは、すぐ限界にぶち当たった。それでもギリシア人たちは「より根本の部分を知りたい」との好奇心を持ち、そこから自然科学は内面的な根本原理の探究、つまり哲学へとシフトしていった。

　そんな自然科学と哲学に、紀元前6世紀頃からは神の要素も割って入ってきた。ギリシア神話の神ではない。当時新しく台頭してきた、オルペウス教の神だ。

　オルペウス教によると、我々の魂は肉体という不完全な牢獄に閉じ込められた"不死なる神（神的要素）"であり、正しい生き方をしない限り神的世界に救い出せず、永遠に輪廻の中をさまようとされている。

　このオルペウス教の出現以来、「神の世界＝魂の本来の住み家」と考えられるようになった。つまりこれからは、哲学に新たに「神の世界への接近→魂の救済」という神学的な目的が加えられたんだ。

　オルペウス教という名が試験に出ることはない。しかしこの思想は、**ギリシア的なものの考え方の基本の1つ**になっていく。気をつけて。

万物の根源（アルケー）って何？

　アルケーとは、すべてのものの「**元になるもの**」、つまり「万物はそれからできているorそれから生じ、それへと滅する」と言えるような出発点を指す。ただし必ずしも物質でなくてもよく、何らかの原理を象徴する要素をアルケーと呼ぶこともある。

　倫理に出てくる代表的なアルケーは、次の通りだ。

人　　物	万物の根源(アルケー)ととらえたもの
タレス	水
アナクシメネス	空気(宇宙は生きていて、呼吸をするから運動・変化する)
ピュタゴラス	数(＝規則性・秩序の象徴)
ヘラクレイトス	火(＝運動・変化の象徴)
エンペドクレス	4つの根＋2つの運動因(いん) ▶火・空気・土・水　▶愛＋憎しみ　　愛は結合で新しい物を作り、憎しみはそれをバラバラにする。
デモクリトス	原子(アトム)

人によって全然違うんですね。

上の赤文字の人だけ、もうちょっと詳しく説明しよう。

● **タレス……アルケーは水**

　水は冷やすと硬い氷となり、熱すると蒸気となって空中に散る。つまり水は、液体・固体・気体の3側面すべてを備えている。

　だから万物は水から生まれ、最後にまた水に返る。「水からできてる」と言われてもピンとこないが、説明自体はなかなか理詰めだ。

● **ピュタゴラス……アルケーは数**

　ピュタゴラスは**数を万物の秩序原理**ととらえた。彼の考えによると、宇宙には善と悪の要素がある。**規則性・秩序**が保たれているものが**善**、そしてそれらが乱れているものが**悪**だ。

　これらはすべて、**規則性の考察手段である数学**や**音楽**で理解できる。そして、規則性や秩序を学んで善を把握すれば、魂は清められて輪廻から解脱でき、そこでようやく我々は、魂を永遠不変の神的な世界に救い出すことができる。

　どう、かなり神話的というか宗教的でしょ。実はピュタゴラス、世間を騒がす新興宗教・ピュタゴラス教団の教祖だったんだ(本当に)。つまり**彼にとって数学は、魂を浄化(じょうか)するための道具**なんだ。

● **ヘラクレイトス**……アルケーは**火**

万物は絶えず対立・変化する（＝「万物は流転（るてん）する」）。その絶え間ない変化の連続が、万物を貫く宇宙の理法（ロゴス）である。そしてそこに秩序・規則性を与えているのが、永遠に生きる火としてのコスモス（宇宙）である。ヘラクレイトスはそう考えた。

つまり彼は「**火＝神的な生命力・宇宙の魂**」といったニュアンスでとらえた。そして一人ひとりの人間も、魂を内なる火とするミクロコスモス（小宇宙）であると考えたんだ。

我々が小宇宙ならば、我々も外的世界の絶え間ない変化にロゴスを読み取り、自己の内なる火に連動させることが必要だ。だって**生きるってことも、対立・変化の連続**だもんね。

コラム　変化は見せかけの現象！？

ヘラクレイトスに対し、変化は見せかけの現象にすぎないと説いた哲学者がいる。エレア出身の哲学者・**パルメニデス**だ。

彼の基本は「**あるものはある、ないものはない**」で、彼にとって真の存在とは、連続・一体・不生不滅で、変化も運動もしない唯一・絶対の「あるもの」だ。これこそが万物の根源にあるもので、感覚でとらえられる運動や変化は見せかけの現象にすぎないということになるらしい。

なんだかゴチャゴチャしてわかりにくいね。こんなふうに考えてみて。

かつては新聞の売り子だった → 今は喜劇映画の俳優である → 今後は映画監督になる

これらはすべてチャップリンである

感覚（視覚など）に頼ると、見せかけの変化・運動・姿などにだまされ、背後の絶対的な「あるもの」が見えてこない。だからパルメニデスは感覚より理性に信を置き（＝観念論の祖）、理性的な論証で運動・変化の背後にあるゆるぎない「あるもの」を探ろうとしたんだ。

　そして、その彼の考えを引き継いだのが弟子・**エレアのゼノン**だ（※ストア派のゼノンとは別）。ゼノンは有名な「**アキレスと亀のパラドックス**」で、運動が見せかけの現象であることを論証しようとしたんだ。

　「足の速いアキレスさんよ、あんたは東京から、亀である俺は名古屋から、それぞれ西をめざすとしよう。あんたがいかに足が速くても、決して俺に追いつけないぜ。なぜならあんたが名古屋に着く頃には俺は名古屋にはいず、京都に着く頃には京都にはいず、大阪に着く頃には大阪にはいないからだ」

　実際にかけっこすると、当然亀は負ける。でもこの理屈だと永遠に追いつけないように見える。なぜか？　本当に運動は見せかけの現象なのか？

　もちろん違うよね。これは亀が、自分が「今いる場所」をめざしてアキレスを走らせているけど、亀の方も常に同時にその場から出発するから、永遠に追いつかないだけだ。つまり、「俺は大阪だぜ。大阪まで来いよ」と言いながら、亀はアキレスの出発と同時に大阪を後にしてるってことだね。亀ズルい。

　アキレスもアキレスだ。そのつど目的地で止まってて、連続して走ってない。何考えてんだ、アキレス？　亀の術中にはまるな！　フツーに走り続ければ追いつくぞ。

●**デモクリトス**……**アルケーは原子（アトム）**

　デモクリトスの原子は、微小でそれ以上分割できず、さまざまな形・種類・大きさがある。つまり今日の原子とほぼ同じだ。

　彼によると、宇宙にはこの原子と、原子が動き回る場である**虚空間（ケノン）**が存在する。そして**万物は、虚空間の中で永久運動を続ける原子の偶然的結びつきから生まれる**。

　確かに空間も物質ととらえるなら、物質の元となる原子が浮遊する空間は「非物質的空間（＝虚空間）」だ。そしてこの「偶然的結びつき」という考え方、ここには神の意志や宇宙の秩序は微塵も感じられない。

デモクリトスはかなり徹底した**唯物論**者(＝世界の本質を、意識よりも物質に求める立場)だったんだね。

これらが、古代ギリシア人たちの熱中したアルケーの探究だ。万物の根源探しに夢中になったこの時代の哲学を「**自然哲学**」とも言うんだ。

コラム　ピュタゴラスと輪廻

先にも書いた通り、ピュタゴラスは数学と音楽をご本尊とする怪しい新興宗教の教祖様だった。

教団本部からはいつも怪しい音楽が聞こえ、信者たちは道端に図形を描いて議論している。我々にとっては"数学の神様"でも、近所の人にはキワモノ度100％の怪しい教祖だった。

ある日ついに不安に思った住民たちが教団本部に放火し、ピュタゴラスは私刑に遭いそうになった。当然彼と弟子たちは逃げた。

ところが彼は、突然そら豆畑で座り込み、「ここで死のう」と言い出した。輪廻を信じる彼は、そら豆にも人間との輪廻を感じ、それを踏みにじって逃げたくなかったのだ。そしてそこで、住民たちに撲殺された。

気の毒なのはボコボコにされたピュタゴラスにつぶされたそら豆だ。僕がそら豆なら絶対こう思うよ。「ここで死ぬな！　踏んでも全然OKだから、よそで死ね」とね。

ギリシア哲学って自然哲学だけなの？

いや、実はギリシア人たちが熱中したアルケーの探究は、紀元前5世紀頃から下火になっていく。それは**人々の興味が、自然探究よりも自分たちの生活向上へとシフト**していくからだ。

当時の中心的な都市国家(ポリス)・アテネでは、**市民参加型の政治(＝直接民主制)が実現**し、市民にも発言のチャンスが与えられていた。ということは、もしも自分の弁が立てば、アテネを自分に都合のいい国に改造することだってできることになる。

こうなるともう市民は自然探究なんかやってる場合じゃない。一刻も早く人々を「説得するコツ」を身につけないと。こうしてギリシアでは、**弁論術**が大ブームとなったんだ。

そもそも**自然（フュシス）**の法則と**人為（ノモス）**的な法律や制度とは、相容れないものがある。「川の水は低い所に流れる」という自然の法則は絶対だけど、「殺人は罪だ」という考えは絶対じゃない。戦争での殺人は勲章ものだと考えれば、**ノモスに絶対のものなんかない**。このような「絶対」を否定する考え方を**相対主義**と言うんだ。

この相対主義を前面に押し出し、市民に弁論術を教えたのが、職業教師・**ソフィスト**だ。彼らは「知者」と訳されるが、その実は市民から高い授業料を取って説得のコツを教える「**詭弁家**」だ。

この当時の代表的なソフィスト・**プロタゴラス**は、自らの相対主義をこんな言葉で表現した。

プロタゴラスの相対主義

「（一人ひとりの）**人間は**（それぞれが）**万物の尺度である**」
▶例：摂氏42℃の温泉は、熱いお湯が好きな人にはぬるく、ぬるいお湯が好きな人には熱い。

誰もが**万事を自分で決定する権利**を持つ（善悪の判断も含めて）。
　　　▶万人に共通する真理・ルールなし。＝「**真理の相対化**」

さらに、同時代のソフィスト・**ゴルギアス**は、人間には普遍的真理を理解できないとする**懐疑主義**的立場に立ち、真理相対化の風潮に拍車をかけた。

確かにこの考えをつきつめれば、それこそ人を殺そうが人のものを盗もうが許される社会を作れるかもしれない。

でもそれは、その人にとってだけの都合のいい社会で、万人にとって善い社会じゃない。ポリスという共同体はみんなで善くしないといけないのに、**ソフィストが持ち込んだこの利己的風潮のせいで、みんなで守るべき秩序やルールといった普遍的・絶対的な善の基準は影をひそめてしまった。**

こんなワガママ放題が頂点に達した頃、ソクラテスが現れたんだ。

2 ソクラテス

- **ソクラテス**（前469頃〜前399）
  母は助産婦、妻は悪妻として名高いクサンチッペ。問答法を駆使してソフィストの無知を暴き、人間の真に善い生き方を探究した。著書なし。

ソクラテスについて語る前に、まずは彼の思想の根底にある、その独特の善と魂についてのとらえ方を見てみよう。これを見れば、ソフィストの相対主義に対し、**生き方について「絶対的・普遍的な答え」があると考えたソクラテスの信念**の根拠を読み取ることができるだろう。

ソクラテスのとらえる善と魂

宇宙には最善をめざして万物を秩序づける**神的世界**があり、そこには**万人に共通する善（＝「善き知性」）** が存在する。

▶善き知性…「**善美の事柄**」（＝善・美・正）の結集した、神のような要素。

我々の不死なる魂は、肉体の死後その神的世界に行き、善き知性の下で幸福を得る。　▶魂…人間の精神の核心部分。不滅で、最も神に近い要素。

ところが欲望や不正を好み、浄化されないまま死んだ者の魂は、亡霊となって地上をさまよった後、再び**不完全な「肉体の牢獄」への輪廻**を繰り返す。

だから我々は、生きている限り魂に気を配り、善に従った生き方を心がけなければならない。

ソクラテスに著書はない。だから僕らが知るソクラテスは、ほぼ弟子**プラトンの著書の作中人物としてのソクラテス**だ。

だから、プラトンとソクラテスの思想を完全に分けることは難しい。確かに「神

的世界の善き知性」なんて、後述するプラトンの「イデア界の善のイデア」とそっくりだし、**魂(プシュケー)への配慮(気配り)**」なんて考え方も、プラトンの「魂のイデアへの憧れ(＝エロース)」の変形のように見える。

でもこうして並べてみると、ソクラテスの示すぼんやりした概念に、プラトンが明確な言葉を与えることで、**1つの共通する思想としてくっきりした輪郭が生まれている**ように見える。

だからこう考えよう。**ソクラテスはプラトンに、人間の善きあり方についての概念を与え、プラトンはそれを明確に言語化した**と。2人は実によき師弟だったんだね。

そろそろ、ソクラテスとソフィストの関係を教えて。

おっとそうだったね。では、そろそろ本題に入ろうか。

ソクラテスはソフィストのうわべだけの弁論術を批判し、人間の真に「善い生き方」を探究した人だ。

そもそものきっかけは、デルフォイ神殿で巫女から聞かされた神のお告げ(＝**デルフォイの神託**)だ。そのお告げの内容は「**ソクラテス以上の知者は存在しない**」というものだったんだけど、彼はそれに驚いた。なぜならソクラテスは「自分は無知だ」と思っていたから。

そこで彼は、神の真意を確かめるべく、知者とされる人たちと対話し、そこに自分以上の知者がいないかを確認したんだ。

ところがその知者たち(主にソフィスト)は、自分で知者だと思っているくせに、事物の本質については驚くほど無知だった。対してソクラテスは、無知である点は同じだが、少なくとも己の**無知を自覚(＝無知の知)**している。これは大きな違いだ。

結局ソクラテスは、神託は正しかったと悟った。つまり「**己の無知を自覚する分、世の知者よりもソクラテスの方が上だ**」と気づいたわけだね。

無知の知には、どうすれば至れるの？

「無知の知」に至るには、**対話による善さの吟味**が必要であると、ソクラテスは考えた。いわゆる「**問答法**」だ。

問答法？　それ何ですか？

問答法とは、**対話を通じて相手が無知であることに気づかせる「手助け」をする**というやり方だ。つまりこういうことだよ。

ソクラテスの問答法

「〜とは何か」と問い続け、矛盾を突いて相手が「**無知の知**」に至る**手助け**をする。

↓

- ●己の無知を自覚 ➡ 「**知への憧れ**」が起こる。＝（真の知を知るための出発点。）
  - ▶「**汝自身を知れ**」　　▶愛知（フィロソフィア）
- ●ソクラテスは手助けのみ…問答法＝「**助産術・産婆術**」

まだちょっとわかりにくいんですが…

つまり**問答法**とは、**1つのテーマについて、相手との対話をとことんまで掘り下げるというやり方**だ。まあ正確には、掘り下げるというよりは「質問をし続ける」って形だけど。例えば「戦争は善か悪か」みたいにね。

聞かれた相手は、最初こそ調子よく答える。でもだんだん答えが出なくなってイライラし、ついには「知らない」と答えざるを得なくなる。そこですかさずソクラテスが言うわけだ。「おや、ということは、あなたは戦争の善悪について知らないってことですかぁ？」

わーそれ、ムカつくな！

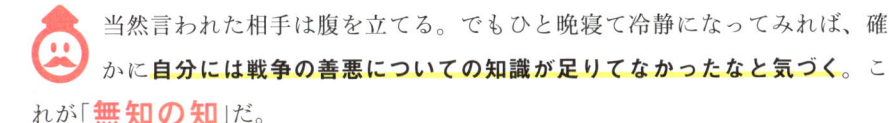

当然言われた相手は腹を立てる。でもひと晩寝て冷静になってみれば、確かに**自分には戦争の善悪についての知識が足りてなかったな**と気づく。これが「**無知の知**」だ。

そして**己の無知に気づけた人間は、その無知を恥じ、真の知を欲して自分から知識を得ようとする**。この「自分で知識を得ようとする」積極性こそが、とても大切なんだ。

2　古代ギリシア思想(1)

つまり、**人から教えられた知識じゃダメ**ってこと。なぜならこの当時、人にものを教える連中といえばソフィストだけど、そのソフィストの詭弁がポリスの秩序を破壊したでしょ。ギリシア的な価値観では「**秩序の破壊＝悪**」だ。だからソクラテスは、**教えることは悪につながると考え、決して教えず**、ただひたすら問答法で相手が無知に気づくための「**手助け**」**だけに徹した**。だからこの問答法のことを「**助産術**」とか「**産婆術**」とも呼ぶんだ。

> 助産術？　どうして？

　つまり、自ら善や真理を「教える」んじゃなく、相手がそれを**生み出す**「**お手伝い**」**に徹する**ってことさ。

> なるほど、わかりました。他に覚えておく点はありますか？

　ソクラテスについて学びたいんなら「**善く生きる**」を学ばないと。ただ生きるんじゃなく、「**善く生きる**」だ。これは、**善についての知を身につけることで魂を善きものとし、その善き魂に導かれて生きるあり方**のことだ。

> よくわかんないんですけど。

　順を追って説明していこう。まず、ここまで問答法について見てきたけど、ソクラテスからの問いかけは、**徳（アレテー）**に関するものが多い。徳とは言っても、僕ら東洋人がイメージする「儒教的な徳（"お手本とすべき心構え"的ニュアンスの徳）」じゃないよ。古代ギリシア人にとっての徳は「**卓越性・長所**」のことだ。つまり**徳って善さのことだから**、そこから「**善さ＝長所**」と発展していったわけだね。

　そう考えると、例えば馬の徳は足が速いこと、ナイフの徳はよく切れること、なんてことになる。とても違和感があるけど「徳＝長所」と考えれば、確かにそうなるでしょ。

　その考えでいくなら、**人間の徳は知識を獲得・活用すること**になる。もちろん正義や勇気も、人間に必要な徳だ。

> 人間ならではの長所って考え方ですね。

そしてここからが本題だ。ソクラテスは問答法で、まず正義や勇気といった「善さ」の本質を吟味し、これらについての無知を暴くことで、人々が善についての正しい知識を自力で欲するように仕向けた。ここまでは先に見た通りだ。

> はい。教えることは悪につながるんでしたよね。

その通り。そして自力で**善についての知識を身につければ、善に触れたことで魂は浄化され、その人の行いは必然的に善なるものになる。**これが「**知行合一**」だ。つまり善で清められた魂が悪事を働くことはあり得ない、言い換えれば、**あらゆる悪徳は善についての知の不足からくる**という考え方を、ソクラテスは持っていたわけだね。

そして「自然と善をなす」だけでなく、身につけた正しい知識を活かし、**意識的にも自分の魂を傷つけないよう、つまり不善・不正のないよう気を配る**ことの大切さも説いた。これが「**魂（プシュケー）への配慮**」だ。

これらすべてを一貫させ、善なる魂に導かれ、財産・名誉・地位などの欲望ではなく、ただひたすら「善美の事柄（カロカガチア）」を求めて生きていくあり方、これこそがソクラテスの求めた「**善く生きる**」なんだ。

> その後、ソクラテスはどうなったの？

相手の無知を暴きたてる問答法は、時として相手の怒りをかう。結局ソクラテスは時の権力者を怒らせ、裁判で死刑を求刑された。罪状は「国家の認める神以外の神霊信仰をもたらし、アテネの青年たちを堕落させた」というムチャクチャなものだ。この裁判の様子は、プラトンの著書『**ソクラテスの弁明**』に書かれている。

確かに、彼にはよく**神霊（ダイモニオン）**の声とやらが聞こえたらしい。詳しくは不明だが、これは善き知性の声とも良心の声とも言われている。でもそれで死刑ってのは、明らかに不当だ。

こんな不当な判決に従う必要はないとして、つっぱねることもできた。実際、ソクラテスの親友クリトンは、彼に脱獄をすすめたとされる（プラトン著『**クリトン**』より）。しかし、国法を破って魂に「不正」の汚点を残したくなかった彼は、「**悪法も法なり**」として、死刑を甘受することにした。

2　古代ギリシア思想(1)

彼の弟子たちは悲しんだけど、彼は日頃から、**哲学とは魂を不完全な肉体の牢獄から解き放つための訓練のようなもの**（=「**哲学は死の訓練**」）だと説いていたので、肉体の死は魂にとって「善いこと」なんだと、弟子たちを慰めた。このあたりのくだりは、プラトンの著書『**パイドン**』に詳しい。

　結局、彼は不当な判決に従い、毒杯をあおって死んでしまった。納得はできないけど、最期まで「善く生きる」を貫いた彼の魂は、きっと「善き知性」の下で幸福を得ているはずだ。

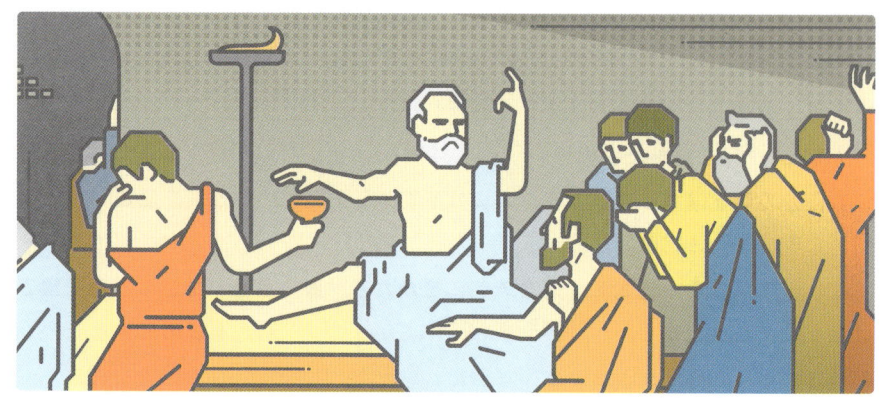

▲毒杯をあおぐソクラテス

コラム　正しくないことは「醜い」

　古代ギリシアで最高の価値と認められるものは「**善美の事柄（カロカガチア）**」だ。善美とは「善く・正しく・美しい」あり方で、古代ギリシアでは「善いものは正しく、しかも美しい」と、すべてを連動させて考える。てことは逆に「悪いものは不正で、しかも醜い」とも言える。そうか —— この考えは、僕の心に以前から引っかかっていたモヤモヤを、見事に解決してくれた。

　おい、コンビニの前に座り込んでいるガキども。お前らは醜い！「誰にもメーワクかけてねーじゃん」なんて言い草は、ソフィストの相対的真理だ。お前らは善美じゃないから醜いんだよ。即刻消えろ！

　これが言えればどんなにすっきりするか。でも言えない。言えば、毒杯をあおぐソクラテスではなく、そら豆畑のピュタゴラスにされることは必至だ。

チェック問題 2

人間の魂にも固有のアレテーが見出されるとしたソクラテスの考えとして最も適当なものを、次の①〜④のうちから1つ選べ。

① 感覚が受け取った印象はそのまま知識となるので、アレテーを備えた魂が受け取る印象こそが真実の基準となる。

② 速く走ることが馬のアレテーであり、よく切れることがナイフのアレテーであるように、人間の魂にアレテーが備われば、善く生きることになる。

③ 奴隷も市民も宇宙という1つのポリスの住人として対等なので、その善きあり方としてのアレテーは同一であり、両者を区別して扱ってはならない。

④ 快適なものを求め、不快なものを避けるというのは、人間の自然本性なので、快を最大限に享受する働きが魂のアレテーである。

（本試験）

解答 … ②

解説 本文中に書いたアレテーの説明とまったく同じ例えだから、まさか間違った人はいないでしょう。

②ここでのアレテーは、**徳というより「善さ」と考えればいい**。魂に善さが備わり、魂を傷つけないよう気を配っていけば、「善く生きる」を実現することができる。

①はヒュームの経験論で使う用語をもっともらしくつなげたもの、③は世界市民（コスモポリタニズム）の思想からストア派的な誤文、④は功利主義の用語をつなげただけの誤文だ。

3 古代ギリシア思想(2)

1 プラトン

● **プラトン**(前427〜前347)
ソクラテスの弟子。師の死後、哲学研究機関「**アカデメイア**」を設立。ピュタゴラスの影響も大。著書は『ソクラテスの弁明』『饗宴』など多数。

　プラトンはソクラテスの弟子だ。当時ソクラテスの下には、その知に心酔した青年たちが多く集まっていたが、プラトンはその中でも、最高・最大のソクラテスの理解者だ。
　先にも述べた通り、彼はソクラテスの示した人間の善きあり方を明確な言葉で示し、師の思想にくっきりした輪郭を与えた。さらに彼はその思想を発展させ、哲学史に名を残す独創的思想を展開した。では、その辺から見てみよう。

ソクラテスの教えの要旨
人間は善についての知を身につけ、魂に配慮しながら、善い生き方をめざすべき。
▶ただし「魂とは何か」「善とは何か」の明確な定義なし

↓

プラトンの仕事：「魂とは何か」＋「善とは何か」の明確化。

● **魂**…
- ●「善く生きる」主体。(＝人間の**倫理・道徳の核心**)
  ▶ソクラテスの影響
- ●**永遠不変の神的世界の住人**としての性格。
  ▶ソクラテス＋ピュタゴラスの影響

● **善**…世界を正しく秩序づける**唯一神**のような存在。

↓

プラトンの結論：魂は、善によって秩序づけられる「**永遠不変の真の実在の世界**」(＝**イデア界**)の住人。
▶プラトンのオリジナルの思想へ

プラトンは、師ソクラテスの思想を書物に残し、不明な点を明確に定義づけることを、自らの使命と考えた。そしてその過程で、かの有名なイデア論が誕生することになる。

イデアって何？

これからイデアについて4つのポイントに絞り、1つ1つ説明していくことにするよ。

❶ **イデア**とは、万物の永遠不変の**本質・原形**である。

例えば僕らは、正義と聞くとみんながいろんなパターンの正義を思い描く。どの例も、てんでバラバラだ。でもそこには、必ず共通する正義の本質が含まれている。その本質だけでできた純粋な正義、それが「正義のイデア」だ。

でも、正義にいろんなパターンはあっても、「これが正義！」と言い切れるような、完全無欠の正義のかたまりなんか、この世にはない。しかも現代の正義が100年後も正義であるとは限らない。

このように、**現実界の事物は、すべて不完全で永続性がない**。こういうものは真の実在とは言えない。もしそれが真の実在に見えるとするなら、それはあたかも「**洞窟の壁に映る影が真実のように見えているだけ**」（＝**洞窟の比喩**）だ。永遠不変の真の実在であるイデアは、イデア界にだけ存在する。

▲我々は地下の洞窟に閉じ込められ、一方向しか見ることを許されない囚人と同じだ。そこには燃える火の光で投影された、イデアの影が映し出されているだけだ。それは影だ。真の実在じゃない。

❷ **イデア界は天上に存在し、感覚ではとらえられない。**

　イデア界はさまざまなイデアから成り、天上にあるとプラトンは述べている。つまり<u>ソクラテスやピュタゴラスの描く「神的世界」を、プラトンなりに明確化した世界</u>と考えればいい。イメージしやすく表現するならば、<u>「完全無欠の天国」みたいな場所</u>だ。

　ただしこのイデア界、残念ながら知覚することはできない。我々の<u>肉体は永続性のない不完全なものだから、永遠不変で完全無欠のイデア界とは接点がない</u>んだ。だからどんなに頑張っても、目で見たり手で触ったりはできない。

❸ **イデア界で最高のイデアは**「**善のイデア**」**である。**

　善のイデアは「**イデアの中のイデア**」とも呼ばれ、**イデア界を秩序づける太陽のような存在**だ（＝**太陽の比喩**）。

　善に最高の価値を見出すのは、ソクラテスの影響だ。ということは、善のイデアはソクラテスの「善き知性」みたいなものだね。

❹ **人間とイデア界の唯一の接点は魂である。**

　プラトンの考えによると、**魂は元々イデア界の住人**であり、輪廻でイデア界と現実界を往復している。だから、**魂だけは永遠不変で不死**だ。そしてその魂の一部が、44ページでも示している通り理性だ。だから**イデアは、理性のみでとらえられる**んだ。

　これらを総合したものが、プラトンのイデア論だ。つまりプラトンは、世界を**現実世界と理想世界（イデア界）の二世界に分け、両者をまったく成り立ちの原理の違う２つの世界として（＝二元論的に）説明**したんだ。

> 😊 じゃあ我々はイデアを知ることはできないの？

🥺　いや、できる。そのやり方は２つあるので、１つずつ説明しよう。
　まず１つめは「**想起（アナムネーシス）**」というやり方だ。字面からもわかる通り、こちらは**イデアを新たに「知る」**というよりも、**すでに知っているイデアを「思い出す」**という考え方だ。

僕らの魂は、肉体と結合する前はイデア界の住人だった。だからそのとき、すでにイデアを知っている。ところが輪廻で不完全な「肉体の牢獄」に閉じ込められた時から理性の目がくもり、イデアを思い出せなくなったんだ。

　でも現実界にある「善・美・正（＝イデアの残り香の強い要素）」に触れると、魂はイデアを思い出す。これが「想起」だ。これらは正確には、現実界にあるものだから「**善・美・正のイデアの、不完全なコピー**」だが、魂を刺激するには十分なきっかけだ。

　そしてイデアを思い出した魂は、かつての住居を懐かしみ、イデアに強く恋い焦がれる。この「**魂の持つイデアへの憧れ**」を**エロース**と言う。エロースは「愛・恋」とも訳されるが、そのベクトルは現実界の魂が天の上のイデア界に憧れる「**下から上への愛**」だ。

　魂は二世界どちらにも属した経験があるので、**現実界とイデア界を両方とも「知って」いる**。だから現実界をイデア界に近づけたいなら、**なるべく多くこの世の「善・美・正」に触れ、エロースを通じて魂にイデアを「思い出して」もらうことが必要**だ。

コラム　エロースの示す「恋」

　ギリシア神話では、エロース（＝愛の神・キューピッド）とアフロディーテ（＝愛と美の女神・ヴィーナス）は、セットで扱われることが多い。

　プラトンの『饗宴』によると、エロースの両わきには２人のアフロディーテがいて、それぞれ「高貴な恋」と「低俗な恋」を司っている。その内容がすごい。

　「低俗な恋」とは、魂よりも永続性のない肉体への恋で、異性愛を指す。対して「高貴な恋」とは、肉体よりも魂に恋する美しい恋で、少年愛を指す。もちろんこの少年愛とは「青年から少年への恋」だ。古代ギリシアは知る人ぞ知る、禁断の「男の園」なのだ（学習参考書に何を書いてるんだ、僕は）。

　青年は少年を守る勇敢さで、また少年は青年から授かる知恵で、それぞれ徳を実現する。いずれもエロースに導かれた人間形成で、美しい（誰か止めて〜）。

　ソクラテスも美少年好きだった。古代ギリシアに生まれなくてよかった。

続いて、イデアを知る2つめの方法だ。こちらは「**魂の三分説**」という考え方を交えて説明しよう。

魂の三分説：プラトンの示す理想国家のあり方

〈考え方〉

我々の魂は「**理性・意志・欲望**」の3部分から成る。
これらを<u>国家の3階級</u>が分担し徳に転化すれば、理想国家に。

- ●**統治者**(政治家) … 理性を「**知恵**」の徳に転化し、活用。
- ●**防衛者**(軍　人) … 意志を「**勇気**」の徳に転化し、活用。
- ●**生産者**(庶　民) … 欲望を「**節制**」の徳に転化し、活用。

↓

◎3つの徳が調和し、「**正義**」の実現した理想国家へ。
▶知恵・勇気・節制・正義 ＝ 古代ギリシアの「**四元徳**(しげんとく)」

魂の三分説とは、みんなで協力して**徳（＝善さ）の実現した、善のイデアにかなう国家を作ろう**という考えだ。となると統治者のトップたる王には、**善のイデアを直観する（＝本質を見抜く）能力**が必要だ。こういう王をプラトンは「**哲人王**(てつじんおう)」と呼んだ。

プラトンは、哲人王の輩出は哲学者の使命と考え、若き王の教育係を買って出た。プラトンの計画では、まず対話などを通じて「魂を善く」した後、宇宙の秩序や規則性に直結する数学や音楽を徹底的に勉強させれば、最終的には「**理性の目で魂がイデア界を見る**」ことができるようになるはずだった（※これがイデアを知るための2つめの方法）。

ところがその王は、数学が苦手だった。結局プラトンは、「この不完全な世界で真の哲人王を見出すのは難しい」との捨てゼリフを残して、挫折してしまったんだ。

▲哲人王が軍人・庶民の手綱をさばいて正義の実現した理想国家を作る。

2 アリストテレス

● **アリストテレス**（前384〜前322）
プラトンの弟子。諸学を体系づけた「**万学の祖**」。師の死後、学園リュケイオンを開設。著書『形而上学』『ニコマコス倫理学』など多数。

アリストテレスはプラトンの弟子だ。しかし彼は、師・**プラトンのイデア論を批判**したことで知られている。

何を批判したんですか？

プラトンは、イデアと現実界の事物を切り離し、「イデア界こそ本物。現実界のものは、すべてイデアの不完全なコピー」と考えた。

しかしアリストテレスは、**現実界の事物の本質が何で天の上なんかにあるんだよ**と考え、プラトンの示す二元論的世界に疑問を抱いた。

ひょっとしてプラトンは、事物の本質が解明できず、イデアでごまかしているのでは——そう思った彼は独自の考察を進め、ついに1つの結論に達した。「**事物の本質は、事物に内在している**はずだ」。

この**事物の持つ本質的特徴**のことを、アリストテレスは**形相（エイドス）**と呼んだんだ。その説明は彼の『**形而上学**』に詳しく記されている。

形相とはどんなものですか？

形相はイデアと違い、**事物の素材（＝質料（ヒュレー））に内在**している。しかも次ページの図の通り、1つの質料に**いくつも内在している**んだ。

そして内在する形相の分だけ、質料も変化の可能性を持っている。つまり万物には、現実の姿（＝**現実態（エネルゲイア）**）と別のものになる可能性（＝**可能態（デュナミス）**）が備わっているということだ。いずれにしても変化が基本。この世に**永遠不変なものなし**ってのが、アリストテレスの考えだ。

事物の運動や変化の原因は、次の3つのうちのいずれかだ。

3 古代ギリシア思想(2)

❶ **自己の能力に基づく運動や成長。** （＝**運動因**）
❷ **形相や質料への、他の事物からの働きかけ。** （＝**運動因**）
❸ **自己の形相を100％実現したいという欲求。** （＝**目的因**）

❶❷はわかるけど、❸は奇妙な考え方だね。これは天体運行などの、運動因の見あたらない運動・変化を説明するための理論だ。

しかしこれ、全然納得できない。生物・無生物を含めて、みんなが欲求を持つことなんてあるのかな？　そもそも事物は、何で「自己の形相を実現したい」なんて欲求を持つんだろう。

その原因は、すべて「神」に求められる。正しくは「**不動の動者**」とか「**純粋形相**」とか呼ばれる、**アリストテレス版の神**だ。

不動の動者は宇宙を秩序づける絶対的完全者であり、宇宙の中心にあって自らは動かない。逆に万物に「**その完全性に近づきたい**」との**憧れ**を抱かせることで、万物を運動・変化させる。

そしてその完全性に近づく手段が、形相の実現だ。だから我々には「形相実現への欲求」がある。そして無生物まで欲求を抱く理由は、相手が神だからだ。神様相手なら何でもアリだもんね。

万物は神の完全性に近づく目的で運動・変化する——運動・変化の原因をこのように説明する考え方を「**目的論**的世界観」と言う。

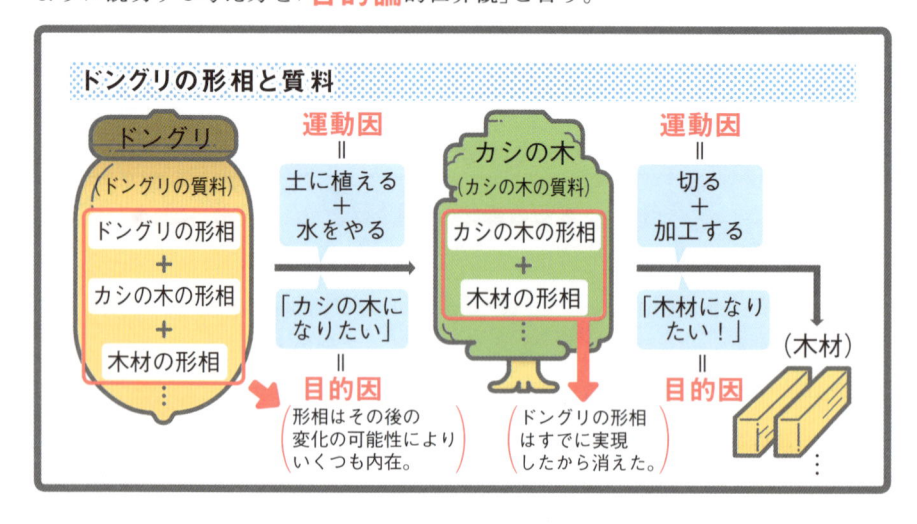

ドングリの形相と質料

ドングリ	運動因＝土に植える＋水をやる	カシの木	運動因＝切る＋加工する	
（ドングリの質料） ドングリの形相 ＋ カシの木の形相 ＋ 木材の形相 …	「カシの木になりたい」 ＝ **目的因** 形相はその後の変化の可能性によりいくつも内在。	（カシの木の質料） カシの木の形相 ＋ 木材の形相	「木材になりたい！」 ＝ **目的因** ドングリの形相はすでに実現したから消えた。	（木材） …

プラトンは事物の本質を現実界の外に見た。そういう意味では彼は**現実から目を背けた理想主義者**だ。対してアリストテレスは、現実の事物の中に内在する本質を見たから**現実主義者**とされ、**自然科学の祖と称されるようになった。**

「**我、プラトンを愛す。それ以上に真理を愛す**」——アリストテレスはこの言葉をもって、敬愛する師プラトンの思想と決別した。

😊 じゃあ、人間ならではの形相って何？

☹ 魂——と言いたいけど、それでは不十分だ。だって魂なら、他の生物にもあるからね。**魂は**「**すべての生き物を生き物たらしめる形相**」であって、人間だけの形相じゃない。

答えは魂の一部である**理性**だ。アリストテレスは、**理性こそが人間と他の動植物とを区別する、人間ならではの本質的特徴**であると考えたんだ。

コラム 「魂の不死」はウソ⁉

理性は他の動植物の魂にはなく、人間だけの形相だとアリストテレスは考えた。

人間と動植物との輪廻を信じるなら「そんなバカな」だけど、アリストテレスは輪廻を信じなかった。だって魂は形相だから、質料（＝肉体）なしには存在しえない。ということは、肉体が死ねば魂も消えることになるもんね。

そんなわけでアリストテレスは「不死なる魂の輪廻」という考え方を否定し、人間と動植物の魂を別物と考えた。つまり彼は、ピュタゴラスからプラトンへと続く「魂の伝統」の破壊者だったんだ。

理性の働きには2つある。1つは神の真理に近づこうとする「**本質や真理の探究・認識**」（＝**観想**（テオリア））だ。そこに没頭する生活を「観想的生活」と言う。

もう1つは「**感情や欲望のコントロール**」だ。こちらは日常生活において、**極端をさけるバランスのよさ**（＝**中庸**（メソテース））を重視することで実現していく。この辺りは、彼の『ニコマコス倫理学』に詳しく記されている。

そしてこうした「理性（＝人間の形相）の最大限の実現」こそが、人間にとって最も**幸福（エウダイモニア）**な生活なんだと、アリストテレスは考えた。だから彼は、**日常のあらゆる事柄で中庸を重視し、中庸を得た生活の中でテオリアを実現しよう**と考えたんだ。

中庸って、どんなものなの？

アリストテレスは中庸の例として「**無謀と臆病の中庸は勇気**」というのを挙げている。つまり**過剰と過小の両極端をさけたバランスのよさ**が中庸だ。

その実現はまさに理性的な生活だけど、そのためにはいくつかの徳を備えることが必要だ。じゃあいったい、中庸を得た生活を実現するには、どんな徳が必要になるんだろうか。

中庸の実現に必要な徳

- **知性的徳**……学習で身につく**判断のよさ**。
    ⬇
    [知恵：テオリア実現につながる**最高の徳**。
    　思慮：「**中庸とは何か**」を学ぶための徳。]

- **習性的徳**……学んだ中庸の反復習慣づけ（＝エートス）で身につく**人柄のよさ**。
    ▶＝倫理的徳　　▶勇気・節制・正義・友愛（フィリア）など

これらの徳は、他者との善き関係性の中で学び、活用するものだ。ということは、**ポリスで社会秩序が保てていて、初めて可能**になると言える。

ポリスなくして、正義も善き生活もあり得ない。アリストテレスはこれを著書『**政治学**』で「**人間はポリス的動物である**」と表現した。

ちなみにポリスで実現すべき正義とは、このような正義だ。

> **アリストテレスの正義**
>
> ❶ **部分的正義**……社会における**さまざまな公平原理**の実現。
>
> | 配分的正義 | **個人差・能力差を重視**して名誉や富を配分。
▶身分・能力の高い者には多く配分 |
> | --- | --- |
> | 調整的正義 | 個人差・能力差は無視。**量的不均衡の是正**。
▶「損害に見合った額の賠償」的考え |
>
> ❷ **全体的正義**……❶の実施などポリスの法に従うことで実現する、**社会全体の正義**。

ポリスって、どうあるのが理想なの？

まず**友愛（フィリア）**と**正義**は、不可欠だな。**友愛**は、人柄のよさをもつ者同士の間で交わされる相互応酬的な愛で、**ポリスの「結合原理」**になるものだ。これに対して**正義**の方は上で示したような内容で、こちらは**ポリスの「秩序原理」**になる。そしてこの友愛と正義がそろった上で、**市民に中庸と観想的生活を提供するのが、アリストテレスの考える善きポリス**のあり方だ。

この観想（テオリア）的生活を重視したため、彼は**仮にうまくいくとするなら、君主制がそれに最もかなった政体**になりうると、まず考えた。なぜなら君主制は「国王１人が国家を守り、残りみんながテオリアに没頭できる」政体だからね。つまり彼は**「なるべく多くの人がテオリアに没頭できる社会」がいい社会**だと考えたんだ。

この考え方に基づくと、次にいい政体は少数の貴族が支配する**貴族制**になる。そして市民自らが統治する**共和制**は、市民がテオリア没頭するヒマのない、あまりよくない政体ということになる。今日の民主政治をよしとする僕らとは、まったく逆の政治観だ。でも彼も、どの政体も支配者が自己の利益に走ったら悪い政体（専制・寡頭制・衆愚制）になるとも考えた。だから悩んだ末、結局、**共和制を現実の最も中庸を得た政体**とすることにしたんだ。

ただしこれでは、市民にテオリア没頭のヒマがない。だからアリストテレスは、政治以外の雑事を請け負う「もの言う道具」として、今まで以上に**奴隷制**の必要性を強調したことでも有名だ。

ギリシアについて学ぶと、民主・人権の感覚がおかしくなる。本当に何から何まで、今日の僕らとは価値観の違う世界だね。

▶プラトン（イラスト左）は天上のイデア界を指し、アリストテレス（イラスト右）は地上の現実界を指す。2人の考え方の違いを示す有名な絵だけど、禿げたじーさんのプラトンって、なんかヤダ。
そういうわけで、このページは書き込み自由だ。僕が許す。みんなで好きな髪形にしよう。

3 ヘレニズム時代の思想

> **背　　景**
>
> ● **ヘレニズム文化**は、ギリシアと東方オリエントの混合文化。
> ● 紀元前4世紀頃、ギリシアはアレクサンダー大王に征服され、西アジア・エジプトを含む「**世界帝国」的規模の支配下**に置かれた。
> ● ポリスという拠り所を失ったギリシア人は、**個人**として、あるいは**世界市民**としての生き方を探し始めた。

突如としておとずれたギリシア文化の終焉、秩序の源・ポリスの崩壊、他民族からの侵略、果てしなく続く戦乱……。

ギリシア人たちは不安だった。彼らには自分たちがこれからどうなるのかも、いつ死ぬのかもわからなかった。彼らに必要なものは、魂の平安と救済だった。そんな中、現れた2派について見てみよう。

❶ **エピクロス派**……開祖**エピクロス**（前341頃〜前270頃）

彼らは人々から**死への不安を取り除き、心安らかな状態に導く**ことをめざした。

彼らは**デモクリトスの影響**を受け、人間の**肉体も魂も、すべて原子でできている**と説いた。

そして死は「**魂の原子の散乱→痛みや恐怖も散り散りになること**」につながるため、**死を恐れる必要はまったくない**と説いたんだ。そう説くことで、人々の心の平穏を取り戻そうとしたんだね。

彼らにとっては、このようにして実現する**心安らかな状態（＝平静心（アタラクシア））こそが快楽の境地**であり、この境地をめざしたために「**快楽主義**」と呼ばれている。

ただし彼らの求める快楽は「**永続的で心静かな快楽**」だ。これは社会の煩わしさから逃れた所にのみ成り立つ。だから彼らのスローガンは「**隠れて生きよ**」。つまり彼らは、人々に**個人主義**的な生き方を説いたんだ。

個人主義的とはいっても、**彼らにとって最高の快楽は「友情**」だ。つまり**アタラクシアを求める限り、人類は平等な兄弟**として、友情を深めるべきなんだね。

❷ **ストア派**……開祖**ゼノン**（前335頃〜前263頃）

彼らは人々が死や悲しみに出会っても、動揺することなく対処するよう説いた。

彼らの考え方のベースには、古代ギリシアの伝統的な世界観がある。すなわち「**自然は、宇宙理性（ロゴス）の法則に支配された、秩序ある世界**」という考え方だ。

そしてその「**ロゴスの種子**」は人間理性（これもロゴス）として万人に宿っているため、**異民族もみんな仲よく世界市民（コスモポリテース）として生きるべき**だと説いた。さらに、自然と人間がロゴスを分有している以上、人間もロゴスの秩序に従い、「**自然と一致して生きる**」ことが必要だとも説いた。

自然の秩序には、人間の死も含まれる。民族的受難や親しい人の死など、当時のギリシアは辛い状況だったけど、それらもすべて自然の秩序。動揺してはいけない。**情念（パトス）に惑わされるなら、それは誤った感情**だ。

ストア派は、**死や悲しみも自然の秩序と受けとめ、情念に揺れない心（＝不動心（アパティア））で対処**するよう説いた。彼らは理性に敵対する激情や欲望などの情念の克服を唱えたため「**禁欲主義**」と呼ばれている（英語の stoicism はストア派が語源）。ストア派の代表者は、有名人ばかりだ。ゼノンの他にも**セネカ**（皇帝ネロの教育係）や**マルクス＝アウレリウス**（五賢帝の1人。『自省録』の著者）などの名も覚えておこう。

その後ギリシアは衰退するが、思想面では**新プラトン主義**が3～6世紀ぐらいまで頑張った。これは**プラトン思想を中心に、アリストテレスや古代インドなどの思想も取り入れたもの**で、かなり神秘的だ。

新プラトン主義…プロティノスが確立

万物は神である**「一者」から流出**し、最後にまた神に返るとする思想。

例　人間の魂　…「一者」 →流出→ 「知性」 →流出→ 魂

➡ 人間の魂は、必ずまた**一者と統合しようとする。**
　※「一者＝イデア」と考えたら、この動きは**エロース**

古代ギリシアの書物

〈神話的世界観〉

- 『イリアス』『オデュッセイア』（**ホメロス**著とされる）

  > どちらもトロイ戦争前後を描いた、古代ギリシアの叙事詩。**オリンポスの神々が人間的に描かれている。**

- ギリシア悲劇（アイスキュロス・**ソフォクレス**・エウリピデスら）

  > ディオニソス神の祭りで、国家的行事として上演。運命・自由・神の正義と人の正義の葛藤などがテーマ。特にフロイトも注目した、ソフォクレスの『オイディプス王』が有名。

〈三大哲学者〉

- ソクラテス…著作なし。弟子プラトンの著作から読み取る。
  - 『ゴルギアス』➡問答法
  - 『ソクラテスの弁明』➡無知の知・魂への配慮。
  - 『クリトン』➡善（よ）く生きることを説き、脱獄を拒否。
- プラトン…
  - 『饗宴（きょうえん）』➡イデア・エロース
  - 『国家』➡魂の三分説・哲人王
- アリストテレス…
  - 『形而上学（けいじじょうがく）』➡形相と質料
  - 『ニコマコス倫理学』➡ポリスの善き市民としての生き方。観想（かんそう）・中庸（ちゅうよう）・友愛・正義など。
  - 『政治学』➡ポリスのあるべき姿・制度について。「人間はポリス的動物である」で有名。

〈ヘレニズム時代〉

- **エピクロス**や**ゼノン**…断片的な史料や書簡が中心。
- セネカ（ストア派の哲人。皇帝ネロの師）➡『幸福論』
- マルクス＝アウレリウス（五賢帝の１人。ストア哲学に傾倒）
  ➡『自省録』

コラム　アリストテレスは頑固者？

　アリストテレスの「目的因」(p.46)は、天体運行のような、外部からの働きかけ(運動因)がないのに運動変化する事柄を説明するための考え方だ。つまり、すべての運動・変化のゴールに「不動の動者」という神がいて、万物はそこに憧れ、近づこうとするから、運動・変化が起こるのだという考えだ。

　しかしこの天体運行、観測すればするほど、予期しなかった不規則運動が増えていった。もはや「不動の動者」が１人では説明つかない。仕方なくアリストテレスはその都度、不動の動者を１人また１人と増やしていき、最終的には「55人の不動の動者」が天上にひしめいていることになった。

チェック問題 | 3

欲望に関するアリストテレスの考え方の説明として最も適当なものを、次の①〜④のうちから1つ選べ。

① 欲望を理性に従わせるには、理性がそう命じるだけでは不十分であり、実際に欲望を抑制できるような性格の形成が必要である。
② 魂の理性的部分がイデアを観想してさえいれば、そのような魂は自らの欲望的部分を制御することができる。
③ 魂の平安のために、空腹を満たすことなどへの自然で必要な欲望だけを持ち、贅沢や権力などへの空しい欲望は捨てるべきである。
④ 中庸の態度を保ちつつ生きるためには、禁欲的な生活を通じて欲望を排除し、魂を浄化することが必要である。

(本試験)

解答 … ①

解説 アリストテレスによると、**欲望の制御に必要な徳は、習性的徳の1つである「節制」**であり、習性的徳は、**中庸を得た行為の反復によって形成**されるものである。
②**プラトン**的な文になっている上、プラトンなら魂の欲望的部分は「**庶民が活用を制御して節制の徳に転化**」しなければならない。
③**平静心(アタラクシア)** という魂の平安(=精神的快楽)のため、必要十分なだけの欲望充足を説いたのは**エピクロス**。
④**ストア派**的な誤文。ストア派なら「ロゴスと一致して生きる」ために、そのロゴスの敵対物である情念(パトス)を排除するという意味での禁欲主義により、**不動心(アパティア)** を形成する。

4 キリスト教思想・イスラーム

1 キリスト教の前身——ユダヤ教

ユダヤ教って何ですか？

ユダヤ教はキリスト教の母体となった宗教だ。だから両者には共通点も多い。出てくる神様はどちらも同じ唯一神**ヤーウェ（エホバ）**だし、ユダヤ教の聖典『**旧約聖書**』は、キリスト教でも聖典の1つとして位置づけられているんだ。

どうしてユダヤ教は生まれたの？

それはユダヤ教を生んだ**イスラエル民族（ユダヤ人）**が、他民族から**迫害を受け続けた**ことが原因だ。**迫害は救済への渇望を生む**からね。詳しくは下の図の通りだ。

イスラエル民族の受けた迫害の歴史

BC16C.：イスラエル民族、遊牧生活から**定住生活へ移行**。
　　　　　定住先は「**カナン** ＋ **エジプト**」
　　　　　　　　　▶現イスラエル　　▶ここで迫害を受ける

BC13C.：指導者**モーセ**に率いられエジプト脱出（＝**出エジプト**）。
　　　　　▶この時モーセは、神から「**十戒**」を授かる。

BC11C.：カナンに結集し、ヘブライ王国建国（＝短い黄金期！）。
　　　　　▶この頃、預言者**イザヤ**登場。**救世主（メシア）**到来を預言。
　　　　　but その後王国は分裂状態に。

BC6C.：新バビロニアの迫害を受け、イスラエル民族の指導者層が、**新バビロニアに連れ去られる**（＝**バビロン捕囚**）。
　　　　　▶この過程で**ユダヤ教**が成立する

AD1C.：ローマ帝国による迫害を受ける。

😐 ユダヤ教はどんな宗教なの？

ひとことで言えば**「契約と律法」に基づく宗教**だ。

契約は神とイスラエル民族との約束で、「**神への絶対服従を誓ったイスラエル民族だけ、神は救済する**」という内容だ。

この契約のせいで、イスラエル民族は**自分たちだけが神から選ばれた民族**だと思っている（＝「**選民思想**」）。ただしヤーウェは「**裁きの神**」として、彼らが救済に値するかを常にチェックし、契約不履行時には「**怒りの神**」へと変貌する。怖い神様だ。

そして**律法**は、その神から下された「**掟**」、つまり**服従の具体的内容**だ。「出エジプト」の際、神からモーセが授かった「**十戒**」が典型的な律法なので、ひととおり目を通しておこう。

モーセの「十戒」

❶ 私以外の神を持つな。
❷ 偶像（※1）を崇拝するな。
❸ 神の名をみだりに唱えるな。
❹ 安息日（※2）を聖とせよ。
❺ 父と母を敬え。
❻ 人を殺すな。
❼ 姦淫するな。
❽ 人のものを盗むな。
❾ 隣人について偽証するな。
❿ 隣人のものを欲しがるな。

※1 偶像…神仏をかたどって作った像。
※2 安息日…週の休日。仕事を休み、宗教的儀式を行う。

イスラエル民族は、律法を厳格に守った。でも神の救いは、いつまで経ってもなかった。

紀元1世紀、カナンの中心地エルサレムは、ローマに支配されていた。苦難にあえぐイスラエル民族は、もはや**律法ばかりにこだわるユダヤ教に救いを見出せ**ず、いつしか、自分たちを真に救済してくれる**救世主（メシア）**の出現を待

望するようになっていた。
　そんな中、**イエス**が現れ、**伝道を開始した**んだ。

2 キリスト教

イエスの教えから発展した「**キリスト（救世主）信仰**」（※「救世主」はヘブライ語でメシア、ギリシア語でキリストとなる）。
中心聖典は『**新約聖書**』。

😊 イエスはどんな人だったの？

　イエスの母マリアは、天使ガブリエルから「神の子を身ごもった」との告知を受け、処女のままイエスを出産したと言われている。つまりイエスは、キリスト教では「**神の子**」として扱われるんだ。

　さらにイエスは、"**バプテスマ（洗礼者）"のヨハネ**から30歳頃に洗礼を受け、この頃から**メシアとしての自覚**を持ち始めた。

▲マリアの「受胎告知」

😮 バプテスマのヨハネ？

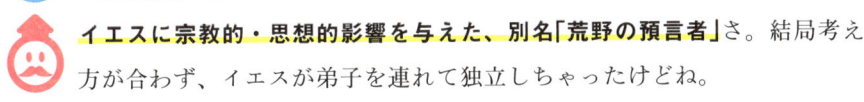

　イエスに宗教的・思想的影響を与えた、別名「**荒野の預言者**」さ。結局考え方が合わず、イエスが弟子を連れて独立しちゃったけどね。

　そして独立後のイエスは、十字架刑に処せられるまでの間、使徒とともに「**福音**」（＝イエスの教え・言行）を伝える伝道活動に従事したとされているんだ。

4　キリスト教思想・イスラーム

キリスト教ってどんな宗教ですか？

『新約聖書』の「**新約**」とは、「**イエスを通じてなされた、神との新しい契約**」という意味だ。つまりキリスト教は、ユダヤ教を母体にしつつ、そこに**イエスの新しい教えを加味**したものなんだ。

イエスの新しい教えとは、「**外面的な律法よりも、内面的な愛の重視**」という考え方だ。ユダヤ教徒（特に「**パリサイ派**」の人々）は、外面的な律法を重視したけど、それでは人々を幸福にできなかった。ならば律法の意味を、いま一度考え直す必要がある。イエスはそう考え、ついに、こんな結論に達したんだ。

律法を示した神の真意は何か

- ●「掟で縛りつけて、イスラエル民族を苦しめたい」…✗
- ●「律法さえ守れば、**イスラエル民族を助けてやる**」…○
  - ▶神のイスラエル民族への**愛**。

真の律法の成就 ＝心の中で神の愛を信じ、この世で実践すること。
  ▶外面的に形ばかり律法を守ることではない

ここからイエスは、**神の愛の実践に人々を導くことが、自分のメシアとしての使命**だと考えるようになったんだ。

神の愛って何？

神の愛は「**アガペー**」と呼ばれる。アガペーは「天上の神→地上の人類すべて」に向かう愛だ。これはちょうど、プラトンのエロースが「地上の人類→天上のイデア」への愛であるのと逆ベクトルだね。

ではアガペーとは、いったいどんな愛なのか。これはイエスの有名な「**山上の垂訓**」という説教を見ればよくわかる。

> **「山上の垂訓」の要旨** （「マタイによる福音書」より）
>
> 「**心の貧しい者は幸い**である。天国は彼らのものである。…(中略)**天の父は、悪人の上にも善人の上にも太陽を昇らせる**のだから、あなたも**敵を愛し、迫害する者のために祈れ**。…」

「山上の垂訓」は、虐げられしイスラエル民族への語りかけだ。だから、出だしはあえて**弱者を美化する逆説的な表現**を使い、彼らを勇気づけている。

そして、中段以降からわかる通り、アガペーは**善人・悪人、誰に対しても降り注がれる無差別・平等・無償の愛**だ。

だから神は、敵や迫害者にも平等に愛を注ぎ、我々にもそうあるように求める。ここにはもはや、ユダヤ教で「裁きの神・怒りの神」だった頃の面影はない。あるのは**完全に「愛の神」へとシフトしたヤーウェ**の姿だけだ。

「愛の神」が無差別・平等・無償の愛を示す——ヤーウェはキリスト教において、**「イスラエル民族だけの神」**から**「全人類の神」**へと**変貌**したんだ。

僕らのやるべき「神の愛の実践」って、どうするの？

僕らが地上でなすべきことは、このような愛を示す神を信じ、僕らも**神を愛する**こと、そして神同様の広い心で、敵をも含めて**隣人を愛する**ことだ。これらを**「二つの戒め」**と言う。

そして僕らは隣人愛の精神にのっとり、**「何事でも人々からして欲しいと望むことは、人々にもその通りに」してあげる**ことをめざす。これがキリスト教倫理の中核をなす、イエスの**「黄金律」**だ。

倫理に出てくるイエスの教えは、こういった内容だ。

その後、キリスト教はどうなったの？

イエスの内面性重視の教えは、形式的な律法遵守をよしとするユダヤ教の指導者たちを怒らせた。また支配者ローマからしても、イエスの説く愛の

教えは、得体の知れない新手の逆らい方に見え、どうにも薄気味悪く思えた。

彼は宗教的異端者として、またローマ支配に従順でない反逆者として裁判にかけられた。そして結局、最後には誰もが知る通り十字架刑に処せられたんだ。

しかしその後、イエスに選ばれた弟子たち(**十二使徒**)により、「イエスは**十字架で死んだ3日後に復活し、我らの救世主となった**。やはりイエスは神の子だった」という「**復活→キリスト(救世主)信仰**」が伝道された。ここからキリスト教は「**単なるイエスの教え**」から、「**全人類の救世主への信仰**」という宗教へと**発展**したんだ。

その後キリスト教の教えは、伝道師**パウロ**によりさらに深められた。彼が深めた教義は、こういう内容だ。

パウロの深めた教義

贖罪思想：人類は、アダムとエバ(イヴ)の「**楽園追放**」以来、**生まれながらの罪**(=**原罪**)を背負っている。

　　　　　↓

◎その罪は、**イエスの尊い犠牲により、神から許された。**
　　▶イエスの死には、罪深い人類を許したいという神の気持ち(=愛)が現れている。

　　　　　↓

だからイエスへの信仰は、神から正しい(=**義**)と認められる行為である(=**信仰義認説**)。　➡　※ルターに影響を与える。

三元徳：キリスト教の基本的な徳＝「**信仰・希望・愛**」

これらの教えは、彼の**異邦人伝道**（＝ユダヤ人以外への伝道）によりヨーロッパへも広まった。つまりパウロは、キリスト教をイスラエル民族の一部が生んだ異端の宗教から、**世界宗教へと拡大**させる基礎を作ったんだ。

　そしてこの後、キリスト教は迫害されながらも拡大し、313年にはついに迫害終了の勅令（ミラノ勅令）を受け、正式な宗教として**ローマ帝国に公認**されることになる。

▲アダムとエバ（イヴ）

公認後のキリスト教は、どうなったの？

　正式な宗教と認められた以上、次にやるべきことは**正統教義を確立**することだ。

　この作業に着手したのが、**教父**（古代の教会の理論的指導者）として名高い**アウグスティヌス**だ。

　彼は元々**マニ教**（光と闇の対立を説く宗教）の熱心な信者だったため、彼の説くキリスト教には「地上の国 vs 神の国」「清浄を望む霊と欲望に走る肉の矛盾（＝**霊肉二元論**。パウロが発祥）」などの**二元論的世界観**が随所に見られる。

　アウグスティヌスは従来までのキリスト教の教義を研究し、**「これぞキリスト教」と言えるような正統教義を確立**することに尽力した。

4　キリスト教思想・イスラーム

アウグスティヌスの確立した正統教義

三位一体説：「神」「イエス」「聖霊」の三者は、聖書では別物。
　　　　　➡ **but 根本においては同一**（どれも唯一の神の現れ）。

三元徳：古代ギリシアの**四元徳**より**上位**の徳と位置づける。
　　　　　▶ ただし四元徳も大事 → ※ 合わせて「七元徳」

恩寵説：人類の原罪は**自由意志に基づき発生した**から、**自由意志に基づく救済はあり得ず**、神の「**恩寵**」にすがる他なし。

・信仰も神の恩寵による（自力に非ず）　➡　「信仰を深める ≠ 救済の可能性 up」
　　　　　　　　　　　　　　　　　　　　▶ 誰が救われるかは神が予定（予定説の原形）
　　＋
・神の恩寵の媒介者

　　聖霊：イエスを信仰する者の心に宿る霊。同じく霊である
　　　＋　　イエスと交わり、神の意志を聞く。
　　教会：イエスの**救済者としての仕事**を受け継ぐ"地上の
　　　　　　神の国"（➡ **教会を介してのみ神の恩寵**に与れる）。

「**神の国**」の思想…プラトンの**二元論的世界観**の影響大。
⬇　　　　　　　　　　　　　▶ 現実界とイデア界

❶ 地上の国…「神への愛＜自己愛」
　　　　vs　　　▶ 我欲　　　　　　　➡　❶ vs ❷（＝腐敗と神意）
❷ 神　の　国…「神への愛＞自己愛」　　　　の争いは、最終的には
　　　　　　　　　　　　　　　　　　　　　「**神の国**」が勝利

◉「神の国」に住む人だけが、神の愛に満たされ、救済される。
　　➡ 地上における「神の国」は**教会**（→ **教会の言うことに従え**）。

その後、キリスト教の**教義・信仰の研究**（＝**神学**）は発展し、中世においては**アリストテレス哲学と結びついた**。いわゆる「**スコラ哲学**」の誕生だ。このス

コラ哲学は、11世紀の**アンセルムス**（「知らんがために我信ずる」で有名）を祖とし、その後その内容は深まってゆく。

そして13世紀の**トマス＝アクィナス**が、ついに完成させる。彼は**自然の光の届く範囲は理性（哲学）で扱い、それ以外（＝恩寵の範囲）は信仰で受け入れる**ことを主張した。

哲学と神学、両者は一見同格に見えるが、スコラ哲学ではあくまで神学がメイン。だから「**哲学は神学の侍女（or 下僕・婢）**」として下位に扱われたことも、覚えておこう。

スコラ哲学

アンセルムスを祖とし、**トマス＝アクィナス**が確立したキリスト教哲学。
信仰と理性の統合。

- ●**自然**の光の届く範囲… **理性**（哲学）で理解に努める。
  　　　　　　　　　　　　　　＋ ※主にアリストテレス哲学
- ●それを超えた範囲　　 … **信仰**（キリスト教神学）で受け入れる。
  　（＝**恩寵**の光の範囲）

↓

（自然は神が創ったことを考えると…）　➡ 「**信仰 ＞ 理性**」
　　　　　　　　　　　　　　　　　　▶「哲学は神学の侍女」

◉この力関係を原則に、**両者の調和・統一**をめざした。

〈その後のスコラ哲学〉

| スコトゥス：▶13C後半 | 「神の意志は理性を超えるから、理性による信仰の基礎づけは困難」▶両者の調和が崩れ始める。 |

↓

| **オッカム**：▶14C | 「神は認識不可で、個々の自然は認識可。」➡◉信仰と理性は、完全に別物。▶両者の調和・統一の崩壊。 |

↓

こうして「**哲学の神学からの解放**」が始まり、これがその後のルネサンスや**近代哲学**へとつながっていく。

3 イスラーム

> 開祖**ムハンマド**。40歳で神の啓示を受け、預言者として伝道生活に入る。
> ユダヤ教・キリスト教の影響あり。聖地は**メッカ**。聖典は『**クルアーン**』。

ムハンマドは若い頃、ユダヤ教やキリスト教に接したことで、アラブの伝統的な多神教や偶像崇拝に疑問を抱いた。そして40歳のとき、大天使ガブリエルを通じて最初の神の**啓示**（＝人の心に真理を示すこと）を受けたんだ。

その後、彼は**預言者**（＝神の意志を伝える者）として伝道生活に入る。こうしてイスラームは生まれたんだ。

😊 イスラームってどんな宗教ですか？

☹ 要点を整理すると、このような宗教だ。

イスラームの概略

神：**アッラー**……万物の創造者。全知全能の神。

⬇

唯一神：「生まず、生まれず、1人として並ぶ者なし」
　　　▶「神の子」なし　※ムハンマドは「預言者」。

超越神：姿の類推すら不可。➡ **偶像作製・崇拝は禁止**。
　　　　　　　　▶不可能＋神への冒とく

人格神：感情を持ち、人間の行為・信仰を裁く。

特徴：神の前での平等、アッラーへの絶対的服従、原罪なし。

他の宗教への接し方

- ユダヤ教：選民思想を否定 …「ユダヤ教徒だけの神」ではない。
　　　　　　　　　　　　　　▶神の前ではみんな平等
- キリスト教：「**イエス＝神の子**」の考え方を否定。
　　　　　　　▶預言者の神格化 ➡ 唯一神と矛盾

ユダヤ教やキリスト教についても言及してるでしょ。なぜだかわかるかい？それはイスラームが、**ユダヤ教・キリスト教と根本を同じくする宗教**だからだ。

> 😐 冗談でしょ。全然別の宗教ですよね。

　いや大真面目だ。だってイスラームでは、**人類の祖はアダム**だし、**歴史**は「**天地創造→最後の審判**」になってるし、大天使ガブリエルは出てくるし、**モーセやイエスが預言者**として登場するし、『**旧約聖書**』と『**新約聖書**』も**聖典**として扱っている。

　これらは別に「隠された事実」でも何でもない。僕ら日本人はイスラームと接点が少ないからね。そのせいで起こりがちな無知ってだけの話だよ。

　イスラームは、根本が同じだからこそ、**ユダヤ教・キリスト教の誤りには厳しい**。強く批判はしないが、**厳格に訂正**する。その辺は、預言者ムハンマドの扱いからも読み取れる。イスラームには「**モーセとイエスは、人々を正しく導けなかった。だから神は、最後の最も優れた預言者としてムハンマドを遣わした**」という教えがあるけど、これなんかまさにそうでしょ。そしてこの教えは、同時にもう1つ大事なことを僕らに教えてくれている。それは「**ヤーウェ＝アッラー**」ということだ。

> 😣 え〜そんなバカな！

　よく考えてごらん。「まず神はモーセに言葉を託し、次いでイエスに託した。でも2人は、うまく民を率いることができなかったから、神は"最後の最も優れた預言者"としてムハンマドを遣わした」。**全部同じ神様でないと"最後の預言者"って表現はおかしい**でしょ？

　というわけで、あくまで**イスラーム側からの視点でとらえた場合には**「**ヤーウェ＝アッラー**」、ユダヤ教とキリスト教は、同じ神の言葉を信じる仲間（＝「**啓典の民**」）となるからね。これはセンターでも出題されてるから、しっかり覚えといて。

　あと、キリスト教側にそのような言及はないことも忘れないでね。時系列的にイスラームの方が後だからこそ起こる解釈だよ。

> イスラームの教えの内容は、具体的にどんなものですか?

イスラム教徒(**ムスリム**)の拠り所は、聖典『**クルアーン(コーラン)**』だ。『クルアーン』はムハンマドが唯一神アッラーから受けた啓示を、**彼の死後弟子たちがまとめる形で完成**させた。『旧約聖書』『新約聖書』が不完全な聖典だったのに対し、『**クルアーン』のみは唯一完全な聖典**として扱われる。

そしてその『クルアーン』は、「**聖俗一致**」の考え方に基づき、**ムスリムの信仰・生活・政治のすべてを規律する聖典**となっている。

> 聖俗一致?

聖俗一致とは、『**クルアーン』が完全に公私すべてを覆い、あらゆる生活の規範となっています**という意味だ。日本の「政教分離」みたいに政治と宗教を分けたりしない。「**すべてはアッラーの思し召し**」というわけさ。

この聖俗一致が基本だからこそ、**イスラームに聖職者はいない**。みんな等しく神に仕えてるんだから、そこに聖職者なんて特別な存在を作る必要はないもんね。

> なるほど。でも聖職者っぽい人たち、見たことありますよ。

あれは**聖職者じゃなく、正しくは「イスラーム法学者」**と言うんだ。『クルアーン』と、それを大原則とする**シャリーア**(=**イスラーム法**)の解釈を研究する人たちだよ。

シャリーアは、イスラーム教国全体に共通する憲法みたいなものだ。イスラーム教国では、このシャリーアに違反しない範囲で、各国の国内法を整備するんだ。

そしてイスラームの教えに関してさらに言うなら、唯一完全なる聖典『クルアーン』には、**神の言葉がそのまま書かれており、一切手は加えられていない**。

> ムハンマドの言葉も?

ムハンマドの言行は『**ハディース**』という別の聖典に収められていて、『クルアーン』には載ってない。ちなみにこの『**ハディース』もイスラーム法(シャリーア)を形成する一部**として機能している。そして**ムスリム**は、**ウン**

マ(アッラーへの信仰に基づく運命共同体)の一員としての自覚を持ち、『クルアーン』の教えに従い、姦淫(かんいん)をせず、不浄な食べ物(豚肉)を食べない。

また、「**不当な利益(窃盗・賭け事・利子(り)による不労所得など)を貪(むさぼ)らず**」の教えに従って**無利子銀行**を運営し、富める者は貴者への施し(＝**喜捨(きしゃ)**(ザカート、救貧税(きゅうひんぜい)))を実践する。

そして特に大事なのが、**6つのものを信仰しながら、5つの義務を全うする**、いわゆる「**六信(ろくしん)・五行(ごぎょう)**」だ。

六信……ムスリムの6つの信仰対象	
神	唯一神アッラー。
天使	神と預言者の仲介者(大天使ガブリエルが最上位)。
啓典(けいてん)	神の啓示を示す書(『クルアーン』『新約聖書』『旧約聖書』の一部など)。
預言者	神の意志を伝える者(モーセ、イエス、ムハンマドなど)。
来世(らいせ)	現世の人間活動の報いを受ける場。
天命	すべてはアッラーの思し召しという運命。

五行……ムスリムの5つの義務	
信仰告白	「アッラーは唯一神、ムハンマドはその使徒」と唱える。
礼拝	1日5回、メッカに向かって祈りを捧げる。
断食(だんじき)	決められた時期に、日の出から日没まで飲食を断つ。
喜捨	貧者に施すための、救貧税を納める。
巡礼(じゅんれい)	一生に一度は、聖地メッカへの巡礼を行う。

僕たち人間はすべて(死者も墓から復活)、終末の日には神の前に集められ、現世での行いを裁かれる(＝**最後の審判(しんぱん)**)。その際、**六信・五行を全うした信心者は天国へ、不信心者は地獄に落ちる**ことになる。

これらは、今日のイスラム社会にも生きており、多数派の**スンナ派(スンニー派)**(指導者はムハンマドの代理人＝**カリフ(ハリーファ)**)も、少数派

4 キリスト教思想・イスラーム | 067

の**シーア**派（指導者はムハンマドの血統・血縁につらなる後継者＝**イマーム**）も、それぞれの指導者に従って、これらの戒律を守っている。

　イスラームでは、信仰を強制したりはしない。すべては僕らが自由に決めることができる。でも、六信・五行を全うしたムスリム以外は天国に行けない。イスラームはそう教えている。

> ### コラム　予備校の授業と宗教
>
> 　倫理の授業では、キリスト教やイスラームなど、宗教も扱う。ところが、その扱い方を間違えると、けっこう大変なことになる。
>
> 　僕たち予備校講師は、全国で授業をする。僕もかつて、週1回、日帰りで代ゼミの仙台校まで新幹線通勤していた。
>
> 　ところがそこで、僕のキリスト教の授業に不満を持った女子生徒から、「イエスの教えはそんなんじゃありません！」と怒られたことがある。確かに、真摯な信仰を持つ方からすると、僕の授業の説明では納得できないこともあるだろう。ああ、でもどうしよう、えらい剣幕だ。このままじゃ、帰りの新幹線に間に合わないぞ。
>
> 　時間が気になる僕は「アガペーの広い心で、そろそろ許してくれよ」と余計なことを言い、ますます話はこじれた。結局、僕はいつもより2本遅い新幹線に乗るはめになってしまった……。

チェック問題 4

次のア～ウは、さまざまな聖典の説明である。その正誤の組み合わせとして正しいものを、下の①～⑧のうちから1つ選べ。

ア　新約聖書は、従来の律法に代わって人類に無償の愛を注ぐ神への応答として「神を愛し、隣人を愛せ」という新たな愛の掟を教え、その掟を全うすることによって罪を贖う者は救われるという、福音を説いている。

イ　ユダヤ教の聖典は、世界の創造者である神の啓示の書とされる。神が与えた律法を守ることで救いと繁栄が約束されるという契約の思想が表され、神と契約を結んだ民であるイスラエル人の歴史などが書かれている。

ウ　クルアーン（コーラン）は、預言者ムハンマドに下された神の啓示を記した書とされ、聖職者と一般信徒がそれぞれに実践すべき規律を教えており、シャリーア（イスラーム法）の典拠となっている。

① ア正　イ正　ウ正
② ア正　イ正　ウ誤
③ ア正　イ誤　ウ正
④ ア正　イ誤　ウ誤
⑤ ア誤　イ正　ウ正
⑥ ア誤　イ正　ウ誤
⑦ ア誤　イ誤　ウ正
⑧ ア誤　イ誤　ウ誤

(本試験)

解答 … ⑥

解説
ア―誤　人類の罪は「イエスの十字架上の死」により贖われたのであって、「二つの戒め」の全うで救われるわけではない。

イ―正　ユダヤ教の「契約」とは、ユダヤ人が神に絶対的に服従すれば、神はユダヤ人のみを救済してくれるという選民思想。そしてその服従の具体的内容が「律法」と呼ばれる。

ウ―誤　イスラームは聖俗一致だから、聖職者はいない。

5 古代インド思想

1 バラモン教

> **背景**
>
> 紀元前1500年頃、遊牧民アーリア人がインド征服・農耕定住。彼らは厳格な身分制度・**カースト制度**を導入し、自民族の純血を保つため、「先住民＝シュードラ（奴隷階級）」として区別した。そして農耕に必要な自然（＝神）をコントロールする**バラモン**（**祭司階級**）が最高位となり、ここにバラモン教が成立した。

Q バラモン教って何ですか？

A バラモン教は**カースト制度を基盤とした信仰**だ。
バラモン教は**自然崇拝の多神教**で、その神々の働き（＝自然現象）を祭儀でコントロールする**バラモンが、「地上の神」として最上位のカースト**に位置づけられている。

教えの内容は神々・祭儀から哲学に関することまで多岐にわたり、それらはすべて聖典『**ヴェーダ**』に集約されているんだ。

Q 『ヴェーダ』の内容を教えてください。

A 『ヴェーダ』そのものよりも、「倫理」ではその付属書である『**ウパニシャッド**（奥義書）』の方が重要だ。その内容は**バラモン教の中心思想であると同時に、人類最古の哲学**（＝**ウパニシャッド哲学**）だと言われているんだ。

ウパニシャッド哲学は「**輪廻転生と解脱に関する教え**」だ。輪廻転生は無限に続く生と死の連鎖のことだけど、面白いことにウパニシャッド哲学では、これを「苦しみ」ととらえている。

> なぜ輪廻が「苦しみ」なんですか？

それは**現世の行い(=業(カルマ))で、自分の来世がすべて決まる**からだ。つまり現世で悪事をなした人は、来世のカーストが下がるか、獣や昆虫に転生するかもしれないんだ。しかも輪廻は「**因果応報の無限の連鎖**」だから、この循環は永遠に続く。

> わっ、獣や虫じゃ善行なんてできないから、ずっとそのままかぁ。

どう？　輪廻が苦しみだとわかってもらえたかな。そんなわけで**古代インド人は、輪廻を死よりも恐れた**んだ。

> 何とか終わらせることはできないんですか？

ここから解脱するには何が必要か。ウパニシャッド哲学によると、それには**梵我一如の真理を悟る**ことが必要だ。

> 梵我一如？

順を追って説明しよう。まず**梵(ブラフマン)**とは、**宇宙の根源にある永遠不変の万物の本体**だ。これは古代ギリシアの**宇宙理性(ロゴス)**や善のイデアみたいなもの、つまり万物や秩序の中心にある神的要素と考えればいい。

これに対して**我(アートマン)**は、**我々の内にある自己の本質**を指す。これはストア派の**「ロゴスの種子」**みたいなもの。アートマンは**ブラフマンと同様に永遠不変**で、死んでも輪廻で次の生に持ちこされる。

そして梵我一如とは、この**梵と我が本質的には同一**であるという真理のことだ。

5　古代インド思想

```
┌─────────────────────────────────────────────────────────┐
│ 梵我一如の考え方                                         │
│                                                         │
│  ┌──────────────────────────┐      ╭─────────╮          │
│  │ すべての事象や神々は、絶対者である │      │ 梵と我は本質 │          │
│  │ 梵（ブラフマン）の現れ。       │  ➡  │ 的には同一  │          │
│  │         ⬇                │      │ （＝梵我一如）│          │
│  │ ということは、我（アートマン）だって│      ╰─────────╯          │
│  │ 梵（ブラフマン）の現れの１つ。   │           ↙             │
│  └──────────────────────────┘                          │
│                                                         │
│  ╱修行で自己の本質を磨き、絶対者ブラフマンと合一することで、╲│
│  ╲この世の迷いや輪廻から解脱できる。                     ╱│
└─────────────────────────────────────────────────────────┘
```

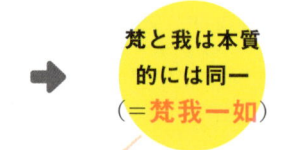

ブラフマンは宇宙の創造者だ。輪廻だってブラフマンが作った。

ならばそのブラフマンと合一できれば、そのとき僕らは輪廻から外れ、その輪を高みから見下ろすことができるはずだ。これがバラモン教の理想・梵我一如だ。

バラモン教は、その後どうなったの？

残念ながらバラモン教は、その後衰退する。その理由はいろいろ考えられるが、代表的なものはこんなところかな。

- **バラモンの堕落**…「地上の神」と崇められ、考え方や態度に驕りが出始め、人心が離れていった。
- **商人階級**の台頭…商業発展につれて豊かになり、金銭的優位からバラモンを見下すようになった。
  ▶ **ヴァイシャ**
- **武士階級**の台頭…戦乱の世（十六国時代）になり、バラモンよりも発言権が強まった。
  ▶ **クシャトリア**

バラモン教の衰退が進む頃、世の中には「**六師外道**」と呼ばれる**6人の自由思想家**が登場し、それぞれ**独自の方法で、輪廻からの解脱をめざし始めた**。

その六師外道の１人・**ヴァルダマーナ**が、有名な**ジャイナ教**の開祖だ。ジャイナ教では**苦行と不殺生で輪廻からの解脱をめざす**。「倫理」に出てくる六師外道は、この人だけで十分だ。

> **コラム** その他の六師外道
>
> 　六師外道——なんか魅力的な響きだ。特に「外道」ってのがいい。このアナーキーでワイルドな響きに魅せられ、「センターに出ない」って言ってるのに、授業後に必ず聞きに来る生徒がいる。「他の外道も教えてくださいよ」。
>
> 　しょーがねーな、ちょっとだけだよ。
>
> ●**カッサパ**：この世に善悪なんてない。→ だからその報いとしての輪廻もない。
> ●**ゴーサーラ**：輪廻からの解脱は、誰にもできない。（何じゃそりゃ!?）
> ●**サンジャヤ**：哲学的な問いに、結論などない。（開き直んな。ちゃんと考えろ）
> ●**ケーサカンバラ**：死んでも元素に戻るだけ。楽しんで生きよ。（エピクロス派のパクリ？）
> ●**カッチャーヤナ**：死なんてない。刀で斬っても元素の間をすり抜けるだけ。（じゃあ斬ってやろーか）
>
> 　みんなみごとな外道ぶりで、すごくいい！　六師外道 —— 名前通りの味な奴らだ。

2 仏教

> **仏陀**（シッダルタ）の思想。釈迦族の王子として生まれた彼は、29歳で出家。35歳で悟りを開き、「**真理に目覚めた者**」（＝仏陀）となる。

　仏教の開祖・仏陀は、元々釈迦族の王子だった。ところがその**王子としての享楽的な生活に虚しさを覚え**、29歳のときにバラモンの下へと出家した。

　出家のきっかけは「**四門出遊**」だ。これは仏陀が「城の東門で老人、南門で病人、西門で死人を見た後、北門で修行者に出会った」という有名なエピソードだ。**老・病・死という人生苦に触れた後、修行者と出会い、心ひかれる**——なかなか意味深な話だね。

　出家後、修行（主に苦行）にいそしんだ仏陀だが、彼は**苦行の無意味さに悟りを開けず**、悩んだ。そして6年後、菩提樹の下で瞑想し、ついに悟りを開くことができたと言われている。

仏陀の悟りの内容を教えてください。

仏陀の悟り、それは「**苦の原因とその解消法**」だ。

苦の原因は**煩悩**（ぼんのう）、すなわち**執着心**だ。僕らの心は、いったん煩悩にとらわれると、世の中の**真実が見えなくなってしまう**（＝**無明**（むみょう））。ここでの真実とは「**この世に永遠のものなんかない**」（＝万物は**無常**（むじょう）・**無我**（むが））という真実だ。

煩悩にとらわれた心は、「若さや美貌を」「愛する者を」「財産を」失うまいと、どんどん事物に執着する。でもいくら執着しても無意味だ。だってこの世に、永遠のものなんてないんだから。

百歩譲ってそういうものがあったとしても、自分自身が永遠じゃない。死ねばすべては失われる。結局僕らは、**できないことをしようとするから苦が生じる**んだ。

もうわかっただろう。**苦の原因が煩悩ならば、その解消法は煩悩を消すこと**だ。そしてそのためには、まず世の真理を正しく見つめることが必要なんだ。

仏陀は自分の悟った真理を、「**四法印**（しほういん）」に短くまとめた。四法印とは「**4つの真理のしるし**」という意味だ。

「四法印」で示された真理

〈現状認識〉

❶ **一切皆苦**（いっさいかいく）……人生の**すべては苦である**。
　　　　　　　　　　▶思うままにならない。

⬇

〈原因究明〉

❷ **諸行無常**（しょぎょうむじょう）……なぜならば**万物は変化し、消滅する**からだ。
　＋　　　　　　　　▶常なるものはない

❸ **諸法無我**（しょほうむが）……**永遠不変の実体をもつものもない**からだ。
　　　　　　　　　　▶我（アートマン）なんか存在しない

⬇

〈問題解決〉

❹ **涅槃寂静**（ねはんじゃくじょう）……❷❸を悟れば煩悩（ぼんのう）は消え、**心の安らぎが実現**する。
　　　　　　　　　　▶涅槃（ニルヴァーナ）

最も伝えたい真理は❷と❸だ。特に❸は興味深い。バラモン教では梵我一如を重視したけど、**仏陀は「永遠のものなし」の信念に基づき、梵も我も否定**してるんだ。
　万物は他のものと支え合って存在している（＝縁起（相互依存））。ということは、**失わずにすむ永遠不変の個物なんて存在しない**。これが仏陀の考えだ。
　縁起は仏教の重要な真理（＝法（ダルマ））だ。そして縁起を知ることは、自分の存在を支えてくれるすべてのものへの慈悲につながっていく。

> 慈悲って何ですか？

　慈悲とは、一切衆生（命あるものすべて）への愛のことだ。その本質は「与楽（他者に楽しみを与える）」と「抜苦（他者の苦しみを除く）」という利他行だ。

> 他人のためばかりじゃないですか。

　みんな縁起（相互依存）でつながってるからねぇ。他者のための行いは、きっと自分に返ってくる。
　縁起を心に留め、慈悲を大切に生きる。これで煩悩の業火は消え、心は安らぎの境地（＝涅槃）へと至る。これが仏教の真理だ。

> 真理を悟った仏陀は、その後どうしたの？

　ともに苦行した修行者たちに**初めて教えを説く**ことになる（＝初転法輪）。ただしそのとき説いた教えは四法印じゃない。四法印の変形・「四諦」（＝４つの真実）だ。

> なぜ四法印を変形したの？

　それは**修行の必要性を強調したかった**からだ。四諦は教えを説くことが目的だから、単に真理を伝えるんじゃなく、最後は「だからお前らも修行しろよ」っていう方向にもっていかないとね。そんなわけで、若干形が変わってしまったんだ。
　それでは四諦と修行を整理しておこう。

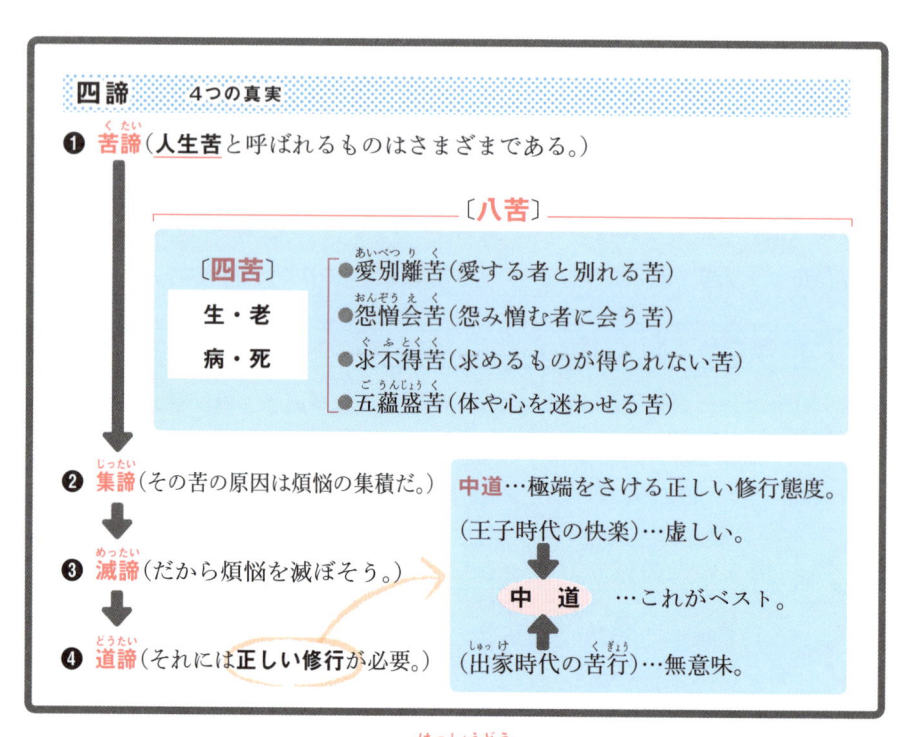

```
四諦    4つの真実
❶ 苦諦(人生苦と呼ばれるものはさまざまである。)
                            ─〔八苦〕─
        〔四苦〕   ●愛別離苦(愛する者と別れる苦)
        生・老    ●怨憎会苦(怨み憎む者に会う苦)
        病・死    ●求不得苦(求めるものが得られない苦)
                 ●五蘊盛苦(体や心を迷わせる苦)

❷ 集諦(その苦の原因は煩悩の集積だ。)   中道…極端をさける正しい修行態度。
                                    (王子時代の快楽)…虚しい。
❸ 滅諦(だから煩悩を滅ぼそう。)           中 道  …これがベスト。
❹ 道諦(それには正しい修行が必要。)    (出家時代の苦行)…無意味。
```

そしてこの、中道の具体的実践が「**八正道**」だ。

```
八正道    8つの正しい修行

正見(正しい見方)／正思(正しい思考)／正語(正しい言葉)
正業(正しい行い)／正命(正しい生活)／正精進(正しい努力)
正念(正しい注意力)／正定(正しい精神統一)
```

　ちなみに、出家した修行僧ではない在家の信者には、「**五戒**」と呼ばれる戒律を守ることが求められる。「五戒」とは、「**殺すな(不殺生)・盗むな(不偸盗)・姦淫するな(不邪淫)・嘘をつくな(不妄語)・酒を飲むな(不飲酒)**」の5つだ。

　これらは、出題の頻度が高いわけではないけど、いざ出たときに思い出せないと、すごく悔しい(と受験生が言っていた)。センター試験も近年は難化傾向にあるので、ぜひ覚えておこう。

3 仏陀入滅後の仏教（※「入滅」＝聖者や僧侶の死）

仏陀の入滅後、「**結集**」と呼ばれる仏教教義の確認会議が繰り返され、教えの内容は次第に固まっていった。ところがその過程において内部の意見対立が起き、仏教は大きく次の２つに分裂した。

- ●**上座部**：出家して僧院で修行。自己の「悟り」の完成を重視。戒律を遵守。
  ▶仏陀の言行に忠実
- ●**大衆部**：在家でもOK。慈悲の実践による他者の「救い」を重視。
  ▶言行よりも仏陀の精神を尊重

上座部は細かい規則にこだわるガチガチの保守派で、大衆部は規則よりも大枠の精神を尊重する柔軟性を持っている。両派はこの後、**さらに細かい部派へと分裂**していく（＝**部派仏教**）。

そんな中、「自己の悟りばかり重視」する旧上座部系への批判が次第に高まり、ついには「上座部は、**自分ひとりしか乗れない小さな乗り物**と同じ（＝**小乗仏教**）だ！」と非難されてしまった。

これに対して旧大衆部系は、「**一切衆生が乗れる大きな乗り物**」としての仏教の確立をめざした。これがすなわち**大乗仏教**だ。

> 小乗・大乗の違いを、もう少し教えてください。

考え方の違いは、ここまで書いた通りだ。これをもう少し整理すると、このようになる。

- ●**小乗仏教**：
  ▶東南アジア全域へ
  （自己の解脱のみをめざす。）
  ⇒「**阿羅漢**」を理想視。
  ▶修行完成者・聖者

- ●**大乗仏教**：
  ▶中国・朝鮮・日本へ
  （慈悲に基づく万人の救済をめざす。）
  ⇒「**菩薩**」を理想視。
  ▶救済者

5 古代インド思想

大乗の理想像・**菩薩**とは、**悟りを求めて衆生を救おうとする求道者**だ。ただし菩薩は、小乗の阿羅漢とは違い「自己の悟りばかり重視」したりはしない。

菩薩は相互依存（＝**縁起**）を重視するので、慈悲に基づく**利他行**（他者のための行為）の実践から、悟りを求める。だから菩薩は、**自らの悟りを後回しにしてでも、衆生に献身**するんだ。

こうして両者を比べてみると、やはり大乗の方が、仏陀の考え方により柔軟に対応していることがわかってくるよね。

大乗仏教の中心的思想は何ですか？

それは**竜樹**（ナーガールジュナ）が完成させた**「空」の思想**だ。ひとことでは表しにくいが、説明してみよう。

まず仏教には「**諸法無我**」の真理がある。この考え方に基づくと、この世に**永遠不変の実体を持つものは**「**ない**」。

ところが仏教には「縁起」の真理もある。この考え方に基づくと、**万物は相互依存し合ってこの世に**「**ある**」。

このように万物は、見方によっては「ある」とも言えるし「ない」とも言える。この「**無にして有、有にして無**」という万物のあり方こそが「空」なんだ。

コラム　インドの仏教と日本の仏教、なぜこんなに違う!?

インドの仏教では「仏＝仏陀（真理に目覚めた者）」であり、仏にまで至った者はシッダルタだけのはずだ（※ 釈迦牟尼仏とは、成仏後のシッダルタの呼称）。なのに日本の仏教では「〜菩薩（悟りのために修行中）」「〜明王（密教の仏様）」「〜如来（仏全体の尊称）」など、とにかくいろいろ仏様が出てくる。これは一体どういうことか。

実はこれ、日本に伝わってきたのが大乗仏教であるせいで、こういうことが起こっているんだ。大乗はシッダルタの死後にできた仏教だから、彼が弟子たちに説いてないことも多く含まれているのだ。

この違いにいち早く気づいたのが**富永仲基**（江戸期大阪の懐徳堂で学んだ町人学者）。彼の説く「**大乗非仏説**」（＝大乗仏教は釈迦の言説にあらず）のおかげで、僕も長年の疑問が解けて、晴れやかな気分になったもんだよ。

仏教・その他に覚えておくべきこと

〈「空の思想」を発展させた理論〉

- **中観派**…万物のあり方は「**空**」であり、**有と無の中道**で**縁起**によって**存在**するとした理論。
  ▶**中**の思想

- **唯識派**…万物は「**空**」であり実体はなく、ただ**人間の主観が作り出したもの**であるとする理論。兄**無着**（**アサンガ**）と弟**世親**（**ヴァスバンドゥ**）が完成。

〈最古の経典〉

- 『**法句経**』…「**真理の言葉**」と訳される。簡潔な言葉で、仏教の教えや道徳、生活の指針などを記す。
  ▶『**ダンマパダ**』

- 『**スッタニパータ**』…「**仏陀の言葉**」を集めたもの。

〈**六波羅蜜**〉…大乗仏教で実践すべき**6つの徳目**
＝

布施（施し）／ 持戒（戒律を守る）／ 忍辱（苦難を耐え忍ぶ）／
精進（努力）／ 禅定（精神統一）／ 智慧（悟りの智恵を得る）

〈他国への伝播〉

- **南伝仏教**…インドから見ると南の方（**スリランカから東南アジア方向**）へと伝播したため、こう呼ばれる。
  ▶小乗仏教

- **北伝仏教**…インドから見ると北の方（**中国・朝鮮半島を経て、日本**）へと伝播したため、こう呼ばれる。
  ▶大乗仏教

↓

※ インドと中国の双方から**チベットに伝来した大乗仏教が****その後密教化**したのが、チベット仏教（＝**ラマ教**）。

チェック問題 5

ブッダが初めて教えを説いた際に語ったとされている四諦についての説明として最も適当なものを、次の①〜④のうちから1つ選べ。

① 苦諦とは、人間は誰しも、苦しみを嫌い楽を求める心を持っているという真理を指す。また、集諦とは、そうした思いが積み重なって煩悩が増大するという真理を指す。

② 苦諦とは、人間の生の有り様は苦しみであるという真理を指す。また、集諦とは、そうした現実のゆえに、心の集中が妨げられ悟りが得られないという真理を指す。

③ 滅諦とは、煩悩の滅した安らぎの境地があるという真理を指す。また、道諦とは、そうした境地に至るための、極端に陥ることのない正しい修行法があるという真理を指す。

④ 滅諦とは、あらゆる存在はいつか必ず滅ぶという真理を指す。また、道諦とは、そうした道理を心に留めて、禁欲的な苦行を実践すべきであるという真理を指す。

(本試験)

解答 … ③

解説 滅諦の「滅」は、煩悩を滅ぼそうという意味。また道諦の「道」は、修行という意味。極端に陥らない態度は「**中道**」、正しい修行方法は「**八正道**」のこと。

①は少しニュアンスは違うが、**苦しみを嫌い（＝抜苦）、楽を与える（＝与楽）**ならば「**慈悲**」の説明。本問はそれに似せた誤文。

②は集諦の「集」は集中の集ではなく、「**煩悩の集積**」の集。

④は道諦の「道」は、道理の道ではない。

6 古代中国思想

1 儒家の思想

儒家って何ですか？

儒家とは、孔子の思想を中心として、それを継承・発展させた学派だ。そこには、孔子と同じ戦国時代の孟子や荀子も含まれるし、時代的にはずいぶん後の朱子や王陽明も含まれる。

もちろん個別に見れば、彼らは朱子学者であったり陽明学者であったりもする。でも幅広くとらえた場合、彼らはみんな「儒家」であり、彼らに共通する思想はみんな「儒教」なんだ。

儒教ってどんなものですか？

儒教は宗教というよりも道徳、もっと正確に言うと「**仁**（=**人間愛**）を**根本徳目とする実践道徳**」だ。その起源はかなり古く、中国古代の周王朝（紀元前1100年頃）にまでさかのぼる。

周の人たちは「**天**」を信仰していた。天とは宇宙の創造者・支配者で、人間にとっては道徳・愛の象徴でもある。

その天への信仰は、こんな思想を生んだ。

儒教の考え方

- 天の意志（= **天命**）に背いた国は滅びる。=「**易姓革命**」
  - ▶易姓革命…「天命が革まって国王の姓が易わる」という考え方

- **天命にかなう政治** … 徳を備えた為政者が実行。=「**徳治政治**」
  - ▶君子

これらが儒教の起源となった考え方だ。

でもその後、周王朝は衰退し、時代はそのまま**春秋・戦国時代へと突入**した。こうなるともう天だの徳だの言ってる場合じゃない。ここで儒教思想は一旦とぎれる。

各国の為政者たちは、優秀な策士・アドバイザーを求め始めた。そうすると、そんな時代の要求から、中国全土に「**諸子百家**」と呼ばれる独創的な思想家たちが、**多数出現**してきたんだ。

彼らは為政者から登用されることを夢見て、各国に自分の考えた「戦の勝ち方・国家の治め方」を売り込んだ。そしてそんな**諸子百家の1人に、儒家の祖・孔子がいた**んだ。

● 孔子（前 551 頃〜前 479）
儒家の祖。魯の国で役人となるも、政治的理想がかみ合わず退職し、諸国を遍歴。晩年は弟子の育成に専念。言行は弟子たちが『**論語**』に編集。

🙂 孔子が諸子百家の1人って、面白いですね。

🙁 そう、僕らから見れば道徳のお手本みたいな孔子も、歴史の中では戦のアドバイザーとして登場したんだ。だから彼にも、為政者に売り込むべき独創的思想があった。

😮 どんな思想ですか？

🙁 彼の独創的思想とは「**周時代の社会秩序の回復**」、すなわち「**君子による徳治政治の復活**」だ。

😀 え〜そんなの、戦国時代に全然合わないじゃないですか。

🙁 その通り。これは明らかに「**戦乱"後"に作りたい国のイメージ**」であって、戦に勝つためのアドバイスじゃない。結局孔子の思想は、誰からも採用されず、弟子の育成に力を注ぐしかなかったんだ。

でも、彼の思想は決して悪くない。むしろ時代さえかみ合えば、とても優れたいい思想だといえる。だから儒教は、今日でも時代を超えて受け継がれているんだ。

😐 儒教の中心的な思想って何？

儒教の中心的な思想は**仁**と**礼**だ。これらを詳しく説明すると、このようになる。

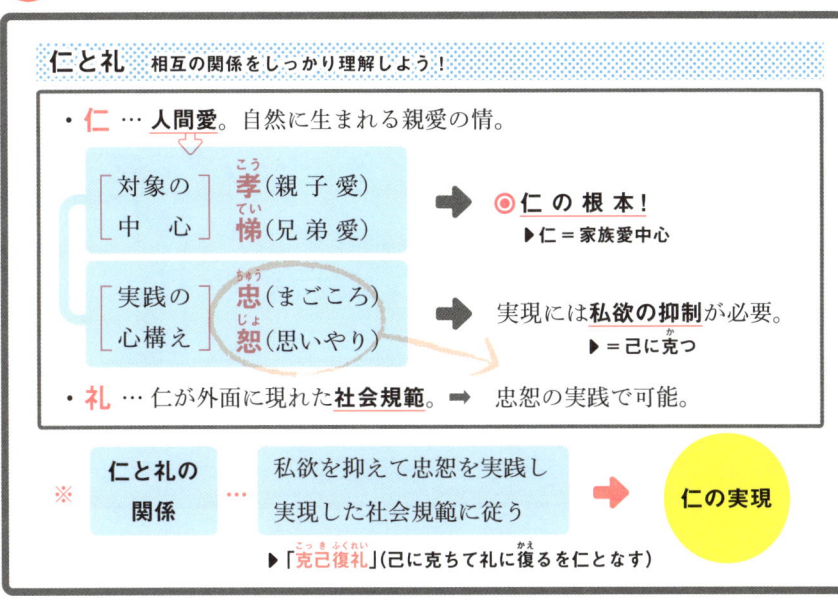

仁と礼　相互の関係をしっかり理解しよう！

- **仁** … **人間愛**。自然に生まれる親愛の情。

  [対象の中心]　**孝**（親子愛）／**悌**（兄弟愛）　➡　◉ **仁の根本！**
  ▶ 仁＝家族愛中心

  [実践の心構え]　**忠**（まごころ）／**恕**（思いやり）　➡　実現には**私欲の抑制**が必要。
  ▶ ＝己に克つ

- **礼** … 仁が外面に現れた**社会規範**。　➡　忠恕の実践で可能。

※　仁と礼の関係 … 私欲を抑えて忠恕を実践し実現した社会規範に従う　➡　**仁の実現**

▶「**克己復礼**」（己に克ちて礼に復るを仁となす）

孔子がめざしたのは「**優れた人格者の統治による人間愛あふれた社会**」だ。仁をもって政治に臨む人徳あふれる君子の姿は、人々の仁のお手本となる。そして人々は君子にならって仁を実践し、その実践が優れた社会規範となって具体化する。

すばらしい！　でもくどいけど、戦国時代の思想じゃないね。結局彼の理想国家は「絵に描いた餅」として、時代の闇に葬り去られたんだ。

コラム　孔子が仁にこだわった理由

孔子はなぜ仁にこだわったのか？　調べてみると珍説があった。

何と孔子は、身長が3メートルもあったそうだ（デケエ!）。しかも顔は醜く、頭の真ん中はへこみ、鼻の穴は巨大で、目と歯ぐきは飛び出していたそうだ。

母はわが子をバケモノだと思って山に捨てた。でも、山の主の虎とタカが丹念に育てて、彼を人里に返したんだそうだ。

すげーな。孔子が仁にこだわったのは、人間愛に飢えていたからってことか。こんなデカい奴にいきなり後ろから「国王様、仁ですぞ」とか言われたら、心臓止まりそう…。

6　古代中国思想

孔子以後、儒教はどうなったの？

孔子の死後、儒教は大きく分けて 2 つに分裂した。1 つは**「仁」を重視する**学派で、こちらの代表者は**孟子**、そしてもう 1 つは**「礼」を重視する**学派で、こちらの代表者は**荀子**だ。それぞれどんな内容か、見てみよう。

● **孟子**（前 372 頃〜前 289 頃）
孔子の孫・子思の門人に学び、孔子の思想を習得。諸国を遊説し理想主義的な政治理念を説くも、受け入れられず。言行は『**孟子**』に記録。

孟子は「孔孟」と並び称されるほどの儒家だ。彼は孔子の仁を重視し、有名な**性善説**を打ち立てた。

孟子の「性善説」

[人は生まれながらの**良知・良能**（=**四端の心**）を持つ。] → [力強い精神力（=**浩然の気**）をもって四端を育てれば**四徳**に転化できる！]

↓

❶ **惻隠の心**（人の不幸を見過ごせない）　➡　仁（同情心）へ。
❷ **羞悪の心**（悪や不善を恥じ憎む）　➡　義（正義感）へ。
❸ **辞譲の心**（へりくだって人に譲る）　➡　礼（社会的節度）へ。
❹ **是非の心**（善悪や正・不正の見極め）　➡　智（道徳的分別）へ。

| 仁義には**対等の価値**あり！ | … | 仁（= 内面的な人間愛）
義（= 外面に出た人間愛） | ➡ | 「仁は人心なり　義は人の道なり」 |

| 仁義に基づく君子の政治 | =「**王道政治**」▶理想的統治 | ➡ | ※力での支配は「**覇道政治**」▶覇道は為政者の人望を失わせ「**易姓革命**」へ |

人は誰もが生まれながらの善性を持つ。この善性を浩然の気で育て、四徳に高められる人間を「**大丈夫**」という。

　僕らは**心がけ次第で、誰もが大丈夫になれる**。ただしそのためには、日頃から四端の心を実践しつつ、「**五倫**」(※)で示される正しい人間関係を保つよう努力しなければならない。

　心配しなくても、性善説に基づく以上、僕らにはそれらができる素質があるはずだし、仮にうまくいかなくても、君子が王道政治で正しく導いてくれるはずだ。

　これが孟子の思想だ。もちろんこれも、戦乱の世に合うわけがない。孟子の思想も孔子同様、時代に受け入れられなかったんだ。

※ 五倫…孟子の示す人間関係の基本徳目。親子の親（親愛）、君臣の義（礼儀）、夫婦の別（男女の区別）、長幼の序（兄弟の順序）、朋友の信（信義）の5つ。

　これに対して、**荀子**の思想は現実的だ。

　荀子は性善説なんか、はなから信じていなかった。それどころか孟子とは正反対に「**人間の本性は欲望に支配されている**」として、**性悪説**を主張したんだ。

性悪説とは、どういう考え方ですか？

　性善説とは逆に、**人間は生まれつき利己的で欲望まみれ**だとする説さ。僕たち人間は、生まれながらに悪、つまり欲望に支配されている。それが善をなすとするなら、それは「**偽**」(＝分解すると「人為」)、すなわち**人為・作為による人間性の矯正の賜物**だというのが、荀子の考えだ。

　そして荀子は、「**礼（＝社会規範）」こそが、僕たち人間を善に向かわせるための「偽」である**と考えたんだ。そうなると為政者は、礼に従って人民を矯正するのが、正しい統治のあり方ってことになる。この考え方を「**礼治主義**」と言うんだ。

なんか、効率よさそうだけど、ちょっと悲しい思想ですね。

　まあね。**礼治主義の出現は、人間の善意に信頼する王道政治の限界を示す**ものだからね。でも逆に言えば、この現実的な思想こそ**戦乱の世に求められていた思想**だとも言えるわけだ。

　だから荀子の礼治主義は、儒家の思想の中で初めて為政者に採用されたんだ。孔子以来の念願がようやく叶ったわけだけど、荀子で叶うとは何とも皮肉な話だね。

2 新儒教（朱子学・陽明学）

> **背景**
> 荀子の思想が為政者から採用された後、儒教は一時的に隆盛をきわめる。しかしその後、道教や仏教に圧倒され、しばらくの間は衰退する。
> しかしその後、儒教思想は**朱子学**として復活する。時代は12世紀、もう戦乱の時代ではないため、その内容も「国家統一の理論」から「純粋な道徳学問」へと様変わりしていた。

😊 朱子学について教えてください。

🙁 **朱子学**とは、**朱子**（**朱熹**）によって復活した新儒教だ。内容はけっこう理屈っぽく、簡単に言うと「歪んでしまった人間性を、本来の善い人間性に矯正するための学問」だ。ただしそれを理解するには、まずは「**理気二元論**」を知らないとね。

😐 理気二元論って何？

🙁 理気二元論とは、**万物は理と気の2つの要素からなる**とする考え方だ。一見難しそうだけど、考え方は**アリストテレスの「形相と質料」と似ている**。

> **朱子学の理気二元論**
> ・**理**… 宇宙万物の**本性・本質**（≒「形相」）。
> 　→ 人間にとっての理（本質） ＝ **本来万人に備わっている善の性質**。
> 　　▶本来の性質だから「**本然の性**」と言う。
> ・**気**… 万物の**素材**。人間にとっては**肉体**（≒「質料」）。
> 　→ 形・大きさに個体差あり ⇒ **本来の善性を歪め、欲望など発生**。
> 　　▶気の質で歪んだ現実の人間性＝「**気質の性**」
> 〈朱子学の目的〉：「**気質の性→本然の性**」に矯正すること。

朱子学によると、本来の人間はみんな等しく善を本質としている。でもその本質の収まるべき器（＝肉体）の方は、見た目もサイズもみんなバラバラだ。そのせいで僕らの本質も歪み、現実には**本来ないはずの欲や悪心が芽生える**んだ。

この歪んだ心を善に**矯正**する、これが朱子学の仕事だ。

😐 どうやって矯正するの？

矯正方法は「**居敬窮理**」だ。これは居敬と窮理という２つのやり方を合わせたものだ。

居敬とは、**雑念を払って欲望を制御すること**、そして**窮理**とは、古代の聖人が著した四大書物（『大学』・『中庸』・『論語』・『孟子』＝「**四書**」）**を読むことで、理すなわち人間本来の善性についての知識を窮める**ことだ。

つまり「**禁欲主義と学問探究**」が朱子学の核心だ。これらをすれば、僕らは**理への知を獲得**することができ（＝**格物致知**）、最終的には理が気を制御して仁が実現する。何とも堅苦しい考え方だけど、これが純粋な道徳学問・朱子学だ。

😯 朱子学はその後どうなったの？

朱子学はその後、国の正式な宗教として認められ、中国最難関の公務員試験である**科挙の試験科目にも採用された**んだ。

これはすごいことだ。でも同時に、朱子学にとっては不幸の始まりでもある。

だってこうなると、もはや**朱子学は単なる受験科目**だ（倫理講師として耳が痛い）。誰も純粋な道徳学問としては扱わなくなる。つまり朱子学は、エリート公務員になるための道具として、**完全に形骸化**してしまったんだ。

こうした形骸化は、儒教の優れた道徳性を愛する人には不本意だ。だから今度は、そんな**朱子学の形骸化への反発**としての新儒教が生まれてきた。それが**陽明学**だ。今度は陽明学を見てみよう。

😀 陽明学について教えてください。

陽明学は、**王陽明**によって復活した新儒教だ。彼は形骸化した朱子学への批判として、**理一元論**という新たな考え方を展開する。

理一元論って何？

これは**人間の性質には「本然の性」と「気質の性」の区別なんかない**っていう考え方だ。

人間の心には、生まれながら善い部分も悪い部分もある。そうした悪い部分まで含めた**人間の心そのものが、人間の本質**だ（＝**心即理**）――王陽明は、そう考えたんだ。

じゃあ、朱子学みたいに心の矯正はしないの？

その通り。心の中には悪い部分もあるのが当たり前、それを抑え込もうなんて努力、やっても意味ないからね。

それよりせっかく心の中には善の部分もあるんだから、この長所を伸ばす方が有効だ。だから陽明学では、この**先天的な道徳知（＝良知）を磨くことを重視**するんだ。

良知を磨き、それを社会的に実践すれば、朱子学みたいに気の制御なんかしなくても仁は実現する。だから陽明学では**良知の実践・致良知（＝良知を致す）を重視**するんだ。

せっかく持って生まれた良知だ。心にしまっておくよりも、やっぱどんどん「行う」ことでよりよい社会を作らないともったいないよ。「良知は"行う"ことで社会的価値を実現する」――これが陽明学流の「**知行合一**」だ。

ソクラテスの「知行合一」とどう違うの？

ソクラテスの知行合一は「善についての知があれば、行いは必然的に**善に至る**」、陽明学のは「**良知を磨き、善を致す**」だ。

つまり文法的に言えば、ソクラテスのは自動詞的、陽明学のは他動詞的な知行合一だ。てことは**陽明学の方が、より積極的・能動的な知行合一**ってことになるね。

3 道家の思想

🙂 道家について教えてください。

道家は、老子や荘子の説く**「道」の思想を継承する一派**だ。

道は「みち」と読んでもいいけど、儒家の説く仁義の道（みち）と区別するために、**「タオ」あるいは「どう」と読む**方が正しい。なぜ区別するのかというと、実は同じ戦国時代の思想でありながら、**両者はまったく対立する考え方**だったからだ。

両者の違いを簡単に表すなら、**道家は自然を、儒家は道徳（つまり不自然）をよしとする**ってとこかな。しかも**道家は市民に、儒家は為政者に呼びかけている**ように見える。詳しくはこれから見ていくけど、本当に何から何まで違った思想だ。

ただし共通点もある。中国の三大宗教といえば儒教・仏教・道教だけど、そのうちの道教は「道家の思想＋民間信仰」の混合宗教だ。つまり最終的には、**道家の思想も儒家同様、世の中に広く受け入れられた**と言えるんだ。

ではそんな、後世に大きくその名を残す老子・荘子の「道」の思想、どんなものか見てみよう。

● **老子**（春秋・戦国時代。生没年不詳）

隠遁生活の中で道徳的修養を積んだとされる。孔子と同時期の人で、孔子が礼を問いに訪れたとされるが不詳。主著は『老子（道徳経）』。

😯 老子の説く「道」って何？

道とは、老子・荘子の思想（＝老荘思想）に共通する中心概念で、**万物を生み成長させる、あらゆるものの根源**だ。これがどんなものかは、ひとことでは説明できない。老子の挙げるいろんな例から、おおよその感じをつかんでもらおう。

6 古代中国思想

```
老子の「道(タオ)」とは何か
```

・道は**感覚ではとらえられない**。(→「道＝**無**」とも言える。)

| 道に近いものは「**水**」 | ・水は万物に利益を与える。
・水は争わず**自然に従い**流れる。 |

⬇

◉道は万物を生むが、**支配せずありのままにさせる**。

⬆

| 道と万物の関係
≒「**海と川**」 | … | 川は**自然に海に注ぐ**から。
▶万物は自然に道に従う。 | ➡ | 海からの
強制なし |

　これらが道の思想だ。老子自身が言葉ではっきり説明はできないと言っているから、大体の感じがつかめてくれたらいい。

😐　**大体はつかめたけど、やっぱり言葉の説明がもっと欲しいな。**

👹　そうだねえ…つまり道とは、**儒家たちが作り出した小賢しい仁義（じんぎ）や知恵などの「偽（ぎ）」(＝人為的な要素)とは、対極にある概念**なんだ。
　今の人間社会は、儒家のせいで仁義が幅をきかせている。これは**道のあり方に反した、不自然な発展**だ。でも人間も自然の一部なんだから、このような**人為・作為を廃した、自然なあり方**をめざすべきだ——これが老子の考え方だ。
　人為・作為のない自然なあり方のことを、老子は「**無為（むい）自然**」と呼んだ。**老子が求める正しい生き方とは、まさにこの無為自然に従った生き方**だったんだね。

😅　**無為自然に従った生き方って、どんな生き方？**

👹　老子がめざした生き方は「**柔弱謙下（じゅうじゃくけんげ）**」だ。
　赤ん坊（にゅうじゃく）を見てもわかる通り、生き物は生まれたときは柔らかで弱々しく、死ぬと硬くこわばってしまう。

つまり**柔らかで弱々しいのが生の本来のあり方**なんだから、僕らも赤ん坊を見習って（＝**嬰児への復帰**）、軟弱と言われようが負け犬と言われようが、**柔弱に他者と争わず生きてゆく**ことができれば、それが最も自然なあり方だ。

そしてその上で心を「**清浄恬淡**（＝清らかで無欲）」に保ち、**仁義や知恵や名誉などの「偽」を捨て去る**ことができれば、これぞまさしく無為自然、道に従った生き方と言えるだろう。

😮 そういう生き方は可能なの？

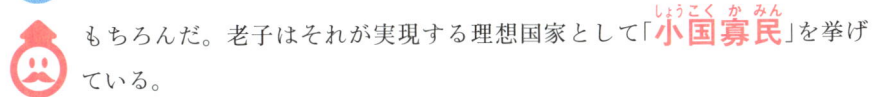

☹ もちろんだ。老子はそれが実現する理想国家として「**小国寡民**」を挙げている。

小国寡民とは、文字通り「**人口の少ない小国**」だ。その国家は近隣国とはつき合わず、軍事力も使わず、質素な自給自足をよしとする、なんともまあ貧弱でみすぼらしい国家だ。

でもこの国家こそ**柔弱謙下を具体化した、道に従った国**だ。「こんなの敗戦国の思想だ！」なんて批判する人もいるけど、戦国時代の人々は、別にみんなが戦争をしたがってたわけじゃない。むしろ**戦乱に疲れていた当時の人々には、きっとこの老子の小国寡民は、理想郷に映っただろう**ね。

●**荘子**（前370頃〜前300頃）
楚の王から任官の招きを受けるが、これを拒否。自由人として貧困の中にも悠々自適の生活を送る。
著書は『荘子』。

🙂 荘子ってどんな人ですか？

☹ 荘子はとにかく変わった人だ。
彼は**思想家というより仙人**だね。彼の例え話は荒唐無稽で、知らない人が聞いたら、「こいつ、おかしいんじゃねーか？」と思うぐらい奇想天外だ。

でも知れば知るほど魅力的な人物で、その自由奔放な生き方にはファンも多い。

6 古代中国思想

それが老荘思想の完成者・荘子なんだ。

> 荘子の思想を教えてください。

荘子は「**真人**（しんじん）」として生きることを理想視した。**真人とは、相待（そうたい）にとらわれない自由人**のことだ。

> 相待？「相対」じゃないんですか？

どちらでもいいんだけど、意味的には相待。
相待とは、大小・善悪・是非（ぜひ）・美醜（びしゅう）のように、**互いに相手を待ち合う関係**、言い換えれば、**片方があって初めてもう片方も意味を持ちえる関係**のことだ。

> ほんとだ。小って概念と比較しないと、大はうまく表せないぞ。

でしょ。世の中には「大きい」ものがあるから、その反対のものを「小さい」と呼べる。これらは両方あるのが自然であり、どっちがいい悪いって話じゃない。これが相待だ。

でも人間は、しばしば善を絶対化したり、美にばかり価値を見出そうとしたりする。これらは**不自然で、道に反した行為**だ。

「相待なんて、**道からみればみんな同じ価値**だ（＝「**万物斉同**（ばんぶつせいどう）」）」——この境地に至った人、これが真人だ。

真人とはどんな人か

・**万物斉同の境地**に至った人。
　↓
　[**胡蝶（こちょう）の夢**] … 夢の中で蝶になった荘子は、自分が蝶なのか蝶が自分なのか、わからなくなったという例え話。

・[「**無用の用**」を心得た人] … 「有用性への固執＝**相待（そうたい）の一方への固執**」
　➡かえって自分のためにならないとの戒め。
　↓

> 実のなる木は役立つため早死に。**役立たずの木は長生き。**
> ▶ 無用の用

・社会的名声を離れ、**天地自然と一体化して楽しむ人。**
　　　　▶ 逍遥遊（しょうようゆう）

ただし僕らが真人になるには、心のけがれを取り去り（＝**心斎**（しんさい）、身体のわずらいを忘れる（＝**坐忘**（ざぼう））という、「**心斎坐忘**」の修行が必要だ。なれるもんならなってみたいもんだね、真人。

コラム　真人禁止！

　抜けるような青空の下、誰もいない山あいの花畑の中、笑いながらスローモーションで駆け抜ける僕 ── これが僕の考える真人だ。いいなあ真人。
　予備校の授業で真人について教えると、必ず遠い目をしてぼんやりしている奴がいる。コラコラ、君らの考えてることはわかるぞ。
　"いいなあ真人、俺もなりたいなあ…。だいたい勉強ができるできないなんて相待、人間だけの小さなこだわりじゃないか。道から見ればみんな同じさ。よーし俺も真人になるぞ！　アーッハッハッハ…"
　違う、それは現実逃避だ。いいか、君らは受かるまで真人禁止だ。

4　その他の諸子百家

　最後に、ここまでの流れに入ってこなかった、その他の諸子百家も覚えておこう。その他とはいってもよく出るから、しっかり覚えてね。

> **その他の諸子百家**
> 法家（ほうか）と墨家（ぼっか）は特に頻出。
> ・**法家**…**韓非子**（かんぴし）（荀子の門人）

6　古代中国思想　　093

法治主義…⎡・戦乱の世を徳で治めるのは不可能。
　　　　　　　　⎣・**法律や刑罰で悪人を矯正**すべき。
　　　　　　　　　▶荀子の礼治主義をさらに徹底

- **墨家**…儒家を批判。墨子は**武装した軍事集団**の長だった。
　　▶墨子　　　　　　▶非攻を説き、攻撃された町を守るため

　　　⎡ 利　益 ⎤：平等から発生　⎫
　　　⎣ 不利益 ⎦：差別から発生　⎬➡仁は**家族愛中心の差別的愛**だからダメ。
　　すべての人間で　　　　　　　　　　　　　　　▶＝別愛

　　　⎡・無差別平等に愛し合う＝**兼愛**　　⎤
　　　⎣・互いに利益の交換を　＝**交利**　　⎦➡◉**戦争は反対**（＝**非攻**）
　　　　　　　　　　　　　　　　　　　▶侵略戦争は不義・不利益

- **尚賢**…「**賢者の評価・重用**」が政治の基本（→実務能力重視）。
- 尚同 …「**意見の統一**」が政治の基本。→天下から賢者を選んで天子にし、
　　　　　　　　　　　　　　　　その人の意志に沿う行動をしよう。
- **節用**…天子の富は「ぜいたく品→**実用品**」へと切り替えるべき。
- 明鬼 …個人の悪行には、鬼人が罰を下す。

- **縦横家**…諸国を対立 or 連合させて回った、**外交上の駆け引き**を身上とす
　▶蘇秦・張儀　　　　　　　　　　　　　　　　　　　　　　　　る一派。

　強国・秦に対する⎡・**合縦**（縦に並んで共同戦線で対抗）⎤➡状況に応じて
　　　　　　　　　⎣・**連衡**（秦と結んで共同戦線を崩す）⎦　結び離れる。

- **農家**…「**神農**」を崇拝し、**君主も含む平等な農耕**を説く一派。
　▶許行　　　▶農業神　　　　　▶＝君民平等
- **兵家**…**戦術論**を説いた一派。孫子の兵法（「敵を知り己を知らば百戦危
　▶孫子　　うからず」など）で有名。
- **名家**…**名（＝言葉）を用いた説得**をよしとする一派。
　　　　　名実を正確に定義づけようとするも、次第に詭弁に。
- **陰陽家**…「**陰陽五行説**」で自然や社会の成り立ちを説明した一派。
　　　　　　　‖
　　　⎡・陰と陽の２元素（＝陰陽二気）⎤の変化や運行。➡**風水の吉凶判断**
　　　⎣・火水木金土の５元素（＝五行）⎦　　　　　　　　はここからくる。

チェック問題 | 6 （難）（5分）

荘子の思想を、儒家の思想と比較して説明した文として最も適当なものを、次の①～④のうちから1つ選べ。

① 過不足のない、調和の取れた中庸の状態を維持することをめざす儒家とは異なり、「心斎坐忘」を唱え、足を組んで座り、心を統一して、宇宙を支配する絶対神と一体となるべきと説いた。

② 儒家が、礼に従って家から国、そして天下へと社会の秩序を実現していこうとするのとは異なり、「小国寡民」を唱え、小さな共同体の中で、何ものにも拘束されることなく質素に生きるべきと説いた。

③ 親に対する孝や、兄に対する悌を基礎とする道徳を重視した生き方を説いた儒家とは異なり、「万物斉同」を唱え、道徳的な判断や、あれやこれやといった物事の区別も相対的なものにすぎないと説いた。

④ 儒家が、身近な者に対する仁愛を他者に押し広げていくべきと説いたのとは異なり、「逍遥遊」を唱え、他者との関係を断ち、天地の間に充満する浩然の気を養い、安楽に生きるべきだと説いた。

（本試験）

解答 … ③

解説 道徳は人間が人為的に作り出した不自然なものであり、大いなる大自然の根源である「道」から見れば、**あらゆるものの価値は等しい**（＝**万物斉同**）。

①**中庸は、アリストテレスだけでなく孔子も重視**している（だから儒教の「四書」に『中庸』という本がある）から、前半は正しいが、後半は心斎坐忘ではなく、ウパニシャッド哲学の「梵我一如」か、密教の即身成仏。
②「小国寡民」は、**老子**の示した理想国家。
④「浩然の気」は**孟子**の用語。

6 古代中国思想 | 095

7 西洋近代思想の成立 (1)

1 ルネサンス

背景
- 中世のキリスト教倫理への反抗から生まれてきた、**人間性の回復運動**。
- 古代ギリシア・ローマ時代の「**文芸復興**(ふっこう)」をめざす。

教会支配の時代から ──→ 人間賛歌の時代へ

> まずは、時代背景から教えてください。

この運動のきっかけとなった中世(5〜15C.)は、**形骸化したキリスト教が、社会生活全体を規制**していた時代なんだ。

この時代、学問も芸術も、すべては神を讃え、神に近づくためのものだった。人々の価値観は教会によって支配され、その**教会があらゆる学問・芸術・思想・発見を、キリスト教やスコラ哲学の教義に矛盾しないかチェックしていた**。

当然人間が神から独立した自由意志を持つなんて考えられなかったし、快楽や幸福といった人間本来の喜びを味わうことも、社会的に許されなかった。

でも、人々には清貧の思想を押しつけておきながら、僧侶たちはまばゆい教会でぜいたく三昧。今にも崩れそうなあばら家に暮らしながら、人々はどういう気持ちでいたんだろうね。

そこから何がきっかけでルネサンスが起こったの？

簡単に言えば、**市民の台頭と教会権威の没落**だ。下のノートからもわかる通り、ヨーロッパでは「中世の３大発明」と十字軍の遠征失敗あたりをきっかけとして、13世紀頃から次第に支配階級の没落と市民の台頭が進んでいったんだ。

そうなると教会の言いなりになんざ、ばかばかしくてなれないやね。**人々は次第に教会以外の価値観を探し始めた。**

そこで人々が目をつけたのが、古代ギリシアやローマの文化だ。この時代なら教会支配以前の時代だし、何といっても**古代ギリシアやローマには、キリスト教倫理にはない生き生きとした感情と自由がある**。これに気づいた人々は、この時代の文学や芸術を猛烈に理想視し始めた。これがルネサンスだ。つまりルネサンスとは「**キリスト教以前の文芸の再生・復活**」だったんだね。

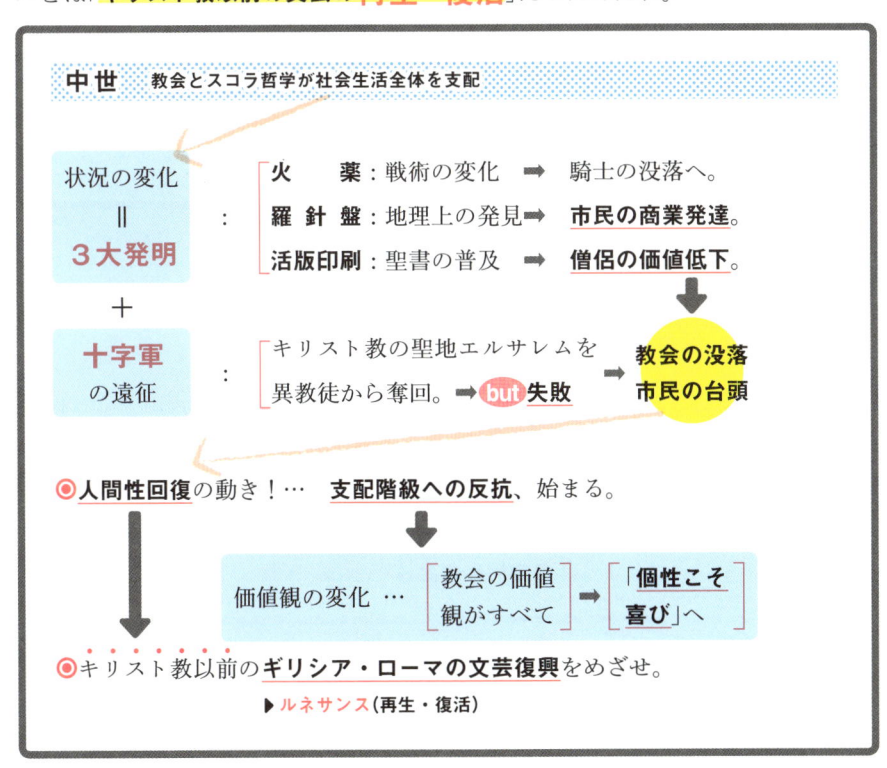

中世　教会とスコラ哲学が社会生活全体を支配

状況の変化 ＝ ３大発明
- 火　　薬：戦術の変化 ➡ 騎士の没落へ。
- 羅 針 盤：地理上の発見 ➡ **市民の商業発達。**
- 活版印刷：聖書の普及 ➡ **僧侶の価値低下。**

＋

十字軍の遠征：キリスト教の聖地エルサレムを異教徒から奪回。➡ but **失敗**

➡ **教会の没落／市民の台頭**

◉ **人間性回復**の動き！…　**支配階級への反抗**、始まる。

価値観の変化 …　[教会の価値観がすべて] ➡ 「個性こそ喜び」へ

◉ キリスト教以前の**ギリシア・ローマの文芸復興**をめざせ。
　▶ **ルネサンス**（再生・復活）

7　西洋近代思想の成立(1)

こうして人々は、人間本来の喜びに目覚め、抑圧のなくなった科学や芸術・文学は、爆発的に発達した。

ちなみに、**この時代に理想視された人間像は、個性的で何でもこなせる「天才」**（＝**万能人**・**普遍人**）だ。「天才」はキリスト教倫理では神や悪魔のニュアンスが強かった。神への遠慮が不要になったこの時代、神や悪魔にとって代われる**ミケランジェロ**や**ダヴィンチ**が、新たなヒーローとなったわけだね。

ヒューマニズムって何？

教会への反発が強まったこの時代、文学や思想の世界では**「人間性の尊重・解放」**をめざす**ヒューマニズム（人文主義）**がもてはやされた。

ヒューマニストたちは、作品中でギリシア・ローマの古典に学んだおおらかな人間性を表現し、教会を痛烈に風刺した。最も出題頻度が高いのは、教会批判で有名な**エラスムス**（『**愚神礼讃**』）と、疲弊した農民救済を訴えた**トマス＝モア**（『**ユートピア**』）だけど、他にも恋愛感情を率直に表現した先駆的な2人である**ダンテ**や**ペトラルカ**、おおらかな性表現で物議を醸した**ボッカチオ**なども、名前ぐらいは覚えておこう。

エラスムス

- 『**愚神礼讃**』で教会を批判したヒューマニスト。
- ルターとの間で「**自由意志論争**」を展開。

＝

エラスムス	：人間には**神に接近 or 離反する自由意志あり**。
vs	▶ヒューマニストらしい人間性回復の立場
ルター	：人間は善を成したいが成せず、悪を成したくないが成してしまう**非自由的存在**。（『**キリスト者の自由**』より）

文学の世界はこれぐらいにして、次は思想だ。正確にはヒューマニズムという分類ではくくれないものも含むけど、どれも根底には人間性の尊重・解放の思想があることがわかるはずだ。

ピコ＝デラ＝ミランドラ

『**人間の尊厳について**』で、神の意志に拘束されない**近代的人間観**を表明。

神による天地創造 … ・地上 ➡ 生物
・天界 ➡ 天使
・霊界（れいかい） ➡ 精霊（せいれい）
＋ **三世界を調和させる****存在者**として、我々**人間**を創造。

［このとき、人間には特別な能力は与えられず。］ ➡ **but** 神から**自由意志**を授かった。
▶動物にはなし。→**人間の尊厳の根拠**

マキャヴェリ

『**君主論**（くんしゅろん）』で、国家統治のあり方を展開。

君主の条件 … **権謀術数**（けんぼうじゅっすう）（**マキャヴェリズム**）に長じていること。
▶目的のためには、手段を選ぶな！

⬇

国を守るため君主に必要となる要素 …
・キツネの知恵＝「**法律**」（人間の道）
　　　　＋
・獅子（しし）の獰猛（どうもう）さ＝「**暴力**」（野獣の道）

意義：◎**政治をキリスト教倫理から分離**した点。

モンテーニュ

『**随想録**（ずいそうろく）（**エセー**）』で、**内省**（ないせい）**重視**の立場から真の人間性を探究した**モラリスト**。
▶モラリスト≒フランス版ヒューマニスト

特徴： **懐疑主義**的態度 ＝「私は何を知るか？（ク＝セ＝ジュ）」
▶反語調の疑問形での、積極的な懐疑主義。

・ソクラテスの「**無知の知**」に近い、**真理を求めての懐疑**。
　▶**ピュロン**の懐疑論（人間の判断に絶対はなし。判断停止で魂の平静を）とは別。
　　　　＋
・デカルトの「**方法的懐疑**」の**先駆**となる手法。

このように、この時代には多くの思想や文学が誕生したけど、残念ながら**これらだけでは社会変革には至らなかった**。

依然として教会の威光には根強いものがあったし、ヒューマニストの多くは当時の支配階級から援助を受けていたため、風刺や批判に徹しきれなかった面も多かった。つまりこの運動は、**派手な割には社会変革につながっていない**んだ。

やっぱり社会を変えるためには、教会を改革するしかないね。

2 宗教改革

背景
- ●「人間性の回復・解放」の一環。**腐敗したカトリック教会の改革**運動。
- ●この運動にたずさわった人＝「**プロテスタント**（**抵抗者**）」

なぜ教会の改革が必要だったの？

それは当時の教会が、人々の社会生活を完全に支配していた。その支配力たるや、ここまで見てきた**「内面性の検閲者」的役割に留まらず、経済的な支配にまで及んでいた**んだ。

> **宗教改革前夜の動き**
>
> ┌ 当時の教会：封建制の下、**全欧の約3分の1を領有**。
> │　　＋　　　　　　　▶ 教会による農民からの搾取
> └ 教皇の地位：「**教皇は太陽、皇帝は月**」（＝各国国王より上）
> 　↓　　　　　　　　▶ 各国に絵画修復費や教会建築費の負担を強要
>
> ┌─────────┐
> │ 莫大な富がローマの │ ⇒ ◉教会を何とかせねば。（→宗教改革へ）
> │ カトリック教皇庁に │　　▶ 市民・国王共通
> └─────────┘

　この教会を改革しようという動きは、14世紀に始まる。この時代に出てきた**ウィクリフ、フス、サヴォナローラ**といった先駆者たちは、みんなそれぞれのやり方で、教会を改革しようと努力した。でも彼らの改革はうまくいかず、最終的には宗教会議で異端扱いされるか、火あぶりにされるかのどちらかだった。

　彼らの改革は時期尚早だった。本格的な改革に成功するのは、機が熟した16世紀、ルターやカルヴァンが出てきてからになる。

> ● **ルター**（独・1483〜1546）
> 　教会の**贖宥状**（＝**免罪符**）発行への抗議から、「**95か条の意見書**」で自説を展開。→全ドイツへ反響。
> 主著は『キリスト者の自由』。

❓ **ルターはなぜ宗教改革をやろうとしたの？**

　ルターは教会が贖宥状を発行することが許せなかったんだ。**贖宥状とは、金さえ出せば罪が許されるとする免罪符**で、教会の修復費調達などの名目で、当時乱発されていたものだ。

　でも、金で罪を許すなんてキリスト教本来の思想じゃないし、集めた金が僧侶のぜいたくに使われることは明白だったから、二重の意味でルターは怒った。そ

2 世界の思想

7　西洋近代思想の成立⑴　　101

こでルターは「**95か条の意見書**」を教会の門に貼り、**本当のキリスト教徒はこうあるべきだとの自説を展開し**たんだ。

> **ルターの思想**
>
> - **信仰義認説**（しんこうぎにん）：人は外的な善行や贖宥状ではなく、**内的な信仰のみによって、神から義（＝宗教的に正しい）**と認められる。
>   ▶ パウロの影響
>
> - **聖書中心主義**：信仰のよりどころは**聖書**（特に**福音**）だけ。
>   ▶ 聖書をドイツ語に翻訳　➡ **教会の定める制度や儀式は無意味**。
>
> - **万人司祭主義**（ばんにんしさい）：信仰に特殊な媒介者（＝聖職者）は**不要**。
>   ➡ 万人が平等に司祭（＝神に仕える者）である。
>
> - **職業召命観**（しょうめい）：全職業は、神から召し出された使命（全職業＝**天職**）。
>   ➡ **神の前では同一の価値**（職業に貴賎なし）。
>
> - **『キリスト者の自由』**：信徒は信仰面では誰にも従属しない「**自由な主人**」。ただし愛の実践面では「**万人に奉仕する僕**（しもべ）」。
>   ▶ 結局あまり自由ではない。→ 自由意志をめぐり**エラスムス**と論争

この改革は、ルターの予想以上に進展した。あとひと押しだ。

● **カルヴァン**（仏・1509〜1564）
　主にスイスで活動。信仰の純粋さの実現した、理想的なキリスト教都市の建設をめざし、市民に厳格な宗教・道徳的生活を要求。主著は『**キリスト教綱要**（こうよう）』。

😊 カルヴァンはどんな人なんですか？

🙁 カルヴァンはルターの思想の影響を受け、聖書中心主義や職業召命観を唱えてはいるが、**より純粋な信仰を求めたため、その改革はルターのものよ**

りさらに徹底している。

カルヴァンは、この世のあらゆる事象を「**摂理**」(=万物を支配する神の計画・秩序)ととらえ、その**摂理を偶然や人間の手で変更することは不可能**であると考えた。ここに彼の「**予定説**」が生まれることになる。

> 予定説？　アウグスティヌスでもちょっと出ませんでした？

よく覚えてたね。**予定説の原形はパウロやアウグスティヌスあたりにある**。「人類の救済は神により予定されている」というものだ。しかしカルヴァンのは、これよりもっと踏み込んだ「**二重予定説**」というものだ。

> 二重予定説って何ですか？

神の摂理で「**救われる者**」と「**救われぬ者**」の両方が、**それぞれ予定**されてるってことだ。

カルヴァンの予定説（「二重予定説」とも呼ばれる）

●神に救われる者・救われぬ者の区別は、摂理により予め決定されている。

⬇

●信仰・善行を積んでも、**変更は不可**。
　▶人間＝神の意志をこの世に実現するための被造物

　→　**人間は神の栄光のために生きるのみ**

しかし、それにしても奇妙な思想だね。結局ここでは「**神はすごすぎるから、人間はただひれ伏すのみ**！」って言ってるだけだ。しかも信仰を深めても、神の予定が変更されることはない。こんなものを信じても、何の得になるのかわからない。

でも実際には、カルヴァン主義はこの後のヨーロッパ社会に急速に広まり、ついにはカトリック支配を終焉に向かわせることになるんだ。

> カルヴァン主義は、なぜ広まったの？

それはカルヴァン主義での**職業召命観の解釈が、画期的**なものだったからだ。ルターは職業召命観を「すべての職業 ＝ 天職 → 等価値」ととらえただ

けだった。でも、**カルヴァンはそこに**「**天職から得られる利潤は、喜んで受け取るべし**」という解釈を付け加えたんだ。

天職とは「神の意志をこの世に実現するための任務」だ。我々は天職に勤勉に従事することで、神の栄光を増すお手伝いをした。だから神は、そのごほうびとして我々に利潤をくださった。

つまりカルヴァン主義では、**勤勉で禁欲的な職業人として利潤を受け取ることは、神の意志にかなう**と考えたんだ。これは**従来のキリスト教が**「**清貧**」**を美徳としたのと、正反対の考え方**だ。この利潤肯定が受け入れられ、カルヴァン主義はヨーロッパ社会に急速に広まっていったというわけだね。

> その後のヨーロッパはどうなったの？

カルヴァン主義は、次の2点でヨーロッパを大きく変えた。

- カトリックの衰退 ⇒ 海外布教（中南米やアジア）で失地回復をめざせ。
  ▶イエズス会を派遣

- 利潤肯定の思想 ⇒ （資本蓄積）⇒ ◉今日の資本主義の発展へ。（ウェーバー）
  ▶『プロテスタンティズムの倫理と資本主義の精神』

これでヨーロッパ人を長年苦しめてきたカトリックの支配は終わった。でもこれを、全面的に喜んでいいのかどうかはわからない。

だって**宗教改革って、この時期の全体的な**「**人間性の解放**」**の方向性には逆行している**からね。ルネサンスでは自由な「万能人」が理想視され、宗教改革では勤勉な「職業人」が理想視された。ヒューマニストは「キリスト教なんかクソ食らえだ！」と叫んで自由を求め、カルヴァンは「本当のキリスト教はこんなもんじゃない！」と叫んで、神にひれ伏す不自由な人間像を求めた。

ともあれ、まずはカトリック支配を終わらせただけ、よしとしよう。

3 近代科学

この時期のキリスト教権威の失墜は、科学の世界にも大きな影響を与えた。

従来までのスコラ哲学的な視点では、不可知の領域は「神の領域」として信仰で受け入れるしかなかったけど、神への遠慮が不要となったこの時代、人々は**実験・観察・理性といった科学的要素を取り入れ、不可知の領域もどんどん探求**するようになっていった。

またルネサンスという時期が「**古代ギリシアの再評価**」の時期だったこともあって、ピュタゴラスやプラトン、アルキメデスらの重視した**数学的技法への注目も高まり、ガリレイらを中心にどんどん科学に応用**されるようになった。

これらの観点からこの時期、**従来までの宇宙観は一変**した。

宇宙観の変化 プトレマイオスの「天動説」

〈従来までの宇宙観…プトレマイオスの「天動説」〉

- 地球は宇宙の中心で静止。　➡垂直落下運動より明らか
- 星々は完全な円運動で回る。➡神の完全性の現れ
- 天上界には変化は存在せず。➡すべては神の摂理に従う
- 宇宙はそれほど大きくない。➡太陽・惑星・月＋星々の帯

⬇

〈数学的視点で反発〉

コペルニクス	太陽こそ天体の中心（＝**地動説**）。
ブルーノ	宇宙は無限空間。＋中心なし。
ティコ＝ブラーエ	超新星の観測（→天上界にも変化あり）。
ケプラー	惑星軌道は楕円形。
ガリレイ	望遠鏡観測で地動説を実証（『天文対話』）。「自然の書物は**数学的記号**で書かれている」
ニュートン	垂直落下は**万有引力**のせい（『プリンキピア』）。

もちろんこれらに伴って、人々の自然観も劇的に変化した。

自然観の変化

近代以前：
- 古代： **有機的自然観** … 自然は全体として1つの生命体。人間はその一部。
- 中世： **目的論的自然観** … 自然界の運動・変化には、神の完全性に近づきたいとの目的あり。

近代： **機械論的自然観** … 自然は生命体でもなく、何の目的も持たない。
→ 運動・変化には**機械的**な**因果関係**のみが存在。
▶原因と結果の関係

ここまでくれば、もう自然現象の背後にいちいち神の姿を見出す必要はない。なぜ太陽や星々は動くの？　それは地球が回っているからだ。なぜ物は下に落ちるの？　それは地球に万有引力があるからだ。こんなふうに、すべてを神様のせいにせず、運動・変化の原因を合理的に追究できるようになって初めて、人々は科学を発展させるスタートラインに立てたと言えるわけだね。

コラム　暗黒の中世

ヨーロッパの中世は、なぜ「暗黒時代」と呼ばれるのか。

まず、ローマ・カトリック教会が自らの価値観を押しつけ、人々がそこから逸脱することを認めなかったというのが大きい。教会的なものの見方だけでは、文学や芸術に新しい視野は生まれない。科学も然り。世間を騒がす発明・発見などがあると、すぐに異端審問や魔女狩りだ。

それらに加え、中世は戦乱も多かった。だからどの国も、異民族の侵入や略奪に備えて交通を遮断しがちになり、そのせいで都市の衰退や貨幣経済の衰退、自給自足の経済体制などを余儀なくされた。

加えてペストの流行。これでヨーロッパの人口は4分の1ぐらい減った。こんな混乱と停滞が1000年近くも続いたのが、ヨーロッパにとっての中世。どう？　「あー日本は鎖国のせいで300年くらい損した」なんて言えないでしょ。

チェック問題 7

さまざまな思想家が責任や責務について論じてきた。その説明として最も適当なものを、次の①〜④のうちから1つ選べ。

① マキャヴェリは、政治を道徳や宗教から分離し、あるべき理想ではなく、ありのままの現実を起点とする思考こそ、為政者の責務であると論じた。

② ウェーバーは、職業召命観に依拠し、神の道具として与えられた職業に励むことが、神を讃える我々の責務であると主張した。

③ エラスムスは、熱狂的な宗教改革を批判し、博愛精神に基づいて教会の現状を維持することが、神に対する我々の責任であると説いた。

④ ガリレイは、天動説に対する教会の弾圧に抵抗し、宗教裁判においても自説を曲げないことで、真理に対する科学者の責任を立証した。

(本試験)

解答 … ①

解説 マキャヴェリといえば、「**目的のためには手段を選ぶな**」の**権謀術数**主義。彼は、国を守るべき君主には、時として「**道徳よりも暴力や裏切り**」が求められるという、現実的な統治のあり方を説いた。

②は「職業召命観」なら、**ルター**や**カルヴァン**。**ウェーバー**は、「**カルヴァンの職業召命観に含まれる"利潤肯定"が利潤蓄積につながり、欧州の資本主義を発展**させた」とする考えを、著書『**プロテスタンティズムの倫理と資本主義の精神**』で展開した。

③はエラスムスはヒューマニストだから、カトリック教会の腐敗には「批判的」。

④は教会が弾圧したのは「**地動説**」。さらにガリレイは、宗教裁判で「**自説を撤回**」している(ただし退廷時の捨て台詞とされる「それでも地球は動く」は有名)。

7 西洋近代思想の成立(1)

8 西洋近代思想の成立(2)

ここでは何を勉強するの？

ここで扱うのは、さっき見てきた近代科学の続きだ。あの部分を、もう少し掘り下げて見てみよう。

この時代、神への遠慮がいらなくなったことで、人々はようやく自然をとことんまで探究できるようになった。

そんなあくなき探究心は、**ものの見方に関する2つの基本的な立場**を生んだ。それが**経験論**と**合理論**だ。

経験論と合理論って何ですか？

経験論は**「自分の目で見たこと」を重視**する。武器になるのは**実験・観察**だ。
合理論は**「自分の頭で考えたこと」を重視**する。武器になるのは推理・推論など**理性**の働きだ。

これらはものごとを深く探究する場合、どちらも必要な考え方だ。ということは、これらは**どちらも科学だけじゃなく、哲学的探究にも必要な手法**ってことになる。この経験論と合理論、どんなものだか見てみることにしよう。

1 経験論

● **ベーコン**（英・1561〜1626）
最高裁判事の職を収賄で失い、以後研究・執筆活動に専念。生物の冷凍実験中、肺炎にかかり死去。
主著は『**ノヴム＝オルガヌム**（新機関）』。

経験論はベーコンに始まり、その後も主にイギリスの思想家によって研究された。だから経験論のことを、別名「イギリス経験論」とも言うんだ。

経験論って、どういう考え方なんですか？

経験論とは、**実験・観察**などの経験から、**正しい知識を求める**立場のことだ。

もちろんここでの知識は、教会で神について論じるような、不毛で役立たずの知識じゃない。ベーコンにとっての**知識とは、人間生活の改善・幸福に直結する力**のことだ。

彼は、**人間最高の目的を「自然の支配」**ととらえ、そのためにはまず「**自然への服従**」、すなわち自然についての**知識**を得ることが必要だと説いている。

支配のための服従、そのための知識——なかなか鋭い考え方だ。彼はこれを「**知は力なり**」という言葉で表現した。

😊 正しい知識は、どうやって求めるの？

経験論での正しい知識は、「**帰納法**」で求めることになる。

帰納法とは、**1つ1つの事実を、実験・観察を通じて検討し、最終的に普遍的な真理・法則を導く**やり方だ。

つまり「アラスカは寒かった。シベリアも寒かった。グリーンランドも寒かった。ということは、北極に近い地域は寒い」——こういうやり方で真理を求める。

ここでの"寒かった"は、実際に行って観察した結果（＝経験）だ。こんなふうに実験・観察を積み重ねると、今まで見えなかった真実も見えてくる。

当時はまだ教会的な視点が残り、深い探究方法は根づいていなかったから、このやり方は斬新だった。だからベーコンは、**この帰納法のことを「真理に至る"新しい機関・道具（＝ノヴム＝オルガヌム）"**」と呼んで重視したんだ。

😐 実験・観察に基づく知識は、正しい知識なの？

いや、必ずしもそうとは言い切れない。**正しい知識は、常に偏見との闘いだ**。せっかくの実験や観察も、それが偏見に満ちた目でなされたものじゃ意味ないもんね。

ベーコンによると、**物事の正しい認識を妨げる偏見は4つある**（＝「**4つのイドラ**」）。経験論をよしとする以上、常にこれらの偏見にだけは、だまされないよう気をつけないとね。4つのイドラとは次のようなものだ。

種族のイドラ	人類という種族に共通する偏見。 ▶目の錯覚や自然の擬人化など
洞窟のイドラ	狭く限られた生育環境からくる、**独りよがりの主観・独断**。 ▶「井の中の蛙」的な偏見
市場のイドラ	人々が交流する場で生じる偏見。 ▶流行やうわさ話が発端
劇場のイドラ	**権威や伝統への無批判な信用からくる偏見。** ▶「劇場で上演するものは、すばらしいに決まってる」 or 「従来の思想は、架空の世界を真実に見せる芝居と同じ」

コラム 「種族のイドラ」の例

　僕は授業で「種族のイドラ」を教えるとき、必ず"目の錯覚"の図を描いて説明する。でも、なぜかいつも妙な空気になる。

　例えばこんな図を汗だくで描いて、「ね、２本の線は曲がって見えるでしょ。」と言っても、百発百中シーンとしてる。僕と目が合った前の方の子も、悲しげに首を振る。なぜだ、何が悲しい。わかんないのか？

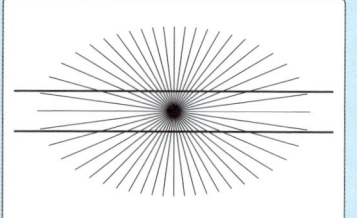

　僕は試しに図を変えてみた。これなら大丈夫だ。僕は自信を持って聞いた。「ね、上の方が短く見えるでしょ。」

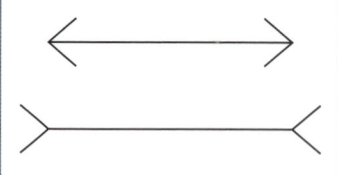

　やはりシーンとしている。でもどうやら、わかんないわけではないらしい。目が合った生徒が「…で？」って顔をしている。心なしか空気が痛い。寒い、凍えそうだ…。

　そうか、今わかった。つまんなかったのか。でも僕はやめないぞ。君らが目を輝かせて「本当だ」って感心してくれるまで、僕は何度でも次なるイドラをたずさえて、君らの前に立ちはだかってやる。覚悟しとけよ（授業しろよ）。

😀 ベーコン以外の経験論者も教えてください。

🤖 ベーコン以外では、イギリス人のロック、バークリー、ヒュームの3人が有名だ。ただし、ロック以外はそれほど出ないから、あくまで参考程度に。

その他の経験論者

● **ロック**…『**人間悟性論**』で、明快な経験論を展開。

　白紙説… 生まれたての人間の心は、**何も書かれていない白紙・書板**（**タブラ＝ラサ**）のようなもの。

　⬇

　◉ **一切の知識は、経験に由来**する。（→**生得観念**を否定）
　　▶生得観念…人間が生まれながらに持つとされる、是非善悪などを判断する心。

● **バークリー**…『人知原理論』『視覚新論』

　心のみが実在。事物は「**心で知覚される限り存在**」する。
　▶＝唯心論　　　　▶存在すること＝知覚されること

● **ヒューム**…『人間本性論』

　・心は単に「**印　象** ＋ **観　念**」を束ねただけの「**知覚の束**」。
　　　　　　　　▶経験　　▶思い出し
　　＋
　・**因果関係の法則性を否定**。（→単に「**偶然の連続**」かも）

　一見「因果関係あり」に見えることが続くと、その「**習慣からくる確信**」から、そこに因果関係があるように思いがち。

　⬇

　but「**実際の経験からのみ知識を学ぶ**」のが経験論だとするならば、「因果関係→法則性」という考え方自体がそもそもおかしいのでは？
　（→次第に**懐疑論**へ）

ロック以外は少し難し目だったね。特にヒュームは入り組んだ思想なので気をつけて。結局ヒュームの考え方は、**僕たちが学ぶ知識に必然的（＝100％）な答えはなく、すべては蓋然（＝可能性はあるが不確定）的・確率（＝それを数量的にとらえたもの）的な知識にすぎない**ってことだね。そんな確実な知識なしの姿勢だから、彼の思想は次第に**懐疑論**に傾いていったんだ。

コラム　大天才・ベーコン

　倫理で扱うベーコンは「イギリス経験論の祖」「帰納法」「イドラの排除」などで有名だが、実はこのベーコン、イギリスでは"不世出の大天才"として知られている。

　彼はなんと12歳で、あの"ノーベル賞学者製造機"・ケンブリッジ大学のトリニティ・カレッジに入学している。そして23歳で貴族院の国会議員となった後は法律家として活躍し、57歳のときには大法官（イギリスの最高裁判所長官）に就任している。エリザベス女王から嫌われていなければ、もっと出世は早かっただろうと言われている。

　また彼は文章表現能力が高く、詩的・文学的才能にも恵まれていたとされる。かなり有名な話だが「シェークスピア別人説」というのがある。その説とは、実はシェークスピアという"ペンネーム"で作品を発表していたのが、他ならぬベーコンだったというものだ。真偽のほどは定かでないが、少なくとも自身のことを「隠れた詩人」と呼んでもいるし、エッセイや金言・名言の類も多い。そういう話が出るくらい、この人の文章は優れている。

　しかしそんなベーコンも、大法官時代に賄賂を受け取ったかどで失脚。身分の高い政治犯の幽閉場所として悪名高いロンドン塔に幽閉された。おそらく賄賂というのは方便で、実際には権力闘争に敗れたのだろうと言われている。その後彼は隠遁生活に入ったが、屋外で鶏に雪を詰めて冷凍実験を行った際に引いた風邪をこじらせ、亡くなった。

2 合理論

● **デカルト**(仏・1596〜1650)
大学卒業後の放浪・従軍生活を経て、オランダで数学・哲学などを研究。数学的明晰さに基づく哲学を展開。主著は『**方法序説**』『**省察**』。

合理論って何ですか？

合理論はデカルトに始まり、その後はオランダのスピノザやドイツのライプニッツらによって研究された。こちらは経験論とは違って、みんなヨーロッパ大陸部の思想家ばかりだ。だから合理論のことを、別名「大陸合理論」とも言うんだ。

合理論の祖・デカルトは数学を好んだ。彼にとって数学は「**明晰かつ判明な真理**(=疑う余地のない明らかな真理)」に至ることのできる、非常に小気味いい学問だった。ところが哲学では、世界の真実は1つしかないはずなのに、その解釈は哲学者の数だけある。この状況は、数学好きのデカルトには不満だった。

「真実らしくある哲学の、ほとんどすべては偽だ！」――彼はそう考え、数学のように**疑う余地の一切ない「明晰かつ判明」な哲学的真理の探究**に取り組んだ。これが彼の合理論の始まりなんだ。

合理論の思想内容について教えてください。

合理論とは、**推理など理性の判断力を駆使して、正しい知識を導き出**す立場のことだ。

デカルトは理性のことを「**良識**(=ボン＝サンス)」と呼んだ。良識は**万人に公平に配分された、人間だけの判断能力**だ。

これを正しく使い、注意深く速断と偏見を避けて推理を行えば、「明晰かつ判明」な真理に至ることができる――彼はそう考えた。

そのために、彼がまず行ったのが「**方法的懐疑**」だ。

😮❓ 方法的懐疑？　何ですかそれ。

🥺 方法的懐疑は、「方法的」という言い方からもわかるように、**真理を見極める手段として、あえて疑ってみる**というやり方だ。

　まずあらゆることがらを徹底的に疑ってみる。そしてそこに疑いうる要素がなければ、それを真理とみなす。方法的懐疑は、こんな具合に**消去法で真理を探究するやり方**なんだ。

😊 ちょっとイメージできないなあ…。

🥺 よし、じゃデカルトが実際にやったやり方を見てみようか。
　彼がやったのは「**懐疑の三段階**（かいぎ）」だ。これは経験論の登場以降、世の人々の信頼を勝ち取っている**感覚・経験・知識の３つを、１つ１つ疑ってみよう**というやり方だ。さあこの中に、確実な真理といえるものがあるんだろうか。

懐疑の三段階　　感覚・知識・経験の中に確実な真理はあるか

感覚：**確実な真理ではない**。

　ベーコンの「種族のイドラ」を出すまでもなく、僕らは単純な目の錯覚などに、簡単にだまされる。ということは、視覚も含めて**感覚は、人を欺くかもしれない**んだ。

知識：**確実な真理ではない**。

　地球は平らで宇宙の真ん中にある——1000年前の正しい知識も、現在では誤りだ。ということは、**現在の正しい知識が、1000年後も正しいという保証はない**ってことになる。

経験：**確実な真理ではない**。

　すごくリアルな経験が、フッと気づくと夢だった。これは誰しも覚えがあることだ。ということは、**どんな経験も、それが夢でないという保証はない**ってことになる。

このように、方法的懐疑の結果、**感覚・知識・経験の中には、真理と呼べるものは1つも見つからなかった。**

> じゃ、この世には、真理と呼べるものは1つもないの？

　いやいや、答えは「ノー」だ。実は1つだけ、疑いえないものがある。それは「**万物を疑っている"考える自分"の存在**」だ。

> 考える自分？

　そう、考える自分。ただしここで言う"考える自分"は、"肉体を持った生身の人間としての自分"じゃない。なぜなら肉体は感覚器官でしょ。感覚は人を欺くかもしれないから、**デカルト的には肉体はちゃんと存在してるかどうか、疑わしい**ものなんだ。

　でも、精神の存在は疑いえない。だって精神が存在しなければ、こんなふうにウダウダものを考えるなんて、できないもんね。

　だから、ここで言う"考える自分"とは「**疑うという思考の作用としての自分**」、**つまり魂のような概念としての自分**を指しているんだ。

> はー、難しい。

　結局デカルトの結論は、「**疑うという思考の作用が存在している。だからその思考の作用の源である自分の肉体も今ここにある**」というものだ。彼はこれを「**我思う、ゆえに我あり**」という言葉で表現した。

> 我思う、ゆえに我あり？

　つまり「**疑うという私の"思い"が今ここにある。よってその疑う主体である私の"肉体"も今ここにある**」って意味さ。

　これがデカルトにとっての「明晰かつ判明な真理」であり、哲学的思考の出発点（＝**哲学の第一原理**）なんだ。そして、「**考える自分＝コギト**」を最終的に神が支えることで、人間は真理に到達できるとしたんだ。

😊 面白いですね。デカルトは精神と肉体を別々に考えたのか。

😟 その通り。デカルトは**「精神」**と**「肉体や物体」**を、**まったく別物として考えた**。これを「**物心二元論**」と言うんだ。

デカルトの 物心二元論

精神：「**思惟**」を本質とする、**空間的広がりを持たない**もの。
　　➡「考える自分」の源（＝**疑いえない**実体）。

肉体：「**延長**」を本質とする、**空間的広がりを持つ**もの。
　　➡単なる感覚器官（＝**疑いうる**もの）。

◉ **両者は完全に独立。** ＋ 「精神（疑いえず）＞肉体（疑いうる）」

デカルトはこの考え方に基づき、**疑いえない精神で、疑いうる肉体や物体を、機械的・数学的に考察していくのが、正しい科学のあり方**であると考えたんだ。

これで正しい知識を得るために必要な要素は、ほぼそろった。

😐 正しい知識を得るのに必要なものは、他にもあるの？

😟 ある。実は経験論での帰納法に匹敵するやり方が、合理論にもあるんだ。そのやり方を「**演繹法**」と言う。

演繹法とは、**普遍的な真理・法則から、理性を使って1つ1つの事実を推測していくやり方**だ。

例えば「北極に近い地域は寒い」という具合に、まず最初に普遍的真理と思われることがらを仮定する。そしてそこから推理を巡らせ、「ということは、アラスカ・シベリア・グリーンランドなども寒いはずだ」という個々の事実を推測していくわけだ。

つまり、**やってることは帰納法の逆**だね。実験・観察よりも理性の働きを重視すると、当然こんなやり方になるんだ。

コラム　デカルトと合理論

　デカルトといえば、理性の働きを重視する合理論者だ。じゃ彼はなぜ合理論にこだわったのか。

　僕は彼が病弱だったのも原因じゃないかとにらんでいる。彼は幼い頃から体が弱く、午前中に床から出たことはほとんどなかったらしい。病気で体が動かないと、頭ばかり使う。僕も病気で入院してたときは、ヒマだから詰将棋ばかり解いていた。きっとデカルトも（詰将棋じゃないにせよ）そんな感じに違いない。

　そんな彼に、晩年試練が訪れた。何と彼は、その学術的功績が認められ、スウェーデンの女王様の家庭教師をすることになったんだ。

　スウェーデンは寒いよ。しかもクリスティナ女王は有名な早起きだ。女王は彼に、何と朝5時からの家庭教師を依頼した（しかも真冬！）。

　予想を裏切ることなく、彼は3か月と経たないうちに肺炎で死んだ。女王もひどいけど、デカルトもちょっとなあ…。いくら合理論者だって、体弱すぎ！

> デカルト以外の合理論者も教えてください。

　デカルト以外だと、スピノザやライプニッツあたりが有名だ。ただ理性を重視するという点では、モラリストのパスカルも重要だから、まずはそちらに触れておこう。

❶ **パスカル**…フランスのモラリスト。主著は『**パンセ**』。

人間観：人間＝ ・「**惨め**な存在」（あまりにも無力） ＋ ・「**偉大**な存在」（それを**知っている**） の「**中間者**」

この無力の**自覚**（＝思考）は人間だけが持つ長所 → ◎「**人間は考える葦である**」
▶思考にこそ人間の尊厳あり

8　西洋近代思想の成立(2)

```
but  中間者         → 惨めさから目を背け、享楽(きょうらく)に逃避(とうひ)しがち。
     =不安定で弱い    ▶「享楽(気ばらし)＝現実逃避」→これはダメ
                ↓
◉「幸福を求める気持ちは、惨めさの直視から始まる のだ。」

対策 ： キリスト     「神の偉大さ＋人間の惨めさ」の体現者・イエスから、
       教信仰   …  生きる姿勢を学ぶべき。

(そのために)
(必要な精神) ： 繊細(せんさい)の精神 …しなやかで自由な直観的精神。
            ▶科学の探究に必要な「幾何学(きかがく)の精神」とは区別
```

パスカルはノート形式で示したけど、流れをつかみやすいよう工夫してあるので、かなりわかりやすいはずだ。

とにかく、「パスカル＝"考える葦"」だけじゃ全然ダメなので、その他の用語とどうつながるか、しっかり理解しておこうね。

❷ **スピノザ**…オランダ人。主著は『**エチカ**(倫理学)』。

スピノザは「**宇宙のできごと＝すべて神の必然的な現れ**」という極端な考え方の持ち主だ。この考え方を「**汎神論(はんしんろん)**」と言い、彼は「神に酔える哲学者」と呼ばれた。

その考え方に基づくと、当然**人間の自由意志なんてものも存在しない**ことになる。つまり、僕らが自分の自由意志で決定したと思っていることも、実は全部神様の仕組んだ筋書き通りだったんだよっていう考え方だ。

だから僕らは、すべての事象を**神の必然性と関連づけて**(＝**永遠の相(そう)の下(もと)に**)、理性的に認識することが必要だ。なるほど確かに「神こそすべて」の汎神論なら、例えば**科学的な探究も**「**この場合は神がどう現れたのか**」**の探究**ってことになるもんね。

> **コラム　奇書・スピノザの『エチカ』**
>
> 　スピノザはデカルトの大ファンだった。だからデカルト同様、数学的明快さで、哲学的真理を究めようとした。ただあまりにも極端で、その論理は脳が沸騰してるんじゃないかと思えるぐらいぶっ飛んでいる。
>
> 　著書『エチカ』を開くと、たいがいの人はびっくりする。僕も初めて見たときは、驚きのあまりアゴが外れそうになった。そこにあるのは、数学顔負けのおびただしい定理の山だ。彼はそれで、なんと神様の存在を証明しようとしている。
>
> 「(定理17)：神の活動は誰からも強制されることはない」
> 「(証　明)：神は唯一の実体であり、一切は神の中に存在するから」
>
> 　だってさ。どうする？

❸ **ライプニッツ**…ドイツ人。著書は『**単子論**』。

　ライプニッツは、**宇宙の構成要素**として「**単子（モナド）**」という概念を示している。**モナドは原子とは違って物質ではなく、物質が存在するための場を構成する要素**だ。

　宇宙は植物の世界や人間の世界、神の世界と、いくつもに分かれており、それぞれの世界をモナドは満たし、各世界の間をモナドが行き来している。

　そして、その**モナドの活動を「神の意志」が秩序づけ、宇宙の調和は保たれている**とするのが、彼の「**予定調和論**」だ。抽象的でわかりにくいが、ひと通りのキーワードは押さえておこう。

チェック問題 | 8 （易）（2分）

デカルトの思想のうちにも近代的な意味での人間の平等や尊厳の観念が示されている。そうした彼の考えを示す記述として最も適当なものを、次の①～④のうちから１つ選べ。

① 人間は神から自由意志を授けられた唯一の存在であり、我々は誰でもその意志によって、世界における自らの使命を決定することができる。

② 物事を正しく判断する良識はこの世で最も公平に分け与えられているものであり、我々人間は誰でも、この能力を正しく用いて真理に到達できる。

③ あらゆる生物は生き続けようとする意志を持つものであり、それら生命あるものへの畏敬の念を基礎として、我々人間の平等と尊厳もまた成り立つ。

④ 世界の一切は神から必然的に生じるものであり、我々人間は誰でも、理性を用いることによって世界を神との必然的な関係で認識することができる。

(本試験)

解答 … ②

解説 ちゃんと勉強した人にとっては物足りないぐらい、非常に素直でわかりやすい問題だ。正解の②は、デカルトの良識（ボン＝サンス）の説明のお手本みたいな文だ。①はルネサンス期のピコ＝デラ＝ミランドラ。③は今後勉強するシュヴァイツァー。④はもちろんスピノザだね。

こんなに手間のかからない解説は珍しいよ。君たちが受けるセンターでも、こういう楽勝問題がいっぱい出るといいね。

9 近代民主政治の思想

1 社会契約説

> 社会契約説って何？

社会契約説とは、僕らの**自然権を確実に守るために、人民相互の同意に基づいて国家が形成されたとする説**だ。

何言ってんだか全然わかんないでしょ。だからまずは順を追って自然権を、いやそれよりもその自然権の根拠となる「自然法とは何か」から、ぼちぼち説明していくことにするよ。

> 自然法って何？

自然法とは、「**人間として守るべき当然のルール**」のことだ。法とはいっても法律じゃなく、**一種の社会常識**だ。

法律は「今現在」の「1つの国の中」だけのルールだけど、自然法は「いつ、何時代であっても」「どんな国においても」**人間である限り、法律よりもまず先に守るべき普遍的なルール**を指すんだ。

自然法とは何か？

- 自然法は文書化されておらず、**社会常識**として存在する。
- 自然法は国の**法律以前に守るべき根源的ルール**である。
- 自然法は時・場所に制約されない**普遍的ルール**である。

> 法律よりも先に守る普遍的なルール…

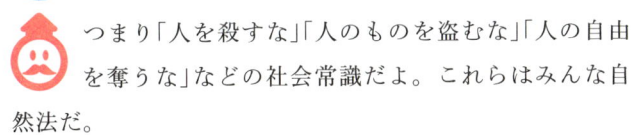

つまり「人を殺すな」「人のものを盗むな」「人の自由を奪うな」などの社会常識だよ。これらはみんな自然法だ。

これらは法律に書かれてなくても、誰もが当然守るべきだと知っている。なぜならすべて、人間の「**正しい理**

▲グロティウス

性の命令」に従った行為だからだ。近代自然法の父・**グロティウス**が言うように、**自然法は理性の光に照らして見ることが肝心**なんだ。

> なるほど、それが自然法か。

そして、みんなが自然法を尊重する社会では、必然的に1つの根本的な権利が認められる。それが **自然権** だ。

> 自然権？ 自然法とはまた別のものなんですか？

延長上にはあるけど別物だね。自然権とは、自然法の下（もと）で認められた権利のことだ。言い換えれば「**人間が生まれながらに持つ当然の権利**」ってことになるかな。

つまりさっきの自然法を権利に置き換えて「自分の生命・財産・自由などを守る権利」と考えればいい。これらが自然権だ。

> じゃあ、自然法さえあれば、自然権は守れるってことですか？

いや、そりゃ甘いよ。だって **自然法しかない社会（＝自然状態）** には、**強制力がない** んだよ。

どんな社会にも悪い奴はいる。なのにそこに自然法しかないと、そいつを逮捕も処罰もできない。これじゃ不十分だ。だから **自然権を十分に守るためには、すべての人民を従わせる強制力を持った社会集団を作ることが必要** だ。そして、そんなことができる社会集団といえば、これはもう国家しかない。

だから自然権をよりよく守るために、みんなで国家を作りましょうという考え方につながってくるわけだ。これが社会契約説だ。

> なるほど。それで最初に「国家が形成」とか言ってたのか。

ただし「国家を作る」とはいっても、いきなり国家を新設するわけじゃない。あくまで「**今の国家では、命や自由や財産が十分に守られてない。だからそれらを完璧に守れる国家に作り変えていこう**」ってニュアンスだ。気をつけてね。

さあこれで、社会契約説の意味は理解できた。じゃ次は、いろんな思想家が唱えた、さまざまな社会契約説について見てみよう。

コラム 社会契約を求める時代

社会契約説が唱えられる国家、それはあんまり幸せな国家じゃない。

そこは、いきなり牢屋にぶち込まれたり、誰かに首をはねられたり、財産を根こそぎ没収されたりする危険に満ちた国家だ。そしてそういった暴挙は、ほとんどの場合国家が国民に対して行ってきた。社会契約説が唱えられる国家、それは暴君が支配する絶対主義国家だ。

この国家を自然権の守られた国家に作り変えるには、暴君の打倒、つまり市民革命しかない。

こうして社会契約説は、暴君による圧政に苦しんだ17～18世紀のヨーロッパに、革命を正当化する思想として広がった。

▲民衆を導く自由の女神

😀 社会契約思想家について教えてください。

よし、これから3人の人物を紹介しよう。有名な社会契約思想家・ホッブズとロックとルソーだ。

面白いことにこの3人、それぞれ重視する自然権が、てんでバラバラだ。そのせいで、めざす国家のイメージも全然違っている。

これがどう違うのか比較しながら見ていくと、わかりやすいよ。

● **ホッブズ**（英・1588～1679）
著作の内容が絶対王政支持とみなされ、**清教徒革命**時フランスに亡命。その後帰国し、暴君チャールズ2世と親交。主著は『**リヴァイアサン**』。

まずは**ホッブズ**からだ。

彼によると自然状態の人間は、**自由で平等だが欲望に支配**されている。その結果、みんなが自由・平等に欲望を満たそうとし、ついには「**万人の万人に対する闘争**」状態が発生する。つまりホッブズは、**人間の自然状態を戦争状態ととらえた**んだ。

> ちょっとひねくれた人間観ですね。

ひねくれてもいるけど、一面の真実でもあるよ。
では戦争状態において最も重要な自然権は何だろう。

> 自由？　それとも財産？

違うでしょ。戦争状態でまず守んなきゃならないものは、間違いなく己の生命だ。だから**ホッブズは最優先の自然権を生命保持**ととらえたんだ。ならばホッブズのめざす国家は決まったね。彼がめざしたのは「**生命保持に最も適した国家**」だ。

> つまり命を守りやすい国家か。

じゃあ生命を確実に守るためにはどんな国家が必要か。ホッブズの答えは「**強い王様に守ってもらう国家**」だ。

　強い王様にすべての権限を譲り渡せば、人民は誰も逆らえなくなる。その上で王様に「人の生命を脅かす者がいたら、首をはねる！」と宣言してもらえば、みんなビビって争いはなくなるはずだ。

> え〜、そんな国家、幸せなの？

いやー、王様に**自然権を全面譲渡**してるわけだから、一般的な幸せとは程遠いと思うよ。
でも**この国家がめざすのは、幸せよりも安全**。その結果生まれてきたのが絶対王政がまかり通る怪物じみた強権国家、まさに怪物、**リヴァイアサン**だ。

> 怪物か。そんな国家、国民は納得するの？

　もちろん。人民の同意の下に形成された国家じゃなければ、社会契約とは言えない。平和な日本に住む君にはピンとこないかもしれないけど、もし日本が、命がいくつあっても足りないような所なら、強い王様の保護は、それはそれは心強いものだよ。

　そういう所なら、こんな社会契約も理性的な社会契約になりうる。覚えておいて。

ホッブズの人間観：[自由・平等だが欲望に支配] ⇒「**万人の万人に対する闘争**」へ。
　▶生命が危ない。誰か守って！

対策：強い王様にすべてを委ね、守ってもらう国家を作ろう。
　▶絶対的な主権者に、自然権を全面譲渡 → **絶対王政**の正当化へ

● **ロック**（英・1632〜1704）
　経験論の「白紙説」でも有名。著書『**市民政府二論**（統治論）』で**名誉革命**の正当性を擁護。フランス啓蒙思想に、多大な影響を与える。

　次は**ロック**だ。ロックはホッブズとは違って、とても常識的な社会契約説を展開している。

　まずロックは、自然状態の人間を**自由・平等**ととらえた。ただしこれ、あくまで**強制力のない自然状態での自由と平等**だ。

> 何かまずいんですか？

　まずいね。だってロックは「人間は**可謬的**存在だ」と言っている。可謬的とは「**誤りを犯しかねない**」って意味だ。ということは、**基本的には平和な社会でも、常に例外的な犯罪の可能性はある**ってことだ。

9　近代民主政治の思想

😊 ふむふむ。

😟 そんな社会に強制力がなければ、仮に泥棒などの例外的な犯罪者が現れても、そいつを捕まえたり処罰したりできない。こんな**不安定な自由と平等**じゃ安心できないよね。

😐 確かに。

😟 そこでロックは、所有権を確実に守れるような国家を作ろうと考えた。ただしロックの言う所有権とは「**生命・自由・財産などの自然権を所有する権利**」って意味だけどね。いずれにしてもこの**所有権重視は、ロックの大きな特徴**だ。じゃあその所有権を確実に守るには、どんな国家にすればいい？

😄 さあ。どうすればいいんですか？

😟 答えは**人任せにしない**ことだ。ホッブズみたいに強い王様に任せるのも手だけど、どんないい王様でも所詮は他人だからね。下手すりゃ自分の財産、全部王様に取られかねない。それがイヤなら、作った国家は国民の代表者で管理しなきゃ。

😊 ああ、つまり今の日本みたいな政体にすればいいのか。

😟 その通り。つまり**選挙で選んだ代表者が議会に集まって色々決める間接民主制の形だね**。この議会に強制力を与える代わりに守ってもらう、つまり**権力を信託（しんたく）**しておけば、自分の財産権の確実な保障になる。これがロックの考えだ。

これってちょっと怪しいよね。だって今の日本と同じ政体でしょ。てことは今の日本同様、国会議員が国民の利益を無視して勝手なことをする可能性もあるわけだ。

😲 議員を選ぶってことは、結局人任せってことなの？

😟 そうだね。いかに議員が**国民の代表者とはいっても、彼らだって結局は他人だ**。僕ら本人じゃない。なら代表者が国民を裏切ったときには、僕らはどうしたらいいんだろう。

😖 どうすればいいんですか？

そんなときは政権をひっくり返せばいいんだ。ひっくり返した上で、僕らの自然権を守ってくれる政権に作り変えればいい。この考え方を**抵抗権**と言い、間接民主制に抵抗権が加わって初めて僕らの自然権は確保される。これがロックの社会契約説だ。

```
ロックの人間観 : [自由・平等 だが不安定] ⇒ 自 然 権を確実に守りたい。
                                     ▶特に所有権  ▶＝人任せでは不確実

対策 : 国民の代表者が国家統治 ＋ (代表者が裏切れば抵抗権を行使) ⇒ これで自然権確保
       ▶間接民主制
```

● **ルソー**（仏・1712〜1778）
『**人間不平等起源論**』で人間の自然状態と私有財産の弊害を、『**社会契約論**』で一般意志に基づく共同体を、『**エミール**』で教育論を展開。**フランス革命**に影響を与える。

最後は**ルソー**だ。彼の最大の特徴は理想主義。そう、彼は実現可能かどうかより、「とにかくこうあるのが理想だ」という視点から、築くべき国家のスタイルをイメージする人だ。

ルソーの描く自然状態の人間は、**自由で平等で誰からも束縛されていない**。しかもそこには、「**自己愛**と他者への**憐れみ**」に**基づく平和**がある。

🙂 まさに理想的な状態じゃないですか。

ところがある要素が発生してからは、人間社会は不自由と不平等に支配されてしまった。そのある要素とは**私有財産**だ。

9 近代民主政治の思想

> 私有財産か。なるほど。

私有財産の発生以降、人々の間には「支配と従属」や「貧富の差」が生まれた。この不自由・不平等は、完全に「**自然状態からの離反**」だ。
「**人間は自由なものとして生まれた。しかし至る所で鉄鎖につながれている**」
——私有財産のせいで自然状態から離反し、不自由になった現状を、ルソーは『**人間不平等起源論**』でそう嘆いている。

> でも私有財産を諸悪の根源にしちゃって、本当に大丈夫なの？
> そうするとめざすべき国家は「私有財産のない国家」になっちゃうんじゃないの。

ルソーはそんな人々の不安をよそに号令をかける。「**自然に帰れ**」と。つまり人間の理想状態であった「自然状態に帰れ」ってことだ。ここから彼のイメージする国家像が展開される。

> ルソーのイメージする国家像？

それは、**公共の利益をめざす全人民的意志に基づいて共同体を形成し、そこで自由と平等の回復をめざす**というものだ。この全人民的意志を「**一般意志**」と言う。

> 一般意志？

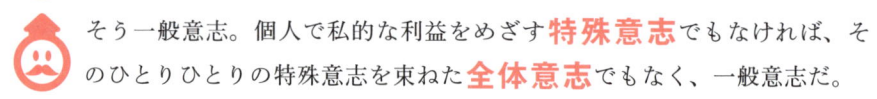

そう一般意志。個人で私的な利益をめざす**特殊意志**でもなければ、そのひとりひとりの特殊意志を束ねた**全体意志**でもなく、一般意志だ。
一般意志はなぜ公共の利益をめざすのか。それは私有財産の弊害をなくすためだ。つまりルソーがめざしたのは私有財産のない国家ではなく「**私有財産の弊害のない国家**」だったんだね。
それから全人民的意志って表現も見逃しちゃいけない。なぜ「全人民」かというと、真の自由と平等を実現するには、すべての人民の意志が100%反映する政体が必要だからだ。

> でもそれって可能なの？

可能かどうかはルソーにとって重要じゃない。ルソーはこれが理想だと思ったことを、実現不可能でも言い切る人なんだ。

だから彼はこう言う。「**選挙で代表を選ぶ形じゃ一般意志は実現できない**。当然理想の政体は、全人民参加型の**直接民主制**だ。中央政府も作るけど、それはあくまで膨大にふくれ上がった一般意志を集約する機関にすぎない」と。

そして当然、中央政府の裏切りも許さない。ルソーの思想には**抵抗権・革命権を明言している箇所はないが、一般意志への奉仕を忘れた政府には、人民はラディカルな政府転覆を図ることが可能**であるという考え方は示している。

ルソーはこの考え方で、後のフランス革命にも大きな影響を与えたと言われている。これがルソーの社会契約説だ。

ルソーの人間観 ：［自由・平等・独立・平和］ ➡ **but 私有財産**発生より**不自由・不平等**。
　▶自由・平等だった自然状態へ帰ろう。

対策：
- 私有財産の弊害除去のために ： **公共の利益**をめざす共同体を。
- 完全な自由・平等のために ： **全人民の意志**が反映する共同体を。
　▶直接民主制

⬇

利己的利益を求める意志の総和では、自由・平等は回復しない。
▶「**全体意志**」…英の議会などはこれ。→ルソーは英の議会制を批判。

◉**一般意志**に基づく共同体で、自由・平等の回復をめざそう。

2 啓蒙思想

😊 啓蒙思想について教えてください。

啓蒙とは「**無知・偏見からの理性による解放**」のことだ。カントの言葉を借りれば「啓蒙＝人が自分の判断でものを考えられないような"**未成年状態**"**を脱却**すること」となる。

つまり、人々の無知蒙昧を理性の光で啓き、自分で考え行動できるように導いてあげるのが啓蒙運動であり、これらにまつわる一連の思想が**啓蒙思想**ってことになる。

😊 啓蒙思想は、いつ始まったんですか？

ロックの社会契約説あたりが出発点とされる。つまり名誉革命に成功し、暴君排除に成功した17世紀のイギリスに、その起源を見出すんだ。

この頃ロックが心配したのは、人々の間で反革命的な気運が高まることだ。せっかくの革命の成果が、「王政に刃向うこと＝悪」なんて古臭い伝統につぶされたんじゃ、シャレにならない。

😲? それを避けるには、何をする必要があるの？

人々に革命の正当性を啓蒙することが必要だ。そのための理論がロックの社会契約説であり、そしてこれが啓蒙思想の起源であるととらえるわけだね。

そしてその後、啓蒙思想はフランスやドイツに広まっていくんだけど、特にフランスでの盛り上がり方はすごかった。

😲? 何でフランスで盛り上がったんですか？

当時のフランスは、国王による圧政（アンシャン＝レジーム（旧制度）と呼ばれる古臭い身分制）の真っ最中だったからね。革命後にロックの思想が広まったイギリスとでは、市民（主に知識人）の受け取り方が決定的に違ったんだ。

つまり啓蒙思想は、フランスでは**アンシャン＝レジームを打破するための先鋭的な思想**として受け入れられたんだ。もちろん社会契約説を唱えたルソーも、ロック同様啓蒙思想家の1人だけど、ここではルソー以外のフランス啓蒙思想を見ていこう。

> フランス啓蒙思想って、どんなものなの？

フランス啓蒙思想の特徴は、**イギリスから学んだ政治理論や学問を根拠に、フランスの政治や社会を批判**する点だ。

中でも特に、ロックとニュートンが与えた影響は大きかった。**ロックの社会契約説は専制批判へ**、ニュートンの機械論的な自然観は宗教から神秘的要素を排除する「**理神論**」(※)**的考え方へ**と、それぞれ結びついていくんだ。

この思想は、18世紀全体を通じて流行した。18世紀の前半は**モンテスキュー**と**ヴォルテール**、そして中・後半はディドロやダランベールらの「**百科全書派**」が、それぞれ中心的な役割を担った。

それではこれらを、1つ1つ見てみよう。

※ 理神論…宇宙の第一動因としての神の存在は認めるが、その後の運動は機械論的な自然法則に基づくという考え方。ニュートンも機械論的考え方を基本としながらも、万有引力の背後に、根源的な力としての神の存在を感じていたと言われている。

フランス啓蒙思想・前期

●**モンテスキュー**… 主著『**法の精神**』で、専制政治への批判と三権分立論を展開。

↓

前提：**あらゆる存在者には法あり** …
▶法＝必然的関係

- 動物：動物の法に従う。
- 人間：人間の法に従う。
- 神　：神の法に従う。

↓

◉従来の歴史観（＝人間が神の支配に従う）は、おかしい。

専制批判：専制は、法ではなく**恐怖に基づく**最悪の政体。

9 近代民主政治の思想

┌─ **三権分立**：権力濫用を防ぐための、**国家権力の分散**。
│   ↓
│   ┌ **立法**　　　：法律を制定する。　┐　　／別々の三者に分散させ、＼
│   │ **執行**（＝行政）：政治を行う。　　│→（互いに「**抑制と均衡**」を　）
│   └ **裁判**（＝司法）：事件を解決する。┘　　＼保つ。　　　　　　　　　／

● **ヴォルテール**…主著『**哲学書簡**』で、イギリスの**ニュートンやロックの**
　　　　　　　　　思想をフランスに紹介。
　　　↓
　┌ ロックより：**専制批判**を学び、フランスでも展開。
　└ ニュートンより：理神論的考え方を学び、信仰の神秘的要素を排除。「**宗教**
　　　　　　　　　　＝生活上の倫理規範」と限定。

　┌──────────────┐　　┌──────────────┐
　│ 教会の横暴や狂信的迫害　│→│ 人々に「**宗教的寛容**」の │
　│ は「百害あって一利なし」。│　│ 精神の大切さを説いた。　│
　└──────────────┘　　└──────────────┘

フランス啓蒙思想・後期 ＝「百科全書派」

　啓蒙思想の集大成『**百科全書**』に執筆・協力した思想家たち。ルソー、ヴォルテール、モンテスキューらも執筆・協力したが、中心的な編者はディドロとダランベール。

● **ディドロ**…『**百科全書』の計画者・中心人物**。唯物論者。政府から弾圧を
　　　　　　　受けるも、非合法下で活動を続け、『**百科全書』を完成**させた
　　　　　　　人物。

● **ダランベール**…数学者・物理学者。**ディドロとともに『百科全書』の編集**
　　　　　　　　　責任者となるも、政府の弾圧で協力中止。

これらが啓蒙思想だ。

啓蒙思想は、人々に正しい知識と考え方を与え、その理性の目を開かせることで、人々を旧来の無知や偏見から解放した。つまり人々は、<mark>啓蒙思想のおかげで、魔女（ましょが）狩りや国王に盲従する愚行から解放された</mark>とも言えるんだ。

しかし同時にこういうやり方は、時の権力者からは煙たがられる。だからディドロやダランベールのように投獄や弾圧されたり、最悪の場合にはギロチンにかけられることも覚悟しておかないと、とてもじゃないがやり遂げられない仕事だ。

でも、彼らはあえてそれをやり、フランス革命に至る思想的道筋を作った。その熱意とタフさには、頭が下がる思いだ。結局これらが反権力の大きなうねりの一端となってフランス革命が起こり、ついに圧政は終了したんだ。

コラム　無知は「罪であり恥であり損」

啓蒙思想は、僕らを無知・偏見から解放してくれる思想だが、そもそも無知は何がいけないのか？

まず無知は、罪になり得る。「えー！　こんなところに停止線があるなんて知りませんでした」──　これは僕が、地元である愛媛の農道で原付バイクに乗っていたとき、誰も通らないような田んぼの真ん中になぜか不自然な停止線が引かれていて、それに気づかずスーッと通り過ぎた瞬間、そばの茂みから出てきた２人組のお巡りさんに向かって言った言葉だ。

お巡りさんは違反キップを切りながら僕に言った。「知らんで済んだら警察いらんよね」──　まさに金言だ。僕は己の無知を悔い、なぜかまた茂みに戻るお巡りさんたちに心の中で敬礼しその場を去った。

さらに無知は、恥にもなり得る。「冠婚葬祭全部ＯＫって聞いたからこのスーツ買ったのに、結婚式ではネクタイは白なんて聞いてないよ」──　これも僕の話だ。たとえ違法行為でなくても、マナーを知らずに居直るのは恥ずかしい奴であり、みんな笑顔で接してはくれるが、確実に腹の中では「こいつの前世は虫だろ」ぐらいに思われる。

そして無知は、ほとんどの場合、損をする。「なんだよ、マグカップと爪切り、100円ショップで買えばよかった。800円も損したよ」──　これも僕だ。

僕が学んだこと。無知は「かなりの確率で損をし、多くの場合恥となり、場合によっては罪となる」──　皆さん、無知から脱却しましょう。

9　近代民主政治の思想

チェック問題 | 9 標準 ３分

ロックによるホッブズ批判の説明として最も適当なものを、次の①〜④のうちから１つ選べ。

① ホッブズとは違って、権利は、すべて国家によって保障されるのだから、自然状態は万人の万人に対する戦いである、とロックは説いた。

② ホッブズとは違って、自然状態から社会状態への移行を可能にするのは、人間の本性であって、社会契約は関係ない、とロックは説いた。

③ ホッブズとは違って、平和状態は、社会契約後の国家間に成立するものだから、自然状態には存在しえない、とロックは説いた。

④ ホッブズとは違って、理性と自然法が自然状態を支配している限り、自然状態は基本的には平和状態である、とロックは説いた。

（本試験）

解答 … ④

解説 一見ロックのキーワードが少なく、漠然とした問題に見えるけど、よく見ると「正解は④しかない」というのがわかってくる。
④で重要なのは「基本的には平和状態」という表現だ。全体の中で、これだけ断定口調じゃないよね。**「基本的には」は、その陰に例外が隠れている可能性をほのめかす表現**だ。そして、**ロックは実際、例外的な犯罪者の可能性に言及**している。てことはやっぱり、これが正解ってことになる。
①はホッブズの用語を適当に混ぜただけの誤文。②は、自分の仕事を否定しちゃってるから、全然ダメ。「それじゃロックは、何のために社会契約説を唱えたの？」ってことになるもんね。③は「基本的には自然状態は平和だ」とする④と矛盾するからダメ。

10 西洋近代思想の展開

背景

- ルネサンスや宗教改革後、イギリスやフランスでは旧来の考え方を打破する啓蒙思想が広まり、市民革命の土壌が育った。ところがドイツは相変わらず封建諸侯の力が強く、革命の気運やそれと結びつく啓蒙思想は、なかなか盛り上がらなかった。
- だからドイツでは、英仏のような外面的な社会変革よりも、**内面的な道徳世界の確立をめざす**「理想主義（＝ドイツ観念論哲学）」が生まれてくることになった。

1 カント

● **カント**（独・1724～1804）
　ドイツ観念論の祖。合理論や経験論を学んだ後、これらを批判。著書『**純粋理性批判**』『**実践理性批判**』『**永久平和のために**』など。

> カントについて教えてください。

カントは**批判哲学**者と呼ばれている。ただしここでの批判は「ケチをつける」って意味じゃない。ものごとをしっかりと**吟味・検討する**という意味での批判だ。間違えないようにね。

> カントは何を批判したの？

カントが批判したのは**人間の理性の能力**だ。つまりカントは、人間理性の能力をしっかりと吟味・検討した上で、「**人間には、どこからどこまでが認識可能な世界なのか？ またそれを超える世界は、どう扱っていけばいいのか**」

を知ろうとしたんだ。

> 😐 で、何がわかったの？

結局カントにわかったことは、人間には理論理性と実践理性という2つの理性があって、**理論理性**が認識可能な世界を扱い、**実践理性**がそれを超える世界を扱うってことだ。

本当はもっと色々わかったんだけど、今の段階ではこれしか言えない。後はこれから、順を追って見ていくね。

● 経験論と合理論の批判・統合

カントはまず、経験論と合理論を批判・統合した。

カントによると、**人間には元々、経験論的な能力と合理論的な能力が備わっている**。前者を「**感性**（＝感覚的能力）」と言い、後者を「**悟性**（＝分析・判断能力）」と言う。どちらも万人に備わっている**先天的（ア＝プリオリ）**な（＝生まれつきの）能力だ。そして**事物の認識には、この感性と悟性の協力が不可欠**だというのが、カントの考えだ。両者は以下のように協力する。

事物の認識手順

❶ まず**感性**が、感覚的に素材をとらえる。
　　　　＋
❷ 次に**悟性**が、とらえた素材を分析・判断する。
　　　　↓
◉ 最後に「**理論理性**」が両者をまとめ、認識につなげていく。

> 😖 もうちょっと具体的にお願いできますか？

例えば僕が、目の前をヒラヒラ飛ぶものを「見た」とする。これは僕の感性が、視覚という感覚で、その素材をとらえたことを意味する。

するとそのとらえられた素材は、今度は悟性に回される。僕の悟性はその素材を、大きさや形・色・飛び方など、**あらゆる角度から分析・判断（※）**する。

そしてそれらの情報は、今度は理論理性へと回され、ここでようやくまとめの結論を下す。「これは蝶だ」と。
　これで僕は、その素材が蝶だと認識できたというわけだ。

※ とらえた素材が「たき火でやけどした」みたいな"出来事"の場合は、たき火とやけど、どっちが先（＝原因）で、どっちが後（＝結果）かという、時間的な因果関係も判断する。

【そんな面倒なことが僕らの中で行われてるんですか…】

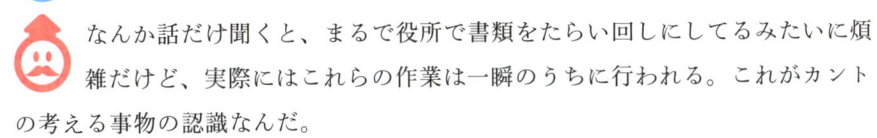

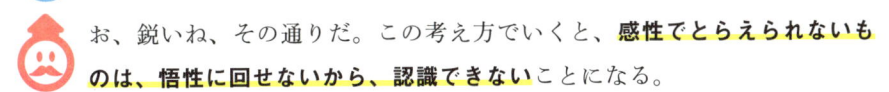

　なんか話だけ聞くと、まるで役所で書類をたらい回しにしてるみたいに煩雑だけど、実際にはこれらの作業は一瞬のうちに行われる。これがカントの考える事物の認識なんだ。

【ということは、感性のとらえられないものは認識できないの？】

　お、鋭いね、その通りだ。この考え方でいくと、**感性でとらえられないものは、悟性に回せないから、認識できない**ことになる。
　つまりカントの考えだと、目で見たり手で触ったりできるような、**感性でとらえられる世界（＝自然科学の領域）だけが、僕らの認識できる世界**（＝理論理性の範囲）なんだ。これは言い換えると、**人間の認識能力には限界がある**ってことになる。

【認識能力に限界って、なんか悲しい…】

　感性ってのはメガネと同じだ。すごく見えてるように思えても、実際にはレンズの内側しか見えない。どんなに頑張っても、僕らにはレンズの外に広がっている、神の世界や霊魂の世界を見ることはできないんだ。
　今までの哲学は、このレンズの外側の世界を「頑張れば見える！」と信じ、ムリヤリ見ようとしてた。でも、そんなことはできないし、哲学が本来やるべき仕事じゃない。

【じゃ哲学の本来やるべき仕事って、何ですか？】

　カントにとっての哲学本来の仕事とは、「世界の全体像を認識すること」じゃなくて、**「人間はどういう世界をめざすべきか」を考える**ことなんだ。

認識はできなくても、考えるだけならできる。というわけで次は、その人間のめざす世界について「考えて」いこう。

ただしこれから見ていく世界は、理論理性の管轄外の「**内面世界**」だ。ちょっと抽象的になるけど、覚悟しといてね。

> 人間のめざすべき内面世界って、どんな世界なの？

ひとことで言えば、**道徳法則に従った世界**だ。

誰だって好き好んで、悪い世界をめざしたりはしない。めざす以上は当然みんなの**善意志**（＝善い方向をめざす意志）に基づいて、「**こうあって欲しい**」**と思う世界**をめざすはずだ。

そして「こうあって欲しい」と思う世界とは、僕らが人として「**するべきことを全部すべき世界**（＝**当為**の世界）」のはずだ。ということは、この世界は「**道徳法則に従った世界**」ってことになる。抽象的な表現ばかりだけど、言いたいことはわかるよね。

> はい。

そして僕らは、当為の世界をめざしている以上、**道徳法則には常に義務として従わないとダメ**なんだ。

だって、よりよい世界をめざしているんだよ。だったら「今は従わなくても平気」「俺だけ従わなくていい」「別に従う必要はない」「この場合は従わなくていい」——こんな気持ちに流されてるようじゃ全然ダメだもんね。

つまり**道徳命令**は、こういう形でないといけないんだ。

道徳命令のあり方　（例）：「老人をいたわる」という道徳法則。

↓

❶「こんな場合には、老人をいたわりなさい」（**仮言命法**）➡ ×
❷「どんな場合にも、老人をいたわりなさい」（**定言命法**）➡ ○

---

❶は具体的に言うと「尊敬されたければ、老人をいたわれ」とか「お金が欲しければ、老人をいたわれ」みたいな形だ。

こんな条件つきの打算だらけの考えで、よりよい世界が作れるはずがない。これらは**法的に間違った行為じゃないけど、道徳的ではない**。つまり**適法性はあるけど、道徳性はない**。だからこちらは、道徳的な命令文にはなりえないんだ。

> **適法性重視じゃ、よりよい世界にならないんですか？**

少なくとも、カントのめざすよりよい世界（＝道徳的な世界）からは遠のくね。そもそも、**適法性と道徳性は相容れないことが多い**。だって僕らが**適法性を強調するときって、道徳的なやましさを払拭したいとき**であることが多いじゃない。

> **どういうことですか？**

例えば、君が路上に車を停めて荷物の積み降ろしをしてるとする。そのとき君は、同乗している友人に、聞かれてもいないのにこんなことを言う。「5分以内なら駐車じゃなくて停車だから大丈夫なんだよ」

> **あ、ありそう。**

何で君はこんなことを言ったのか？　それは道徳的にやましいことをしてるという自覚があるからこそ、適法性に"逃げた"んじゃないかな。

というわけで、適法性重視では、カントのめざすよりよい世界にはならない。**自分の内面世界を本当によりよいものにしたいんなら、いつ、どんなときでも、道徳法則には従わないとダメだ**。つまりこの場合で言えば、尊敬されなくても、1円の得にもならなくても、老人をいたわらないとダメなんだ。これが❷の文、定言命法だ。

> **なるほど。**

常にカントで大事なのは、**結果的な適法性よりも動機における道徳性**だ（＝動機説）。それを忘れないようにね。

> **わかりました。ところでその道徳命令は、誰が発するの？**

10　西洋近代思想の展開

僕らに道徳命令を発するのは、他人じゃない。自分自身だ。正確には、僕らが持ってる理論理性以外の理性、**実践理性**だ。カントはこれを「**わが内なる道徳法則**」なんて呼んでいる。

> わが内なる道徳法則…

実践理性は、僕らの善意志に対して「どんなときでもちゃんとしろよ」と命じてくる、僕ら自身の"内なる声"だ。

ということは、「実践理性の命令（道徳法則）＝ 自分自身が出す命令」ってことになるから、**道徳法則に自ら従うこと（＝自律）は自由**だという考えが成立する。

> 自律が自由、なんか窮屈そうな自由ですね。

自分の理性が発する命令に従うってことは言い換えれば「**自発的**」ってことだ。ならやっぱり自由だよね。

せっかく実現したこの自由に、決して**他者からの拘束（＝他律）があっちゃならない**。例えばファシズム的に他者から縛られてしまった国家では、みんな自由に実践理性の道徳命令に従えなくなるもんね。そういう意味では、僕らは「**人格**」として尊重されてないといけない。

> 人格？

他者から**手段**として利用されず侵しがたい価値のあるもの（＝**目的**）として尊重された、**自由な道徳主体としての人間**のことさ。

つまり、カントの描く道徳世界であるべき人間の姿を、カントは人格と呼んだんだ。逆に他者から手段として利用されるものは「**物件**」。カントは「**人格と物件ははっきり区別せよ**」と言っている。

> なるほど、だんだんわかってきました。

そして最終的には、**互いの人格を目的として尊重し、みんなが自由に実践理性の道徳命令に従える国家**が作れればベストだ。それがカントのめざす理想的な道徳国家・「**目的の王国**」だ。

> 目的の王国かあ。いいですね。

カントはこの考えを、**国際社会にも応用すべき**だと考えた。各国が互いを目的として尊重すれば、戦争のない理想的な国際社会が作れる。これがカントの**国際連盟**の構想だ。

> カントで他に気をつける点はありますか？

カント哲学は、難解な用語のオンパレードだ。出そうなものを挙げとくから、しっかり覚えてね。

カントに関する重要資料

・「汝の意志の**格率**が、常に同時に**普遍的立法の原理**として妥当しうるように行為せよ」

> 「格率」とは**個人的な行動原則**のこと。「普遍的立法の原理」は「**どんな場合にもすべきこと**」ととらえる。つまり「あなたの行動原則が、"どんな場合にもすべきこと"となるよう行動しなさい」と言っている。
> わかるかな？　これは**「定言命法」についての説明文**だ。

・「汝の**人格**及びあらゆる他人の**人格**における人間性を、常に同時に**目的**として扱い、決して単に**手段**としてのみ扱わないよう行為せよ」

> この文は「あなたと他人の人間性を、常に絶対的に価値あるものとして尊重し、決して他人を自己の利益のための手段としてのみ扱ってはならない」という意味だ。
> ただ「のみ」とある通り、残念ながら時として、**他者を手段として扱わざるをえないこともある**（例えば「寝たきりになったとき、介護してもらう」とか）。でもそんなときも、**相手の人格を尊重し、感謝の念を忘れなければ、目的の王国に至ることはできる**。

10　西洋近代思想の展開

- 「わが上なる**星空**と、わが内なる**道徳法則**」(カントの墓碑銘)

> 「星空」は自然科学の象徴、「道徳法則」はご存知"実践理性の命令"だ。原文ではこの後に「私はこの２つに、畏敬の念を抱いてやまない」と続く。

カントに関する重要用語

- **動機説**…　結果的な適法性よりも、動機における道徳性を**重視**する考え方。カントは後者がよりよい世界につながると考え、**善意志に基づく行為に、失敗を恐れず取り組め**と唱えた。
  逆に**功利主義**のように、結果的な快楽・幸福の増大にこだわる考え方は「**結果説**」と言う。
- **物自体**（ものじたい）…　神の世界や霊魂の世界など、超経験的世界まで含めた、**世界の全体像**のこと。
- **コペルニクス的転回**…「感性でとらえられない素材は、認識の対象になりえない」とする、従来の哲学常識に逆行した、カント流"**逆転の発想**"。

2 ヘーゲル

● **ヘーゲル**(独・1770〜1831)
ドイツ観念論哲学の完成者であり、近代哲学を体系づけた哲学の巨人。著書は『**精神現象学**（げんしょう）』『歴史哲学講義』『**法の哲学**』など。

🙂 ヘーゲルについて教えてください。

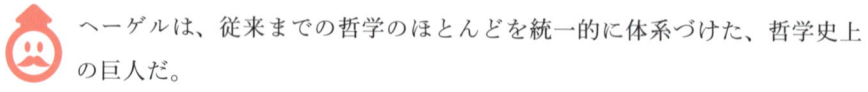

☹ ヘーゲルは、従来までの哲学のほとんどを統一的に体系づけた、哲学史上の巨人だ。
　彼はカントと同じ、ドイツ観念論哲学者だ。だから実践理性や道徳法則、自由

に対するとらえ方など、途中まではカントと同じだ。でも途中から、だんだんとカントの考えと合わなくなる。

ヘーゲルは、カントの何と合わなかったの？

あまりにも**内面世界で完結しすぎている点**だ。例えば、さっきカントの説明で出てきた実践理性の命令・「老人をいたわれ」という道徳法則で考えてみようか。

これに従うことは、自律（＝自由）だ。ところがこの自由、カントの場合は「常にそういう心がまえでいろよ」という、**単なる内面的な規範**で終わる可能性もある。でもヘーゲルは「**思うだけじゃなくて、やれよ**」まで求める。ここがカントとの大きな違いだ。

何でヘーゲルは「行為」まで求めたんですか？

それはヘーゲルが、**自由というものを、社会や歴史を動かす原動力ととらえた**からだ。

社会や歴史を動かす原動力…

せっかくの自由も、心に留めてしまったんじゃ、世の中変わらない。実践理性からの命令は、現実の社会・歴史発展の原動力とすべし――ヘーゲルはこれを「**理性的なものこそ現実的であり、現実的なものこそ理性的である**」と表現した。

実際、市民革命などからもわかるように、社会は確かに、**自由をめざす運動の積み重ねで発展してる**もんね。

じゃあ人間は、なんで自由をめざすの？

それは僕ら自身の意志じゃない。ヘーゲルによると、実は僕らは、裏から**神様のような誰かに操られ、その結果自由をめざす行動をとっている**んだ。

その「誰か」って誰？

10　西洋近代思想の展開

それは**自由を本質とする絶対者**・「**絶対精神**(＝**世界精神**)」だ。絶対精神とは、宇宙万物の根源にある大いなる精神・理性で、まさに"哲学の神様"というニュアンスの存在だ。

そしてこの神様は、僕らの暮らす現実の社会を使って、自分の本質である自由を最大限実現しようとする。つまり、

「**世界の歴史発展＝絶対精神の自己実現の過程**」

ととらえることができるわけだ。

> 絶対精神の自己実現かあ。すごい話になってきましたね。

ただし自己実現とはいっても、絶対精神は自分の手を汚したりはしない。それよりも**歴史上の英雄たち(ナポレオンなど)を利用して、自己の本質である自由を実現させる**方が楽だ。だから彼らを操って、自分では何もしない。そういう意味では、絶対精神はずるい奴だ(＝**理性の狡智**)。

でも、これによって歴史の中では、確実に自由は拡大してきている。

自由の拡大の歴史　『歴史哲学講義』より

古代の東洋：皇帝1人のみが自由。

⬇

古代ギリシア：貴族　＋　一部の市民にまで自由が拡大。

⬇

今日のゲルマン人社会：**万人が自由**に。
▶ヘーゲルの時代のヨーロッパ

だからヘーゲルは、歴史の中での自由の拡大過程を見ることを重視し、そこに**絶対精神の運動法則を見極めることが**、**哲学の使命**であると考えたんだ。

> 絶対精神の運動法則って何？

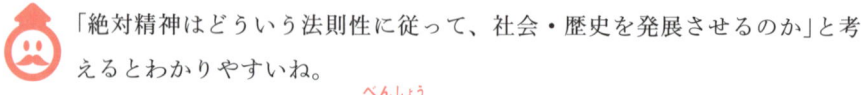

「絶対精神はどういう法則性に従って、社会・歴史を発展させるのか」と考えるとわかりやすいね。

社会・歴史の発展法則、それは**弁証法**だ。弁証法とは、**ある物と別の物との**

対立が、よりよい物を生み出すという考え方だ。まずはちょっと、次の図を見てもらおうか。

弁証法的発展の流れ

❶ **正の状態** … 「あるもの」だけが存在し、対立物はまだない。
　▶定立（テーゼ）

　↓

❷ **反の状態** … それと**対立（＝矛盾）するもの**が現れる。
　▶反定立（アンチテーゼ）

　↓

❸ **合の状態** … 両者は対立し、互いを否定しつつも本質部分は残し、**より高次の統一的存在**を作り出す。
　▶総合（ジンテーゼ）

　↓

※この❸の運動そのものを、**止揚（アウフヘーベン）**と言う。

😊 なるほど。「雨降って地固まる」式の考え方ですね。

😟 **対立こそが社会発展の原動力**って考え方だから、確かにそう言えるかもね。ヘーゲル自身はこの流れを、「つぼみ→花→果実」の例で、こう説明している。

弁証法の例　『精神現象学』より

「花が咲けばつぼみが消えるから、つぼみは花によって否定されたと言うこともできよう。同様に、果実により、花は植物のあり方としてはいまだ偽であったことが宣告され、植物の真理として花にかわって果実が現れる。…」

これを弁証法で使う言葉をあてはめて説明すれば、こうなる。

「つぼみというテーゼは、花というアンチテーゼが現れたことで対立が生じ、その後両者はアウフヘーベンされて、果実というジンテーゼを生み出した」

> 社会や歴史は、本当に対立を通して発展するの？

ヘーゲル的にはそうなるし、実際の歴史にもそういう側面は多々ある。**一見よくないものに見える対立も、実はその後のさらなる発展への布石**ととらえるのが、ヘーゲルらしい考え方だ。

自由をめざしたフランス革命も、その後のゴタゴタからナポレオンの専制を生んだ。専制は自由な社会のアンチテーゼだ。

でもそのナポレオンがドイツに侵攻してくれたおかげで、ドイツの支配者は弱体化し、ドイツは確実に自由へと近づいた。

ヘーゲルは、そういうドイツの現実から、社会・歴史の発展法則を読み取っていったんだね。

> ヘーゲルで他に気をつける点はありますか？

まだ大事なことが残ってるよ。それは**自由の現実社会での現れ方と、それが現れるべき場所**だ。

まず僕らの中で、いちばん最初に形成されるルールは「**道徳**」だ。なぜなら道徳は、自分の実践理性が自らに発する命令だから、**自分1人いれば形成できる**。つまり**他者を必要としないから、いちばん最初にできる**んだ。

でも道徳には短所がある。**道徳は主観によって形成されたルールだから、客観性がない**ってことだ。

> どういうことですか？

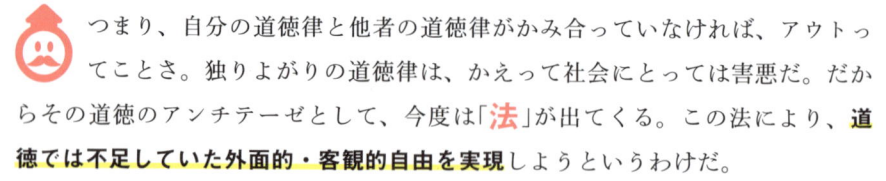

つまり、自分の道徳律と他者の道徳律がかみ合っていなければ、アウトってことさ。独りよがりの道徳律は、かえって社会にとっては害悪だ。だからその道徳のアンチテーゼとして、今度は「**法**」が出てくる。この法により、**道徳では不足していた外面的・客観的自由を実現**しようというわけだ。

ところが**法は他者が作ったルール**だから、そこに従うことは場合により「**他律**」**と同じ**になる。これは自由とは言えない。

> 難しいですね。

こんな両者が、互いのマイナス部分を否定し合って、いいとこ取りをしたらどうなるか。その結果アウフヘーベンされて生まれてくるのが、「**人倫**」と呼ばれるジンテーゼだ。

　人倫は、社会性と内面性のいい所を兼ね備えた、人間の共同体における秩序・ルールだ。具体的なイメージが全然わかないけど、これが現実社会で真の自由を実現するために必要なルールってことになる。

> ヘーゲルは、このくらいですか？

　最後に、この人倫が実現すべき共同体のあり方について説明しておこう。まず、人倫が実現する最も基礎的な共同体は、**家族**だ。家族の基本は愛による結合、安らぎの源だ。ところがその結合が強すぎ、個としての独立性が発揮できないところに欠点がある。

　だから僕らは**市民社会**をめざす。市民社会は家族のアンチテーゼで、独立した個人によって形成される。

　ところが市民社会に見られるものは、愛のない自由だ。そうすると社会は利己的で弱肉強食な「**欲望の体系**」となる。そこで経済的に叩きのめされた人々は、今度は貧富の差に苦しむことになる。

　そこで両者がアウフヘーベンされて生まれてくるのが**国家**だ。ヘーゲルによると、**国家こそ人倫の最高形態**なんだ。

　国家は治安の維持により、人々に安らぎ（＝愛）を提供する。そして利害調整により、貧富の差を解消して個人の独立性を確保する。これで**愛と独立性の共存した理想社会**の完成ってわけだ。

　結局国家こそが、自由を十分に実現できる理想的な共同体ってことになるわけだね。

人倫の三段階

正：家　族　…
▶全体性重視
- 長所：愛による結合で、安らぎが実現。
- 短所：個としての独立性なし。

⬇

反：市民社会　…
▶個別性重視
- 長所：個としての独立性の確保。
- 短所：**欲望の体系**➡利害対立で貧富の差。

⬇

合：国　家　… 全体性と個別性の長所の残った、理想的な共同体。
（＝◎**人倫の最高形態**）

③ イギリス功利主義

背景

- 18〜19世紀、産業革命に成功したイギリスでは、機械や動力が飛躍的に進歩し、世界一の資本主義国家へと躍進していた。
- そんな中、資本家のあくなき利潤追求を擁護する立場から、個々人の利潤追求が、最終的には社会全体の幸福につながるとする**功利主義**の考え方が登場した。

😐 功利主義について教えてください。

😟 功利とは「幸福・快楽・利益」などの有用性・プラス要因のことだ。そこから**功利主義**は、**行為の善悪の基準を、その行為が快楽や幸福をもたらすか否かに求める**考えということになった。

もちろん、快楽や幸福を増大させる（or 苦痛や不幸を減少させる）行為が善で、その逆が悪であると考える。

そして最終的には、そうした個人の快楽・幸福の総計を、社会全体の幸福ととらえていく。つまり功利主義は、**個人と社会の幸福の実現をともにめざす思想**で

あると言えるんだ。

ではこの功利主義の代表者、ベンサムとミルについて見てみよう。

❶ベンサムの功利主義…量的功利主義

> 「自然は人類を**2人の主権者**、すなわち**快楽**と**苦痛**の支配下に置いてきた」（『道徳および立法の諸原理序説』より）

これはベンサムの有名な言葉だ。つまりベンサムは、**快苦こそ、人間の一切の言動と思考を支配するものだ**ととらえている。

彼は、個人の快楽は量的に計算可能である（＝**快楽計算**）と考え、その計算結果を合計すれば、社会全体の幸福量を測れると考えたんだ。この辺が、彼が**量的**功利主義者と呼ばれる所以だね。

多くの人が快楽を得れば、それだけ社会は幸福になる（＝「**最大多数の最大幸福**」）——これがベンサムのモットーであり、功利主義のスローガンなんだ。

:(**でも、個人と社会の快楽がかみ合わなければどうするの？**

確かに、個人の利己心が強すぎると、社会全体に迷惑をかけるケースも考えられるね。しかもベンサムは、まさに人間を利己的なものと考えた。だからベンサムは、それを防ぐため「**4つの制裁（せいさい）**」というものを考えたんだ。

人間は、この**「4つの制裁」を受けるのがイヤだから、しょうがなく「最大多数の最大幸福」をめざす**。ミもフタもない言い方だけど、とっても現実的な考え方だね。

4つの制裁　もし「最大多数の最大幸福」をめざさないと…

↓

・**自然的制裁**…自分の健康や環境に有害。
・**法律的制裁**…法に触れて逮捕される。
・**道徳的制裁**…人から非難される。
・**宗教的制裁**…罰が当たる or 地獄行き。

→ それがイヤならめざせ

ベンサムで他に気をつけるべき点はありますか？

彼にとって人間は「快楽計算のための客観的データ」だ。だから彼は「**どんな人間も、快苦の受け皿として同質（＝万人は平等）**」との人間観を持つに至った。

だからベンサムは、**身分などにこだわらず、万人の快楽増進に努めた**。彼は、貧民の快楽増進をめざした救貧法の改正案や、囚人の待遇改善をめざした刑務所改革提案、さらには**1票の投票権を万人に認める選挙法の改正提案**などに、積極的に関わっている。

どんな人間の快楽増進も、社会全体の幸福に直結する——ここまでの徹底ぶりは、ある意味あっぱれだね。

コラム　ベンサムの「幸福測定器」

産業革命のこの時代、ベンサムは「幸福測定器」も発明されることを期待していた。それを使えば人々の幸福度が、ポンと数字で頭の上に示されるんだそうだ。

何だそりゃ!?　恥ずかしいし数字に振り回されるし、絶対いらない。

---

❷ ミルの功利主義…質的功利主義

> 「満足した豚より、不満足な**人間**である方がよく、満足した馬鹿より、不満足な**ソクラテス**である方がよい」（『功利主義論』より）

ミルはこのように、**快楽には質的差異がある**と考えた。

ミルは、人間の品位と尊厳を重んじ、精神的快楽こそが高尚な快楽で、物質的快楽は低級な快楽ととらえたんだ。快楽の質を考慮しないベンサムの量的功利主義とは、かなり対照的だね。

だから彼は、ベンサムの快楽計算を「快楽は単純に量で計算できるものではない」と否定した。そして「**人間はみんな、質の異なる幸福を求める、異質な存在**」との考えから、ベンサムの楽天的な平等観（人間＝みんな同質の計算要素）にも異を唱えた。

😃 じゃあミルは、人間を平等とは考えてないの？

🥺 そこまでは言ってないけど、少なくとも**人間全体が同質の幸福を実現することは不可能**だとは考えている。

　だから、作れっこない「みんなが平等に幸福な社会」よりも、**1人1人の個性と自由を尊重し、できるだけ多くの人が、可能な限り幸福になる社会をめざす**のがよいと考えたんだ。つまりこれが、ミル流の「最大多数の最大幸福」ってことだね。

😮 ミルで他に気をつけるべき点はありますか？

🥺 人間の品位と尊厳を重んじたミルは、**イエスの黄金律（※p.60参照）を理想視**し、人間には他者の幸福を考える、崇高な共感の感情があると考えた。

　だからミルは、制裁も**内的制裁**だけで十分だと考えた。これは「**良心**に反する苦痛＝制裁」ととらえたもので、**ベンサムのいわば「外的制裁重視」の考え方とは対照的**だ。

　2人の功利主義はかなり違うけど、**両者とも、最終的には社会全体の幸福を願った**。これだけは忘れないでね。

　あと、功利主義とは違うけど、「**他者危害原則**」というミルのユニークな自由観も覚えておこう。これは「**人に迷惑さえかけなければ、何をしてもかまわない自由**」のことで、例えば「麻薬で自分の体をボロボロにする自由」や「危険運転で事故に遭う自由」なども含まれる。

　一見妙だが、**多様な自由を尊重すべき民主主義には必要な自由**とも言われているよ。

4 実証主義・その他

フランス革命後の新たな秩序を探る過程で生まれた思想

- **コント**の**実証主義**…社会・歴史の発展を、**実証的にとらえる**考え。
  ▶経験的事実によって証明

手法：事実の観察で社会を把握 → 社会法則を確立 → 未来を**予見**
  ▶推測

◎**将来の悪しき事態を予防**(→人類の進歩へ)

※ この実現には、**知識を経験的事実からのみ得られる**所まで、人類が進歩することが必要。

三段階の法則…人間の知識発展の法則。

❶神学的段階(万事を**神の活動**のみで説明)
❷形而上学的段階(万事を**精神的領域**のみで説明)
❸**実証的**段階(万事を**経験的事実**のみで説明)

→ 人間の知識は❸で完結。

啓蒙思想と実証主義の違い

- 啓蒙思想：社会の「**あるべき姿**」を探った。
- 実証主義：社会の「**あるがままの姿**」を探った。

産業革命による経済発展の結果生まれた思想

- **アダム＝スミス**の**自由放任主義**…『**国富論**』より。

各人が**利己心**に基づき経済活動 → 神が「**見えざる手**」で調節するかのように… → 経済は調和的に発展。

※ 社会は混乱しないか？ → 「**共感・同情**」の道徳感情があるから大丈夫。
  ▶利己心の歯止めとなり、調和をキープ。

その他

- **社会有機体説**…社会の構造・発展を、無機的な機械論でとらえるのではなく、**生物の身体のようにとらえる**という説。

↓

〈※これを根底に持つ思想〉

スペンサーの**社会進化論**：ダーウィンの**適者生存**は、**社会進化**にも適用可。
➡ ◉**資本主義や戦争の生存競争を結果的に肯定**。

コラム　ミルの自由論

　ミルの自由の本質は、本書でも説明した通り「他者危害原則」だ。つまり「自由とは、人に迷惑さえかけなければ、どんなに愚かしいことをしても許されるもの」という考え方だ。

　この考えに基づけば、僕らは日焼けをしすぎて皮膚ガンになろうが、ホットドッグを水浸しにして食い散らかそうが、「俺は鳥だ」と叫びながら屋根からはばたこうが、何をしても構わない。「冗談じゃない。そんなの迷惑でなくとも、見ていて不快だ。そんなわがままな自由が認められるはずがない」と思う人もいるだろうが、それは少し違う。

　なぜなら僕らには、まず「不愉快なものを見ない自由」もあるんだから、イヤなら見なければいい。そして、これが特に重要なことだが、そもそも本当の自由とは、他者危害原則という最低限の制約すらない、もっともっとえげつないものだってことだ。

　社会性や哲学的な意味づけを無視して突きつめると、自由の本質とは「何をしてもいい」になる。さっき「そんなわがままな自由は認められない」という批判があったが、あれは完全に的外れだ。ピュアな自由とは、本来的には清々しいまでに利己的でわがままで弱肉強食なものなのだ。

　でもそれでは、人間は動物と同じになる。だからミルはそこに「他者に迷惑をかけない限り」というフィルターをかけた。つまり他者危害原則とは、人間が「社会性の中での自由」を求めるのに必要な最低ラインなのだ。これより緩い社会は動物、これより締めつけが厳しい社会は、もはや「自由」ではない。

チェック問題 10

「啓蒙の思想家」とも呼ばれるカントの考え方として最も適当なものを、次の①〜④のうちから1つ選べ。

① 行為の道徳性を判定する根本的基準は、科学的知識が与えるものではなく、科学がいかに進歩しても変わらない。

② 行為の道徳性は状況の中で決まるものであって、人間がいついかなる場合でも従うべき普遍的な道徳的基準は存在しない。

③ 人間に生まれつき備わっているような理性は存在しないのであって、科学的認識はすべて経験の積み重ねによって形成される。

④ 霊魂の不死や神の存在といった形而上学的な問題は、各人の信仰の問題であって、実践理性が関わるべき事柄ではない。

(本試験)

解答 … ①

解説 カントが十分理解できてないと解けない、かなりしっかりした問題だ。注意深く見ていこう。

①「行為の道徳性を判定する根本的基準」とは、実践理性のことだ。**実践理性は、自然科学の領域を扱う理論理性とは縄張りが違うため、科学の進歩とは無関係な所に存在**している。
②はまず「状況の中で」がおかしい。これって「こんな場合にはこうしろ」とか、「ケースバイケースで」っていう仮言命法だから、そこに道徳性は求められない。道徳法則は定言命法、つまり「いついかなる場合でも従うべき普遍的な」ものじゃないとね。
③理性理性の大もとにある**感性と悟性**は「**先天的（ア＝プリオリ）**」**な**能力だから、これはおかしいね。カント哲学では、感性・悟性・理性の3点セットは、すべて先天的だ。
④「**形而上**」とは、「**感覚や経験の世界を超えた**」って意味だ。霊魂や神の世界は、当然超経験的な世界だから、理論理性では扱えない。つまり「実践理性が関わるべき事柄」だ。

11 現代の思想(1)

> **背景**
> ● 産業革命による経済発展は、19世紀のヨーロッパに、社会規模の拡大と、人々の生活水準の向上をもたらした。しかしその反面、**人間が自らの作り出した機械や組織の中で歯車のように扱われ、人間性を喪失**する**自己疎外**も進行し、人間性の回復をめざす必要性が生まれてきた。

😀 この時代に生まれた思想って何ですか？

19世紀になると、**実存主義**が生まれた。実存主義は**現実存在としての人間のあり方を考える哲学**だ。「実存」とは人間のことだけど、わざわざ「実存」と言う場合には、「**他人とは交換できない自分自身**」とか「**本来の自分**」とか、ちょっと特別な意味が込められる。

😮 何でこんな哲学が生まれてきたんですか？

当時の人々が「生き方の答え」を欲していたからだね。この時代、**人間が交換可能な部品のように扱われたり、本来の自分を見失ったりしていた**。これを「実存の危機」と言うんだけど、あんまりいい時代とは言えないね。

さあこれから、キルケゴール、ニーチェ、ヤスパース、ハイデガー、サルトルらの思想を見て、いい生き方というものを考えてみよう。彼らは、万人に共通する真理は教えてくれないかもしれないけど、**彼らなりの生き方**は、教えてくれると思うよ。

1 キルケゴール

● **キルケゴール**(1813 ~ 1855)

実存主義の祖とされるデンマーク人。自分に厳格なキリスト教教育を施す父の罪深い一面を知り、罪の意識の深い憂愁(ゆうしゅう)の性格に育つ。著書は『あれかこれか』『死に至る病(やまい)』など。

キルケゴールの哲学的姿勢　『日記』より

- 「私に欠けているのは"何を認識すべきか"ではなく**"何をなすべきか"**だ」
- 「客観的真理など探し出したところで、それが**私に何の役に立つだろう**」
- 「**私にとって真理であるような真理**を発見し、私がそれのために生き、そして死にたいと思うようなイデー(理念)を発見することが必要なのだ」

この『日記』を見れば、キルケゴールがどんな人だかよくわかるね。**彼がひたすら求めたものは、自分にとっての真理(＝主体的真理)と、それに基づく生き方**だ。彼にとっては、他人にとっての真理なんか、どうでもよかったんだ。

他人なんかに調子を合わせてると、どんどん**本来の自分を見失ってしまう**。彼の目に映る19世紀のヨーロッパの平均的な市民は、まさにそんな「実存の危機」にあったんだ。

😀 その頃の平均的な市民って、どんな様子だったの？

😟 彼らは流行りの服を身につけ、分別があって、知的レベルも高く、日々を軽やかに生きている。一見とても実存の危機に悩んでるようには見えない。**でも、彼らには情熱がない**んだ。

😐 何に対する情熱がないの？

自分の現実を直視し、それを脱却しようとする情熱だ。

彼らはみんな、大規模化した社会や組織の歯車だ。いつ誰かから「**お前の代わりなんか、いくらでもいるよ**」と宣告されても不思議じゃない。こんな現実に**絶望**しない人はいない。

それを直視し、脱却するには、大きな情熱・エネルギーが必要だ。ところが彼らはそれをさけ、絶望から目を背けている。しかも他の人にも、分別の名の下に「直視するな」と牽制(けんせい)する。

こうして**足を引っぱり合って、相互に主体的な生き方を放棄すれば、みんな人並み、安心**だ。キルケゴールはこの時代を「**水平化の時代**」と呼んだけど、確かにそこには、情熱を感じられないよね。

> この頃の人たちには、何で情熱がなかったの？

それは彼らが、**神との生き生きした関係を失ってしまったから**だと、クリスチャンであるキルケゴールは考えた。

神がわざわざ自分を創ってくれたのは、**自分の存在に何らかの必要性があるから**だ。だから**神を100％信じ切れるようになれば、わざわざ自分を創ってくれた意図に疑いの余地がなくなり、実存の危機を脱却できる**はずだ。

しかし神を100％信じ切るのは大変だ。だって**神は、時として理不尽(りふじん)**だからね。

なぜ絶対者である神が、不完全な人間の姿（イエスのこと）で現れたのか。なぜ神は、『旧約聖書』でアブラハムに、息子を殺せと命じたのか。これらは理屈で考えてもわからない。

でもあえて、**そんな理不尽な神を、情熱的な信仰で信じ切る。これにはすごいエネルギーが必要だ**が、もしこれができれば、僕らは確かに実存の危機から脱却できるだろう。

しかし今、そんな情熱的な信仰はない。みんなはただ日曜に教会に行き、聖書を開くだけだ。これって、神を信じ切る者の姿勢じゃない。これじゃ絶望からの脱却なんか、できるはずがない。

絶望は現代を覆(おお)う"死に至る病"だ。生きる希望が見出せないのに、死ぬこともできない無力感だ。現代人は、誰もが世の中や自分自身への不安から、絶望を抱いている。ただそれを、みんなで牽制し合って見ないようにしているだけだ。

人は神を情熱的に信じ切ってこそ、主体的に生き、絶望から脱却することができる。彼はこれを、人生における1つの大きな事件を契機に、学び取ったんだ。

大きな事件って何？

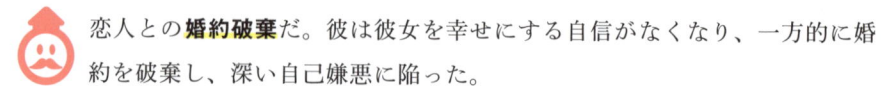

恋人との**婚約破棄**だ。彼は彼女を幸せにする自信がなくなり、一方的に婚約を破棄し、深い自己嫌悪に陥った。

その後、彼は生き方のヒントを**ヘーゲル哲学**に求めた。でも**ヘーゲルの「あれもこれも」**総合する**弁証法的**やり方から、自分の生き方の答えを見出すことはできなかった。

何で見つからなかったんですか？

理由は2つ。1つめは、ヘーゲル哲学が、あくまで社会や歴史の発展法則であり、人間の内面性になじむものではなかったから。2つめは、自分にとっての真理探しを、ヘーゲルみたいな他者に頼ったから。

じゃあ自分で探せってこと？

そうだ。**自分にとっての主体的真理は、自分ひとりで（＝単独者として）探すもんだ**。それも「**あれもこれも**」じゃなく、細い道を辿るように「**あれか、これか**」の選択の中から見出すものだ。

最後に、キルケゴールの考えた、単独者としての「あれか、これか」の人生選択について見てみよう。

単独者としての生き方…「実存の三段階」

❶**美的**実存　…　快楽だけを追い求め、**享楽的**に生きる。

　→　「あれもこれも」追い求めることで、
　　　かえって自己を見失い、絶望に陥る。　…✗

↓

❷**倫理的**実存　…　❶を改め、真剣かつ**良心的**に生きる。
　　↓　　　　→　［良心的になればなるほど、自分の弱さ・無力を痛感し、絶望に陥る。］　…✕

❸**宗教的**実存　…　自己の無力・絶望を自覚し、その中で**神への情熱的な信仰**に生きる。　…○

　結局、❶❷の絶望を経て、**キルケゴールが最終的に選んだのは、❸の「宗教的実存」としての生き方**だ。
　ただひとり、単独者として神の前に立ち、理不尽なものをも情熱的に信じ切る——これこそ彼が**「そのために生き、そして死にたいと思うような」主体的真理に基づく生き方**だ。
　「私は理不尽な神を信じ切れた。だから、その神がわざわざ私を、必要なものとして創ってくれたという事実も、信じ切れる」——この論理を超えた熱狂、このエネルギーが僕らを絶望から救い出し、本来の自分を取り戻させてくれると、キルケゴールは考えたわけだね。

2 ニーチェ

● **ニーチェ**(独・1844〜1900)
幼少期より天才ぶりを発揮し、その後も鋭い時代批判、キリスト教批判などで活躍するも、45歳で精神錯乱に陥る。著書は『**ツァラトゥストラはかく語りき**』『**力への意志**』など。

😊 ニーチェについて教えてください。

😟 ニーチェは、**キリスト教道徳の批判を通じて、ニヒリズムの克服をめ ざした実存主義者**だ。
ニヒリズム(=**虚無主義**(きょむ))とは、**一切の価値を否定する立場**のことだ。ただし勉強するときには、文脈上「**価値の否定につながる要素=すべてニヒリズム**」ととらえた方がわかりやすい。
19世紀末のヨーロッパには、このニヒリズムが蔓延していた。これをいかに克服するか——それがニーチェの課題だった。

😮 ニヒリズムの原因は何ですか?

😟 ニーチェによると、それは**キリスト教**だ。
キリスト教を生んだユダヤ人は、歴史上、迫害を受け続けてきた。
人間、迫害を受ける機会が多いと、どうしても精神は卑屈になる。だから**ユダヤ人の価値観も、奇妙なねじ曲がり方をしている**んだ。聖書にはそんな表現が、随所に出てくる。

😊 例えば?

😟 いちばん典型的なのは「**山上の垂訓**(さんじょう すいくん)」(→ p.59)だな。ほら、あの「心の貧しい者」や「迫害される者」は幸いであるという、あれだ。

素直に考えれば、**貧しい者や迫害される者は不幸**だ。ところが、それをあえて「幸い」と言っている。これ変だよね。いくらユダヤ人を慰めるための方便とはいえ、**言ってることは事実と逆だ**。何でこんな、価値観の転倒が起こっちゃったんだろう。

😐 何でなの？

🙁 それは**ユダヤ人の価値基準が、強者への「怨恨（＝ルサンチマン）」からきている**せいだと、ニーチェは分析している。

迫害を受け続ければ、「お前らは無価値だ」と言われてるような気になる。そのせいでユダヤ人は、自分たちに価値を見出すことができなくなった。

だから彼らは「**迫害者ローマ人は悪だから、弱いユダヤ人は善**」という価値基準を持つに至った。これが強者への怨恨・反感に基づいた、自らの価値の示し方だ。

でもこれは、卑屈で歪んだ価値観だよね。ニーチェはこれを「**奴隷道徳**」と呼んで批判した。

冷静に考えれば、ここに示されているのは強いローマ人の価値であり、弱いユダヤ人の"無価値"だ。つまりこれって、**無自覚に「自分は価値基準に足りない」と告白してる**ようなもんだ。

自己の価値の否定——これはまさにニヒリズムだ。ここからヨーロッパのニヒリズムは、キリスト教とともに拡大し、そしてついに19世紀末、その完成の時を迎えたんだ。

😀 ニヒリズムの完成って、どういう状況なの？

🙁 ニーチェの生きるこの時代、キリスト教は形骸化し、純粋な信仰は完全に姿を消していた。これはニーチェの目には、ヨーロッパにニヒリズムを蔓延させたキリスト教が役割を終え、ついにその存在意義を失ったように映ったんだ。

ヨーロッパの価値否定を進行させてきたキリスト教が、ついに自らの価値をも否定し始めた。これが**ニヒリズムの完成**だ。ニーチェはこれを「**神は死んだ**」という言葉で表現した。

神の死により、歴史の時間軸から「天地創造」と「最後の審判」が消えた。ここから歴史は、始まりと終わりのない永遠の円環運動となり、**無価値な人生は、メリーゴーランドのように、永遠にグルグルと反復し始める**（＝**永劫回帰**）。

このやるせなさ、感じ取ってくれたかな。これが**ニヒリズムの極限形態**なんだ。

ニヒリズムの克服には、何が必要なの？

「**能動的ニヒリズム**」——すなわち、**無価値な人生を直視し、乗り越える力**だ。その体現者を「**超人**（ちょうじん）」と言う。超人こそ、神なき時代を生きる理想的な実存の姿だ。

超人とは、**永劫回帰のやるせなさを、自分の運命として受けとめ、肯定できる**「**運命愛**」の持ち主だ。

また、キリスト教的な価値観を捨て、**より強大なものこそ善とする**「**力への意志**」の持ち主でもある。

超人といえども、永劫回帰のメリーゴーランドから抜け出すことはできない。でもそんな己の運命をも愛し、神なき時代の**新たな価値の創造者として、自己肯定的に生きていく**。僕らもこんな実存になることができれば、すばらしいね。

「**すべての神々は死んだ。今や我々は、超人が栄えんことを欲する**（『ツァラトゥストラはかく語りき』より）」——頑張れ、超人！

コラム　ニーチェとの出会い

この本に載せたニーチェは、受験範囲だけに抑えた"控え目ニーチェ"だけど、本当はもっといっぱい書きたい。実は僕は、ニーチェが大好きだ。

きっかけは大学生のときだ。「ニーチェ読んでる自分って、かっこいいかも」みたいな、メチャクチャ浮ついた動機で、ニーチェ28歳のときのデビュー作『悲劇の誕生』を読んだ。そして、そこで衝撃を受けた。

文全体から、ものすごい情熱と才気を感じた。信じがたいほど独創的な着眼点、ほとばしる熱意、鋭い感性、時おり見せるお茶目なユーモア。文体は荒いが、間違いなく天才だ。それは、僕自身が初めて直観した天才との出会いだった。僕とそんなに年も変わんないのに、ニーチェ、すごい！

それ以来、僕はニーチェの大ファンだ。まだまだ読んでない本の方が多くて、偉そうなことは言えないけど、君らも受験が終わったら、ぜひ読んでみてね。

3 ヤスパース

● **ヤスパース**(独・1883〜1969)
戦時中ナチスの弾圧を受け、終戦まで大学を追われた実存主義者。精神病理学者としても著名。著書は『理性と実存』『哲学』など。

😊 ヤスパースの思想について教えてください。

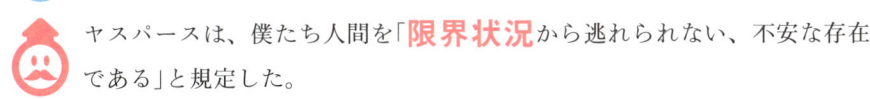

ヤスパースは、僕たち人間を「**限界状況**から逃れられない、不安な存在である」と規定した。

限界状況とは、**死・苦・争・責**（罪）から運命や偶然性まで含めた、**人間として越えられない壁**のようなものだ。例えば彼にとっては、ナチスの弾圧がまさに限界状況だった。

限界状況は越えられない壁だ。出会うと必ず挫折する。そして僕らはその挫折の中で、**どこかにこの壁を設定した超越者**（＝**包括者**。神のような存在）**がいる**ことに気づく。

😮 超越者は、何のために限界状況を示すの？

それは超越者が、**限界状況を通じて、僕らにメッセージ**（＝**暗号**）**を伝えたがってる**からだ。

つまり超越者は、僕らの前に壁を作ることで、僕らに「**お前ら人間は有限だ。どんなにあがいても、限界状況からは逃れられんぞ！**」と教えようとしているんだ。それを僕らは、**挫折を通じて痛感させられる**（＝**暗号解読**）というわけだ。

とにかく僕らの人生に、越えられない壁はつきものだ。これをしっかり自覚し、**その中で最善を尽くして生きることが大切**だというのが、ヤスパースの思想なんだね。

ただし、孤立はダメだよ。孤立は最善を尽くす上での障害だ。
常に他者との連帯（＝**実存的交わり**）を保ち、**信じ合える所は信じ、譲れな**

い所ではとことんまでぶつかり合う（＝**愛しながらの闘争**）。ヤスパース自身も、こんないい仲間との連帯をもって、ナチスに抵抗したかっただろうね。

4 ハイデガー

● **ハイデガー**（独・1889〜1976）
大学総長時代の戦時中、ナチスに協力していた疑いが持たれ、終戦後に大学を追放される（のちに復職）。主著は『**存在と時間**』。

😊 ハイデガーについて教えてください。

🥺 ハイデガーの人生は、ヤスパースとまったく対照的だ。
　ヤスパースは、ナチスへの協力拒否で戦時中大学追放、そしてハイデガーは、ナチスへの協力で戦後大学追放だ。
　でもハイデガーは、その後大学に復帰している。ということは、それだけ彼の哲学的評価が高かったってことだ。

😐 どんな哲学なの？

🥺 世界や人間の存在に関する、とても本格的な哲学だ。彼の著書『存在と時間』が、他の哲学者に与えた影響は大きい。
　でもここでは、センターの範囲に絞って見ていこう。それだけでも、その非凡な視点に感心すると思うよ。

　ハイデガーは、僕たち人間を「**現存在**」と呼び、その現存在の世の中でのあり方を「**世界−内−存在**」と表現した。これは僕らが、**世界の中で他者や物に配慮しながら生きている存在**だという意味だ。

「配慮する」って、どういう意味？

ここでの「配慮する」は気配りや気にするみたいな、まあ「**ビクビク、オドオド**」ってニュアンスだ。

僕らは日々、自分が流行から取り残されていないかを気にし、人からどう思われているかを気にし、どっかに安くていいものが売られてないかを気にしながら生きている。

そのさまは**「何でそんなに主体性がないの？」と言いたいぐらい、不安げで落ち着きがない**。これが「世界−内−存在」の示す「配慮」だ。

この配慮は、あっちへキョロキョロ、こっちへキョロキョロ、いろんなものに関心を示す形で現れるから、別名を「**関心（ゾルゲ）**」とも言うんだ。また、この配慮の根本原因を考えて、**不安からの**「**気ばらし**」ととらえたりもする。

何の不安からの気ばらしなの？

「**死への不安**」だ。**これこそが僕らをビクビク、オドオドさせている根本的な要因**なんだ。

来るべき自分の死を直視するのは怖い。僕らはこれができないから、他者や物への関心・気ばらしに逃げる。

でも逃げれば逃げるほど、僕らは主体性を喪失し、本来の自分を見失う。そして最後には、僕らは**平均的で没個性的な**「**ひと（ダス＝マン）**」**へと頽落**してしまうことになる。

これは実存の危機、いやハイデガーだから、現存在の危機だ。何とかしないといけないね。

どうすればいいの？

「人間＝**死への存在**」と、しっかり自覚しよう。そしてその上で、内面から沸き上がる本来の自分の声（＝**良心の呼び声**）に応えて、関心・気ばらしを拒否し、来るべき死を己の問題として直視する。

その**厳しい運命から目を背けなくなったとき、僕らは主体性を回復できる**。これがハイデガーの実存主義だ。

5 サルトル

● **サルトル**(仏・1905～1980)
　哲学者・作家として著名。ノーベル文学賞を辞退。平和運動・民族運動の先頭に立ち、人々に社会参加を呼びかけた。著書は『存在と無』『実存主義はヒューマニズムである』など。

サルトルについて教えてください。

　サルトルについて語る前に、まず神と人間の本質についての、一般的な考え方を見てもらおう。

　もしも神がいるなら、神はきっと人間を創造する前に、「よし、人間ってのは、こんな感じに創ってやろう」といった設計図を、あらかじめ準備するだろう。

　そこには「人間＝罪深い」とか「愛情深い」とか、万人に共通する性質が書かれている。これが、人間にとっての本質だ。

　つまり、**神がいるという前提に立てば、まず人間の設計図（つまり本質）が、現実存在としての人間より前にある**ことになる。これがいわゆる「**本質は実存に先立つ**」という考えだ。

　でもサルトルは**無神論者（むしんろんしゃ）**だ。神がいないなら、**人間の本質も前もって存在したりはしない**。だからサルトルの人間観は「**実存は本質に先立つ**」だ。

　つまり僕らは、「人間とはこういうものだ」という、万人共通の本質なしにまず生まれ、その後で、各人が自分のキャラを好きなように創っていくんだ。そういう意味では、**人間はとても自由な存在**だと言うことができる。でも…。

でも？

　この自由、けっこう重いよ。だってみんなと共通する本質がないってことは、**何やらかしてもその責任は、全部自分で背負わなきゃならない**ってことなんだから。例えば、もし人間に本質があるなら、犯罪者が法廷で「僕らはみ

んな、万人共通で罪深いじゃないですか。だからやっちゃいました。ごめんなさい」と言えば許されるかもしれない。こうなりゃ裁判なんか楽なもんだ。

　でも、本質がないなら、この言い訳は却下される。「そりゃお前が個人的に罪深いだけだ」ってね。つまり、**人間は自由であるがゆえに、自分の行動すべてについて、完全に責任を負わなきゃいけない**んだ。これがサルトルの言う「**自由と責任**」だ。

　そして神がいない以上、僕らはどうあがいてもこの「自由と責任」からは逃れられない。だからサルトルは「人間は**自由の刑**に処せられている」とも言ったんだ。

😅 **自由って、なんだかつらそう…。**

😟 「自由には責任が伴う」っていう、ごく当たり前のことを言ってるだけなんだけどね。でも、さすがにここまで追い込むような口調で迫られると、ちょっと息苦しいね。

　とにかく、僕らはどうやっても「自由と責任」から逃れられないんだから、何とか自由に伴う責任を実践しながら、生きていくしかないね。

😖 **どうやって実践するの？**

😟 **社会参加**を通じてだ。サルトル流に言えば、僕らは**社会の中への自己拘束**（＝**アンガージュマン**）**を通じて、自由に伴う責任を果たしてい**くことになる。

　まず僕らは、自由な職業選択によって、社会的に自分の居場所を拘束する。これが自己拘束であり社会参加だ。

　そして僕らは、社会の一員となった以上、多かれ少なかれ社会変革の要因の1つになったとも言える。つまり、**僕らの自由は、社会変革につながる要素**になったんだ。ならばその「自由に伴う責任」は、当然**社会を正しく変革する**ってことになる。これが、自由な実存である人間の果たすべき責任であるというのが、サルトルの考え方なんだね。

　だから彼は、僕らに対して、平和運動や民族運動、革命なんかに積極的に参加することを訴えたんだ。これらは職業選択じゃないけど、社会を正しく変革するための社会参加であることは間違いないもんね。これがサルトルの実存主義だ。

チェック問題 11

次のア～ウは、実存主義の思想を表現している。これらはそれぞれ誰の思想か。下の①～⑥の組み合わせから、正しいものを1つ選べ。

ア　真の実存となるためには、神の前に1人立つ「単独者」として生きることが必要であり、そして、人間が実存として目覚めていく過程は、美的・倫理的・宗教的という三段階に区別される。

イ　「神は死んだ」というのがヨーロッパの精神状況である。人間は、キリスト教に由来する伝統的な価値観を否定して、たくましい生命力に基づいた新しい価値を創造しなくてはならない。

ウ　「ひと」は気ばらしを求め、日常性のうちに埋没してしまう。人間は、死に臨む存在であることを自覚することによって、本来の自己のあり方に立ち返ることができる。

① ア　ヤスパース　　イ　ニーチェ　　ウ　サルトル
② ア　サルトル　　　イ　ヤスパース　ウ　ハイデガー
③ ア　キルケゴール　イ　ハイデガー　ウ　ニーチェ
④ ア　ヤスパース　　イ　ハイデガー　ウ　サルトル
⑤ ア　キルケゴール　イ　ニーチェ　　ウ　ハイデガー
⑥ ア　サルトル　　　イ　ヤスパース　ウ　ニーチェ

（追試験）

解答 … ⑤

解説　これはちゃんと勉強してきた君らにとっては、超楽勝の問題だね。「人名を書け」っていう問題でも、たぶんみんな、1分以内で答えられるだろう。実存主義の設問は、こんな感じで**キーワードがちゃんと押さえられればOK**ってものがほとんどだ。**思想の解釈が難しい分、設問が易しい**。受験生にとっては、ありがたい単元だね。

12 現代の思想 (2)

1 社会主義思想

😊 社会主義思想について教えてください。

😟 社会主義思想は、世の中から不平等の元となる要素（私有財産や階級対立）を取り払うことで、**平等で民主的な理想の社会をめざそう**という考え方だ。

産業革命で資本主義が栄えた19世紀、資本家階級と労働者階級の対立は、頂点に達していた。

資本主義は自由を本質としてるけど、**自由と平等って相性が悪い**からね。資本家の自由な利潤追求の陰には、常に馬車馬のようにこき使われる労働者たちが、不平等にあえいでいたんだ。

しかも資本主義の自由競争は、弱肉強食のトーナメント戦みたいなもんだから、競争が進めば進むほど、貧困層は増え、貧富の差も拡大していく。

このままでは世の中、ごくひと握りの大金持ちと、その他大多数の貧困層に、完全に二極分化してしまう。これが自由を突きつめた結果なんだ。

少数者（資本家）が多数者（労働者）を支配する——もうこんな「自由」には我慢できない。だから革命で資本家を打倒し、多数者が幸せになれる「平等」をめざそう——これが社会主義思想なんだ。

😊 社会主義思想は、どんな感じで広まっていったの？

😟 初期の社会主義思想は、**裕福な資本家階級の人道主義**的見地、つまり「労働者がかわいそう」っていう視点から生まれてきた。

初期社会主義者と思想

サン＝シモン (仏・1760〜1825)	科学者・資本家・労働者が協力し合う、特権階級のない社会（＝純粋産業社会）をめざす。
フーリエ (仏・1772〜1837)	農業中心の生活共同体「ファランジュ」を作り、すべてが完備した共同宿舎で生活する。
オーウェン (英・1771〜1858)	自営工場での労働条件改善には成功。米国での共産村（＝ニューハーモニー平等村）実験は失敗。

でも、これらじゃダメだよね。こんな資本家主導の平等、資本家にお金や気持ちの余裕がなくなったら、全部パーだ。

つまりこれらは「絵に描いた餅」だ。社会主義者の**エンゲルス**は、こういうのを自著『**空想から科学へ**』で「**空想的社会主義**」と呼んで批判した。

コラム　空想的社会主義の弱さ

空想的社会主義は「貧しい労働者がかわいそう」という、「人のため」の社会主義だ。でも残念ながら、人のための行動では永続性は担保されない。ごくまれにそれができる人もいるが、そういう人は「現代のヒューマニズム」に分類されるべき特殊でイレギュラーな"個人"であり、"集団"としての人間にそれを求めるのは、無理がありすぎる。

誰だって究極の選択を迫られれば、最後に選ぶのは「人よりも自分」だ。この政治学の基本を無視した空想的社会主義は、美しいけどやはり「空想的」だ。

本当の社会主義は科学的でないとね。今度はエンゲルスのサポートを得て**マルクス**が完成させた、「**科学的社会主義**」を見てみよう。

> 科学的社会主義って何ですか？

科学的社会主義とは、資本主義の運動法則や社会主義の必然性なんかを、科学的に分析したものだ。社会主義者のマルクスが完成させたから、**マルクス主義**とも言うね。

どういう所が科学的なの？

神や霊魂みたいな**観念的な要素を、完全に排除**している点かな。

カントやヘーゲルの観念論では、主役は実践理性や絶対精神、つまり「意識」だった。ところが、科学的社会主義の主役は自然や物質、つまり「存在」だ。

こんなふうに、「**意識よりも存在**」、すなわち自然や物質をメインととらえる考え方を**唯物論**と言うんだけど、この唯物論こそが、彼らが科学的たる所以だ。

彼らにとっては、神も霊魂もすべて「**物質である脳の産物**」だ。この唯物論の徹底があるから、**社会の変化を自然科学と同じように、理詰めで分析**できるんだね。

マルクス主義の特徴は唯物論だけなの？

もう1つある。それは**弁証法**だ。

ただし彼らは唯物論と組み合わせて「**弁証法的唯物論**」と呼んでるね。彼らはこれを使って、社会の発展を説明するんだ。

どんな内容なの？

人間が物質を生み出す作業は「労働」だ。この労働の過程で起こるテーゼとアンチテーゼの矛盾（対立）はといえば、これはもう資本家と労働者の階級対立しかない。

そして、その階級対立の頂点で革命が起こり、そこから社会は弁証法的に、より優れた社会である社会主義へと発展する。

社会の発展をこんなふうに説明するのが「弁証法的唯物論」だ。

他に覚えておくべき点はありますか？

唯物論をとるマルクス主義では、**物質を生み出す生産活動を、社会の土台(＝下部構造)**ととらえる。

そして、**この土台の上に人間の精神活動（＝上部構造）が成り立っているという歴史観**を、マルクス主義者は持っている。これが「**唯物史観**」だ。覚えておいてね。

12 現代の思想(2)

> ちょっとイメージできないなあ…。

資本家が経済（＝下部構造）を支配している社会では、法律や政治や学問（＝上部構造）は、みんな資本家のためのものだ。

でも、もしそれが革命でひっくり返って、労働者が支配するようになれば、今度は法律や政治や学問は、みんな労働者のためのものに変わるよね。これがマルクスの言葉で言うところの「**下部構造が上部構造を規定する**」ってやつだ。つまり**革命で下部構造の支配者が労働者に変われば、それに合わせて上部構造も労働者のためのものにくつがえりますよ**ってこと。唯物史観とはそういう歴史観だ。

マルクスは、「**労働＝人間本来の喜び**」ととらえた。でもこれが、**資本家の搾取で苦役と化している**（＝**労働の疎外**）。目の前に立ち塞がる、巨大な資本家の壁。でも、科学的に理詰め理詰めで突きつめていけば、きっと最後には合理性が勝利する——この希望が、マルクスを支えていたんだろうね。

その他の社会主義者

- **レーニン**…ロシア革命の指導者。著書は『**帝国主義論**』。

  > 商品の販路拡大をめざす植民地獲得競争（＝**帝国主義**）は、**資本主義最高の段階**といえる。しかし同時にこの時は、労働者の不満もピークだから、**革命の前夜**ともいえる。

  ▶レーニンは「**国家＝階級抑圧の道具**」という考え方でも有名。

- **毛沢東**…中国建国の父。著書は『**新民主主義論**』。

  > 中国のような**半植民地状態の国家**では、いきなりの社会主義革命は無理。まずは**反帝国主義の諸階級が連合**し、帝国主義的支配を打倒するのが先決。

- **ウェッブ夫妻**
- **バーナード＝ショー** …「**社会保障＋議会制**」重視の社会主義を主張。
  ▶**フェビアン社会主義**→暴力革命には否定的

- **ベルンシュタイン**…労働者の知的向上→議会を通じた社会変革。
  ▶**修正マルクス主義**→暴力革命には否定的

> **コラム　毛沢東の弁証法**
>
> 　毛沢東の社会主義は、びっくりするほどわかりやすい。これは彼が語りかける対象が、字もほとんど読めない農民たち中心だったからだ。
> 　「敵に嫌われるのは、実はよいことである」——弁証法の説明だ。なるほど、わかりやすい。「アメリカが中国に原爆を落とせば、中国8億の人民のうち、5億は死ぬだろう。でも、残った3億はアメリカの人口より多い。だから彼らがアメリカを弁証法的に滅ぼし、よりよい社会、共産主義が生まれるのである…」
> 　ちょっと待て。何でそーなるんだよ。毛沢東、わかりやすいけど、過激すぎ。

2 プラグマティズム

プラグマティズムって何ですか？

　プラグマティズムは「**実用主義**」とも呼ばれる。**真に価値のあるものは、実用的な効果を持つものだけ**とする考え方だ。とてもわかりやすいね。

　プラグマティズムは、**アメリカ生まれの哲学**だ。なるほど、言われてみれば確かにアメリカっぽい。

　アメリカ人は、アメリカという新大陸の開拓者（**フロンティア**）だ。何が飛び出すかわからない未知の大陸では、**「使える」**という価値基準は、**生き抜く上で絶対に必要**だ。

　プラグマティズムは、そんなアメリカ人の**フロンティア精神**が生んだ、超合理的な哲学なんだね。

どうやって実用的効果を判断するの？

　仮説を立てて**検証**する——これが基本だ。

　「仮説」は「この事柄は真理か否か」という問題提起、そして「検証」は、社会的な実践を通じた、実用的な効果の確認だ。これで効果が確認できれば、その事柄は真理って考え方だね。

「仮説と検証」の具体例

仮　説		検　証		真理の確認
乾布マサツで医者いらず	→ 実践結果	・元気になった。	⇒	医者いらずは真理。
		・カゼをひいた。	⇒	真理ではない。

　この例は、すごく重要だ。だって検証の結果、真理と真理でない場合の2つが示されているんだよ。

　検証の結果は、人や場合によって異なる。**絶対的な真理なんか、あるわけない**じゃない——これがプラグマティズム特有の真理観「**相対的真理**（そうたい）」だ。

誰が唱えたの？

　パース、ジェームズ、デューイの3人だ。
　彼らの考え方の根底には「**実用的なものこそが、世界を改善してくれる**」という信念があった。これも覚えておいてね。

プラグマティズムの代表者

● **パース**…プラグマティズムの**創始者**。新たな思想構築をめざした「**形而上学クラブ**（けいじじょうがく）」の発起人（メンバーは主にハーバード大の卒業生）。

　↓

　特徴：プラグマティズムを、**科学的な実用性にのみ適用**。
　　　　➡哲学的な真理や、**内面的な実用効果**への適用には反対。
　　　　　　　▶安心感や充実感など

● **ジェームズ**…**普及者**（ふきゅう）。「形而上学クラブ」のメンバーで、パースの思想を著書『**プラグマティズム**』で紹介後、発展させた。

　↓

　特徴：プラグマティズムを、**科学的実用性以外にも適用**。
　　　　➡**生活にとって有用なら、内面・外面どちらも真理**。
　　　　　　▶「真理の有用性」を重視　　▶2つの真理

- **デューイ**…**完成者**。「形而上学クラブ」メンバーではないが、ジェームズの知人。著書は『民主主義と教育』『哲学の改造』。

  特徴：**道具主義**…知性は、**生活上の問題を解決**するための**有用な道具**（＝「創造的知性」）であるべき。

※ 必要なもの
- 修得の場：**教育**…「教育とは、過去の価値の伝達ではなく、**未来の新しい価値の創造**であるべき」
- ＋
- 発揮の場：**民主主義**…その構築には、**教育改革が必要**。

3 現代のヒューマニズム

> ヒューマニズムは1回勉強したんじゃないの？

以前、7章で勉強したヒューマニズム（**人文主義**）は、教会の支配からの人間性の解放だった（→ p.98）。

ここでやる現代の**ヒューマニズム**（**人道主義**）は、**人類愛に基づいた、暴力や抑圧からの解放**だ。今度は、非人間的な状況すべてが対象になる。じゃ、どんな人がいるか、見てみようか。

●シュヴァイツァー…著書は『文化と倫理』。

音楽家、神学者としての将来を嘱望されていた彼は、30歳のときにアフリカ黒人の窮乏を知り、そこからすべてをなげうって医師免許を取得し、アフリカに渡る。彼の倫理の核心には「**生命への畏敬**」がある。**命あるものすべてを価値あるものとして尊重**した彼は、生きることの困難なアフリカの大地で、医療と伝道に一生を捧げたんだ。

●ガンディー…インド独立運動の指導者。

「**非暴力・不服従**」でイギリスの植民地支配に抵抗した彼は、現在でも人々から「**マハトマ**（偉大なる魂）」と崇められている。

12 現代の思想(2)

ガンディーの抵抗手段

❶ 自己浄化 … 真理探究のための自己抑制。
　▶ ブラフマチャリヤー

↓

❷ 真理把握 … 「**精神・愛の力による勝利**」という、宇宙の根源的な真理を悟る。
　▶ サティヤーグラハ

↓

❸ 非暴力・不殺生 … ❷の実践。
　▶ アヒンサー

その他の思想家

- **マザー＝テレサ**：神の愛（＝**アガペー**）の実践者として、インドのスラム街で貧民のために献身的に働いた。
- **キング牧師**：黒人解放運動。社会変革＝「**愛と非暴力**の結合」
- **ヴァイツゼッカー**：ドイツの大統領。**ナチス時代への反省演説**で有名。
　「**過去に目をつぶる者は、現在にも目を閉ざす者**である」
- **孫文**：「**三民主義**」（＝**民族（独立）・民権（権利）・民生（福祉）**）を唱え、辛亥革命後、臨時大統領に。
- **ロールズ**：「**公正としての正義**」で、人々の合意に基づく新しい社会作りを提案した。（＝**社会契約説**の再構築）

　正義＝ ┌ ・**自由を追求する権利が平等に与えられている**公正さ。
　　　　│　　　　　　　　＋
　　　　└ ・その自由追求の結果生じる格差は肯定するが、最も不遇な立場になった人の生活は、社会全体で改善。

- **アマーティア＝セン**：**途上国の開発のあり方**を唱えた、インドの経済学者。
　「経済成長だけでなく、人間の**潜在能力（ケイパビリティ）**向上のための開発を」

平和・人道に対する罪

❶ 核兵器

- **パグウォッシュ会議**
  科学者による核兵器廃絶をめざす会議。**アインシュタイン**（核兵器開発に関与）と哲学者**ラッセル**が発表した「**ラッセル・アインシュタイン宣言**」（核兵器廃絶を訴える宣言）を契機に開催。

  - [部分的核実験禁止条約]…「**大気圏内・宇宙空間・水中**」での核実験禁止。
    ▶地下は対象外
  - [核拡散防止条約]…核兵器保有国を今以上に増やさない。加盟非保有国は**IAEA（国際原子力機関）の査察**の受け入れ義務あり。
  - [包括的核実験禁止条約]…**あらゆる核爆発実験を禁止**する条約。（※ 未発効）
    ▶爆発を伴わない**臨界前核実験**は容認

- **オバマ**…核兵器を使用した唯一の国の大統領として、「**核なき世界**」への交渉開始を宣言し、2009年**ノーベル平和賞**受賞。

❷ 大量破壊兵器＝NBCR兵器

- **N**（Nuclear）＝核兵器…さまざまな規制あり。（※ 前述参照）
- **B**（Biological）＝生物兵器…生物兵器禁止条約あり。
- **C**（Chemical）＝化学兵器…化学兵器禁止条約あり。
- **R**（Radiological）＝放射能兵器…劣化ウラン弾（原発で使用済みになったウランの兵器転用）など→まだ規制なし。

❸ その他の非人道的兵器への規制

- [対人地雷全面禁止条約]…NGO「**地雷禁止国際キャンペーン**」の努力。

同条約は「**NGO →各国政府への働きかけ**」が発展して実現。
▶オタワプロセス
→同 NGO に**ノーベル平和賞**。

- [クラスター爆弾禁止条約] …親爆弾が無数の子爆弾をばらまく爆弾の禁止。(2010 年発効。ただし、米中ロなどは不参加。)

❹ その他

人間の安全保障 ➡ 国家的な安全保障ではなく、**個々の人間を恐怖と欠乏の脅威**から守るという考え方。
▶人身売買・紛争・飢餓など

- **ジェノサイド**条約…第二次大戦中のナチスによるユダヤ人の大虐殺（**ホロコースト**）のような「**集団殺害（＝ジェノサイド）」を国際犯罪とみなし、防止**する条約。
- **アパルトヘイト**（**南アフリカの人種隔離政策**。1991 年廃止）
  ▶国連で「人道に対する罪」とみなす決議が採択(1973 年)。
- **国際刑事裁判所**…戦争犯罪など、非人道的な罪を犯した「個人」を裁く裁判所。2002 年設立。

4 近代思想への批判

ここでは何を勉強するんですか？

ひとことで言うと「**理性化への批判**」だ。

啓蒙思想以降、**無知・偏見からの解放**は、**西洋では絶対的な正義**として、無批判に受け入れられてきた。

でも、それ本当に正しいの？　そのせいで失っちゃったものもあるんじゃないの？──こんな批判が、20世紀に入ってから、次々と出てきたんだ。

ここでは、それらの代表的なものを見ていこう。

❶ **フランクフルト学派**…**ホルクハイマー**、**アドルノ**、**フロム**ら。

フランクフルト学派は、1930年代にドイツのフランクフルト社会研究所に集まった、一群の思想家だ。

彼らは**厳しいファシズム批判を展開し、ナチスから弾圧**を受け、国外亡命を余儀なくされた。その活動を見ていこう。

● **『啓蒙の弁証法』**…**ホルクハイマー**と**アドルノ**の共著。

西洋で展開されてきた啓蒙運動は、確かに人間を理性化し、科学の進歩に大きく貢献してきた。

ただしその際施された「**正解を与える教育**」は、僕らから思考の自由を奪った。そのせいで僕らの理性は「**批判的理性**」（懐疑的な目で**矛盾点を探ろうとする理性**）から「**道具的理性**」（目的達成のため正解を素直に受け入れる理性）へと堕落した。そして僕らは**豊かな内面性**を喪失してしまったんだ。

これでは僕らは、**ものわかりはいいけど感受性と自己批判能力のないロボット**と同じだ。これは権力側から見ると、非常に操りやすい。そうして僕らは権力に操られ、ファシズムは発生した。

つまり、**よかれと思って始めた啓蒙運動が、かえって人々を危険な方向へと追いやる結果になった**（＝**野蛮への退行**）わけだ。

2　世界の思想

12　現代の思想(2)

┌───┐
│ 「啓蒙の弁証法」の図式   │
│   │
│ 正 ： 自然な感情 … 長所：豊かな感受性、自由な思考あり。│
│   短所：無知・偏見が残っている。│
│   ↓   │
│ 反 ： 理 性 化 … 長所：知的になる。有用性に鋭くなる。│
│   短所：感受性、自己批判の欠如。│
│   ↓   │
│ 合 ： **ファシズム**（＝**野蛮への退行**） │
│   │
│ 解説：ファシズムは、知的になってものわかりのよくなった大衆が、本質の怖さに無知なまま、自己批判なく権力に盲従することで発生する。なんか、**悪い面ばかりが弁証法的に総合**してるね。│
└───┘

● **『自由からの逃走』**…**フロム**著。

　新フロイト派（人間心理に与える社会的・文化的要因を重視）の社会心理学者・フロムは、ナチス支持者の心理分析の結果、興味深い事実を発見した。実は彼らには、**自由であることへの不安**が、共通して存在していたんだ。

　自由はすばらしい。自由は開放的で前向きだ。抑圧やしがらみ、強制から自由になることを、フロムは「**〜からの自由**」と呼んだ。近現代人は圧政から自由になることで、この「〜からの自由」を得た。

　でも実際自由になってみると、今度は自由であることに不安を覚える。なぜなら自由は、全部自分の責任になるから荷が重い。自由は人と違うから孤独だ。自由は誰も守ってくれないから無力だ。

　結局みんな、サルトル的「**自由の刑**」に耐えられないんだ。**だから、進んで権威に服従する**。服従すれば、責任も孤独も無力もないもんね。つまり**権威への服従は、自由じゃないけど楽**なんだ。

　自由から逃走した人々の性格を「**権威主義的性格**」と言う。そこには「他人を服従させたい」というサディズム的な面と、「他人に服従したい」というマゾヒ

ズム的な面の、二面性がある。

なぜ他人を服従させたいか。それは自己の無力を痛感させられる**「いちばん下」はイヤ**だからだ。

なぜ他人に服従したいか。それは責任の重い**「いちばん上」もイヤ**だからだ。

無自覚に権威主義に陥っている人は多い。そうならないよう、僕らも気をつけようね。

僕らがこれを克服するには、**「〜からの自由」を、より積極的な「〜への自由」に変えていく**ことが大切だ。

「〜への自由」は、**愛情や仕事を通じて僕らを世界や他者との連帯に向かわせ、孤独を克服させてくれる**。自由からの逃走者になりたくなければ、「〜への自由」をめざさないとね。

最後に注意点を1つ。実はフロムだけじゃなく、さっき出てきた**アドルノも、ファシズムを読み解くキーワードとして権威主義的性格を研究**しているんだ。フランクフルト学派は、同じ言葉を共有することが多く、受験生を混乱させる。

ただしセンターで、「フロムとアドルノの権威主義の違い」を問うような、細かい問題は絶対出ない。どちらか一方の人名と権威主義という用語がセットで出る程度だから、安心してね。

その他のフランクフルト学派

- **マルクーゼ**……高度産業社会で従順に管理されている現代人を**「一次元的人間」**と呼び、管理社会を批判。
- **ハーバーマス**…道具的理性が、人々の生きたコミュニケーションを成立させる理性（＝**対話的理性**）を抑え込み、現代社会は植民地化されてしまっているのと同じだと批判。

---

❷ **構造主義**…**レヴィ＝ストロース**など。

「理性化への批判」パート2は、構造主義だ。

構造主義とは、**人間を個人としてとらえるんじゃなく、社会構造を通してとらえる考え方**のことだ。

レヴィ＝ストロースは構造を通して未開人をとらえ、西洋至上主義を批判したことで有名だ。さっそく彼の考えを見てみよう。

● 『野生の思考』…レヴィ＝ストロース著

西洋人は、自分たちこそ文明的で、未開人は野蛮だと、一方的に決めつける。でもこれ、社会構造でとらえると誤りだ。

西洋社会は、文明社会における科学的思考に基づいて成立しており、その根底には、社会を発展させようとするエネルギーに基づく「秩序」がある。

▲レヴィ＝ストロース

対して未開の社会は、無文字社会における神話的思考に基づいて成立しており、その根底には、掟やタブーで部族の現状を維持しようとする「秩序」がある。

方向性は違えど、どちらも秩序に根ざしている。つまり深層構造は同じなんだから、どちらも尊重しないとダメだね。

最後に、この構造主義と同じ方向性を持つ思想として、パレスチナ人思想家・**サイード**の「**オリエンタリズム**」批判も見ておこう。近年センター試験での出題があったから、よく見ておいてね。

参考：サイード（パレスチナ人思想家）の「オリエンタリズム」批判

| 西洋人の考え | … | ・西洋＝「我々」 ➡ 優れた価値をもつ支配的社会。
・東洋＝「彼ら」 ➡ エキゾチックで興味深いが、奇異な文化を持つ後進社会。 |

● 彼らはこうして、**自分中心の歪んだまなざしで東洋像を作り無自覚に東洋を威圧・支配**している（＝**オリエンタリズム**）。

コラム　冷戦期の社会主義国

　冷戦期の社会主義国は、イメージが悪かった。これは実際に非民主的というだけでなく、東西両陣営のプロパガンダ合戦で「あいつらの生活は最悪だ」というネガティブ・キャンペーンをしまくったためだ。

　そこに描かれる社会主義国には自由はなく、常に商品不足で、人々は統制と密告と粛清に怯え、オリンピックではにこりとも笑わず金メダルを量産する。映画に出てくるソ連人は、カイジの黒服みたいなスパイかストⅡのベガやザンギエフみたいな軍人のどちらかで、映画007に登場するジョーズ（ソ連のスパイ）に至っては、身長218センチで鋼鉄の入れ歯をしたバケモノだ。昔は今みたいに情報化が進んでなかったから、僕らはこれらを鵜呑みにしていた。

　そして同じ頃、社会主義の国々では「資本主義国は道徳的に乱れ切った退廃的な国で、さまざまな犯罪がはびこり、町には物乞いがひしめき合っている」みたいな宣伝がなされていた。こんな情報を真に受けて、おたがいにビビり合ってたなんて、今考えるとおかしいよね。

チェック問題 | 12 標準 3分

マルクスとエンゲルスの思想の説明として最も適当なものを、次の①〜④のうちから1つ選べ。

① 資本主義社会においては、土地や工場など生産活動に必要なものを持つ人々と、そこで働くだけの人々との関係が、政治や芸術など人間の精神的な営みを規定すると考えた。

② 社会は個人をすべて合わせたものなので、社会の幸福を最も大きくするためには、最も多くの個人ができるだけ幸福になる必要があり、その目的の達成が社会の改革の基準となると考えた。

③ 世界は、絶対精神が自ら現実のものとなることによって展開していくのであり、労働者や資本家の意識や、その両者の関係は、絶対精神が客観的に実現されたものであると考えた。

④ いかなる状況にあっても人間は相互に助け合わなければならないので、主に資本家の善意に基づき、人間が平等に扱われる理想的な共同体を作り出すことで、幸福な社会が実現すると考えた。

（本試験）

解答 … ①

解説 世の中は**下部構造**（＝生産活動）の支配者が、自分たちに都合のいい**上部構造**（＝精神活動の成果（政治や芸術など））を作り出すという「**唯物史観**」の考え方。
②「**最大多数の最大幸福**」を説いた、**ベンサム**の量的功利主義。
③「世界史は**絶対精神**の自己実現の過程」は、**ヘーゲル**。
④「資本家の善意に基づく平等な社会作り」は、**空想的社会主義**。

13 現代の思想 (3)

ベルクソン … 「**生の哲学**」の提唱者。

〈生命のあり方〉

生きて いること ＝ **意識・記憶**が「**持続**」していること。
▶このような生きた時間の積み重ねが生命の基礎。

生命は、この中で**新しい記憶を重ね**、その上に現在を作る。

↓

※ **生の飛躍** … ［ただし**進化**のあり方は、積み重ねではなく**突発的**であるとする考え方。］
▶エラン＝ヴィタール

↓

| 生命には無数の進化の傾向あり | ⇒ | **爆発的進化** ▶エラン＝ヴィタール | ⇒ | 魚や鳥や動物へ ▶まだ傾向あり | ⇒ | 次のエラン＝ヴィタールへ | ⇒ |

↓

※ そこには従来の**目的論**や**機械論**のような**秩序はない**。
　▶神の予定　▶因果関係に基づく法則　▶ダーウィンの進化論が正しい

ドゥルーズ

生命＝絶えざる**変化の連続**。

⇒ 生命の肯定とは、死をも含めて**あらゆる変化を受け入れる**こと。

これへの圧殺（あっさつ）＝統一の思考 … ［・精神の統一（＝心理学）／・資本の統一（＝国家）／・思想の統一（＝哲学）］ ⇒ **これら生命の敵！**

↓

◉脱却には、どんな統一にも収まらない強い「**ちから**」が必要。

フッサール … 現象学の祖。

現象学 … 世の中を、**意識に現れる現象**だけからとらえる哲学。
▶現象学的還元

- 従来の哲学：**物自体を客観的に認識し、意識とのズレを修正するぞ。**
  ▶まだ実現していない… このままでは学問の基盤にならない
- フッサール：各人の**主観を通じて世界を客観的に認識するのはムリ**。

- 物自体への「**判断を中止（＝エポケー）**」せよ。
- ◎**一人ひとりの意識を通じて世界を認識**せよ。 ▶「認識の放棄」ではなく「認識のあり方の修正」

メルロ＝ポンティ … **身体**の役割を重視した哲学者。

身体 ＝ 世界と接する基本的な場 ＋ 意識が生まれる前からあり

| 人間は身体を通じて世界や他者に触れ、自我を形成。 | ⇒ | ここで他者に触れ、他者とともに生きる実感を得よ（→生に対して肯定的）。 |

デリダ … 西洋哲学の基礎を崩して（＝**脱構築**）、新しい哲学を探った。

- すべてを言語で表そうとするロゴス中心主義
- 善悪・物心などの二元論的考え方   などを再考。
- 目的論的な神と関連づけた考え方

ウィトゲンシュタイン … 言語哲学者。

哲学は言語を用いて思考 → ただし語りえることだけ語って、わかった気になりがち。

「◎**語りえぬものについては沈黙**」せねばならない。
▶神や道徳… これらは現実の事象として確認不可。

フーコー … 構造主義を起点とする独自の思想を展開。

〈理性に関する考察〉

近代理性 ＝「**非理性的なもの**」へのアンチテーゼ。
▶狂気・不道徳など

◎これら「**異質なもの**」**の排除・差別化**が、理性化の過程。

〈社会構造に関する考察〉

前近代：国王が**死への恐怖**で人民を支配。
▶人民は「**死の権力**」に従う。

近　代：国王はいないが、「**規格化の力**」が、人民を支配。
▶よりよく生きるための「**生の権力**」に従う。

例　信号を守る／時間通りに出勤する／適齢期に結婚… → これらに従うことで、**秩序をキープ**。

▶※近代人は「主体」になったわけではなく、「**規格化の力**」に従う**臣下的存在**に。

ショーペンハウアー … ニーチェのニヒリズムに影響を与えた厭世哲学。

世界の全体像を支配するもの ＝ ◎**ひたすら生きんとする盲目的意志**
（＝**盲目の生存意志**）

万物の背後にこれがあるため、不断の欲求に駆り立てられて満たされることなく、いつしか**生は苦痛**になる。（＝**厭世的**）

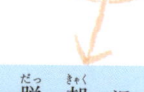

※脱却に必要なもの … ・芸術や音楽（→ これで世界を忘れる）
・ウパニシャッド哲学の梵我一如に達する。

⬇

◎このどちらかが必要。

ハンナ＝アーレント … 主著『人間の条件』

〈全体主義の分析〉

大衆は、思想面で**どこにも所属できず孤立し**、**無力にアトム化**されている。
➡ ◎そこに**所属感を与えてくれるのが全体主義**。
　　＋　▶だから大衆は簡単に吸収される。

〈人間の生活の分類〉

・労働（labor）→ 生きるための行為。
・仕事（work）→ 職人的な製作行為。
・**活動（action）**→ **公共の場での自由な言論活動**（＝**政治**）。

⬇

◎戦争や革命（＝暴力）主流の現代には、**自由なaction が必要**。

レヴィナス … 家族をナチスに殺された、ユダヤ系倫理学者。

人間… 自己の自我（主観）を中心とした世界観を作り、そこに固執。
　▶一人でいるとどんどん行き詰まっていくようなニュアンス。

　➡自己の内に**暴力的なイリア**を生み、**脱出できなくなる**。
　　▶不快・悪・恐怖の源　　　▶抑えられない暴力性

◉そこに出口を与えるのは「**他者**（＝**顔**）」との出会い。

　➡ イリアへの恐怖におびえる他者の「顔」は
　　自分を倫理的な世界へと呼び戻してくれる。
　　▶「汝殺すなかれ」と呼びかける顔で目覚めさせる。

オルテガ … 主著『大衆の反逆』

今や大衆は、社会を形成してきた「優れた少数者」（＝真の貴族）を押しのけ、**自らは無名の大衆のまま、その地位を奪った**。

〈大衆の特徴〉

・自分を棚に上げて言動に参加。
・すぐ心変わりする。
・無責任で無名の意志を、やみくもに社会に押しつけてくる。
・悪いのは政治家や官僚であり、自分たちには罪がない。

第3講
日本の思想

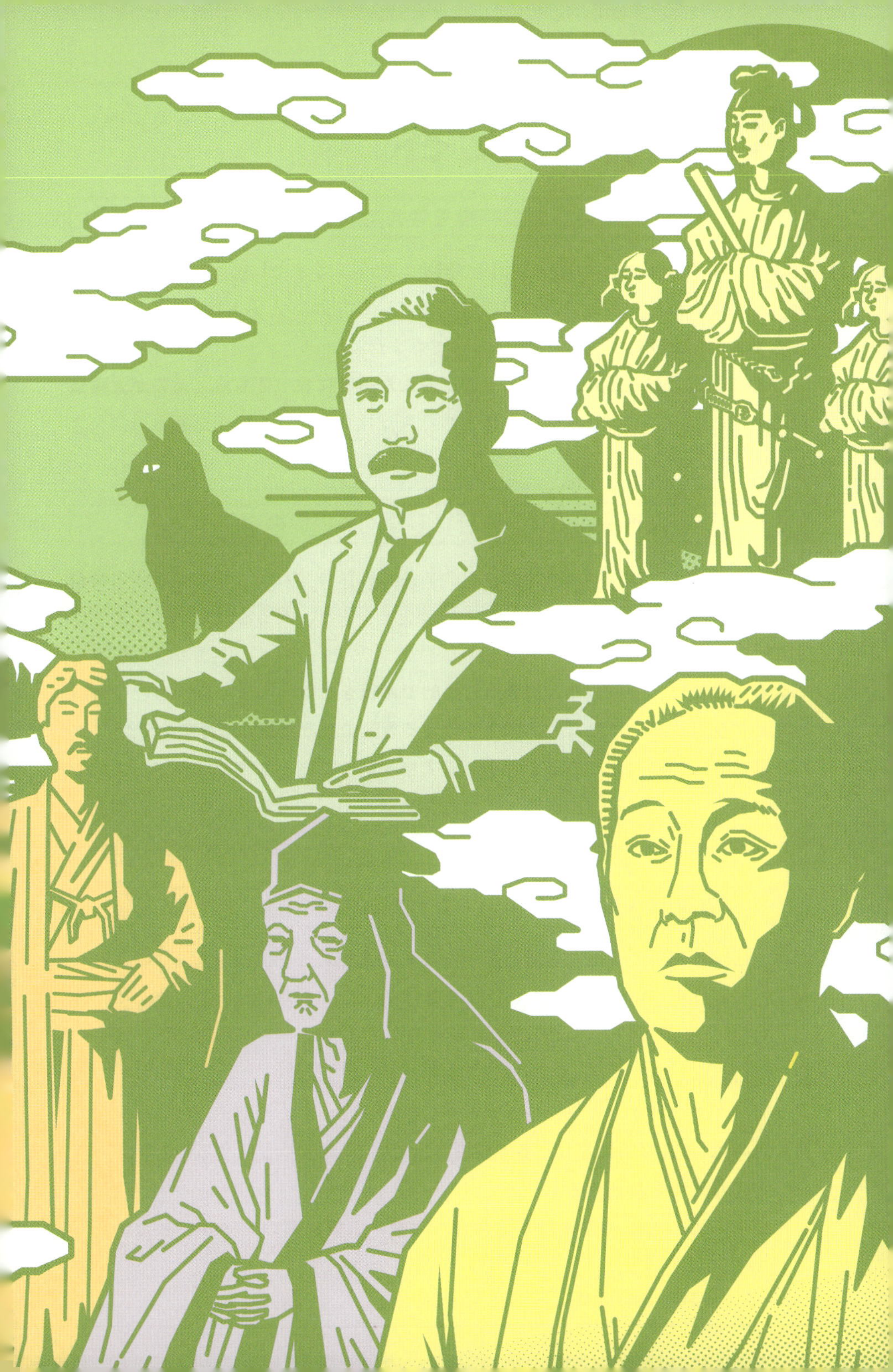

14 仏教の受容

> まず、日本の仏教の特徴を教えてください。

日本の仏教は、中国・朝鮮半島回りで入ってきた「**北伝仏教**」だから、**大乗仏教**だ。大乗仏教の特徴は覚えているよね。大乗とは「生きとし生ける者すべてが乗れる、大きな乗り物」って意味だ。

つまり、**出家だろうが在家だろうが、みんな平等に救ってもらえるのが大乗仏教**だ。この辺が、出家して僧院で修行した人だけが救われる小乗仏教との、大きな違いだ。

> じゃ大乗仏教では、修行はしなくていいの？

そんなことはない。大乗だって、ちゃんと修行するよ。日本のお寺の修行僧が、坐禅を組んだり滝に打たれたりする姿は、君らも見たことがあるはずだ。

大乗仏教では、小乗仏教とは違った目的で修行をする。大乗では、自己の解脱のために修行するんではなく、**衆生を救える菩薩になるために修行する**んだ。

菩薩になるには、仏の真意を理解し、人格を磨くことが必要だ。だから大乗でも、けっこう厳しい修行をする。ただし、宗派によっては修行がないものもある。その辺は、これから勉強していけばわかるよ。だいたい理解できたかな。

> 在家の人は修行しないで救われるの？

確かにそれも気になる所だね。それも答えておこうか。

在家は激しい修行はしない。でも基本的には、日常において、施しや精進などの「**六波羅蜜**」と呼ばれる徳目を実践することで、その功徳により救われるんだ。

くどいようだけど、大乗では在家だから救われないという考え方はしない。大乗の基本は「**みんな仏になりうる本性を持っている**」だ。つまりやることさえやれば、どんな人でも救われるんだ。

ただし、ごくごく初期の日本仏教は、大乗・小乗以前のレベルだった。じゃ、

まずはその辺の、仏教伝来期の扱いから見てみようか。

1 伝来期の仏教

仏教は 538 年、百済（くだら）の聖明王（せいめい）から伝えられた。

でもこの頃の日本人には、「仏様」が全然イメージできなかった。苦の解消って言われても、ピンとこない。

「仏って、どんな神様だよ？」――人々は困惑した。

豪族や朝廷は、仏教をどう扱っていいかわからず、結局最初は外国からきた神様（＝**蕃神**（ばんしん）／あだしくにのかみ）として扱った。つまり、**仏様は日本古来の神々と同列**に扱われるところから始まったんだ。

しかしそうなると、「五穀豊穣（ごこくほうじょう）・国家安泰（あんたい）・健康祈願（きがん）」といった**現世利益**（げんぜりやく）（＝現実の人生で授かるご利益）の実現が仏様の仕事になるけど、この３つ、全部見事に煩悩（ぼんのう）まみれ。仏陀（ブッダ）が聞いたら卒倒するぞ。

😀 **その後、仏教はどうなったの？**

😠 その後は豪族間、具体的には崇仏派（すうぶつ）の蘇我氏（そが）と排仏派（もののべ）の物部氏の間で「仏教を受容する・しない」の論争（＝**崇仏論争**）があったんだけど、最終的には**聖徳太子**（しょうとくたいし）が、**仏教に基づく国づくりを宣言し、本格的な受容が始まっていく**んだ。

● **聖徳太子**（574〜622）
　用明天皇（ようめい）の皇子（みこ）として生まれる。若くして仏教・儒教を学び、おばの推古天皇（すいこ）の摂政（せっしょう）として、それらを活かした国づくりをめざした。

😐 **仏教に基づく国づくりって、どういうものなの？**

14　仏教の受容　　193

まずは太子の作ったとされる**十七条憲法**を見てもらおうかな。これは豪族も含めた**役人の心得を訓示したもの**だけど、これを見れば、太子が仏教に何を期待したかがわかってくるよ。

十七条憲法

聖徳太子制定とされる、日本最古の成文法（604年）。

- **1条**：**和**をもって貴しとなす。
  - ▶和やかさ・協調性を重視せよ
- **2条**：篤く**三宝**を敬え。三宝とは**仏・法・僧**なり。
  - ▶仏陀・仏教の真理・僧侶の3つの宝を尊重せよ
- **10条**：我必ず聖にあらず。彼必ず愚にあらず。共にこれ**凡夫**のみ。
  - ▶我々人間は例外なく、不完全な存在だ

その他：「天皇の言葉に従え」、「役人は礼をもて」など。

この頃の日本は、豪族間の争いが絶えなかった。

こんな社会を平和にするには、**他者を尊重する心と、しっかりしたタテ型の秩序**が必要だと、太子は考えた。そういう思いで作られたのが、この十七条憲法だ。

1条はもちろん、直接的な争いへの戒めだ。

2条には、みんなが仏教信者になれば、互いに尊重するようになるはずだとの思いが込められている。

10条の「凡夫」とは、**煩悩にとらわれた不完全な存在としての人間**のことだ。**仏の目から見れば、僕らはみんな凡夫だ。一見正しく見える人はいても、絶対に誤りを犯さない人なんか、いるはずがない。**

だから人の意見には素直に耳を傾け、その考えを尊重しろ——太子はこう言いたいんだ。

この十七条憲法に基づき、天皇を中心とする平和な国家を作ることが、太子の夢だったわけだね。

😃 聖徳太子で、他に気をつける点はありますか？

聖徳太子は、この時代の人には珍しく、**仏教の本質をしっかり理解していた人**だと言われている。その理解に関して、2つの事柄を覚えておこう。

まずは太子による経典研究だ。彼は**法華経・維摩経・勝鬘経の3つの大乗経典の注釈書**を著したと言われている。いわゆる『**三経義疏**』だ。

そこで太子は、中国の僧の注釈に対し「私はこう思う」とか「私はそうは思わない」など、自分の意見をはっきり述べている。ただ、その完成度の高さと内容から、後世の作ではないかとも言われている。

もう1つは、彼の妃が残した「**天寿国繡帳**」という刺繡に「**世間虚仮、唯仏是真**」という、太子が妃に語ったとされる言葉が残されているんだけど、これが太子の遺言だと言われている。

これは「**現世はうつろいゆく仮のもので、ただ仏のみが真実だ**」という意味。この視点はすごいね。

だってこれ、**諸行無常の精神**(＝万物は絶えず変化し、生滅する)でしょ。これがわかるということは、「仏教＝現世利益」のこの時代、少なくとも**太子だけは確実に仏教の本質を理解していた**ってことになる。これはすごいことだ。

これらの下地があったからこそ、仏教はこの後の奈良時代、国家仏教として一気に花開くことになる。

2 奈良仏教

太子の努力を経て、仏教は奈良時代完全に定着した。仏教保護の精神は天皇家によって引き継がれ、**仏教は国の正式な宗教**として扱われた。

その核心をなす思想が「**鎮護国家**」、すなわち、**仏の力で災厄を鎮め、国を護る**という考え方だ。

😮 あれ？ それっていわゆる「現世利益」じゃ…

そうなんだよ。つまりこの奈良時代、せっかく**聖徳太子で深まった仏教理解が、またまた後退**したってことになる。

14 仏教の受容 | 195

でもまあ、国家の手厚い保護を受けられただけいいのかな。とにかく、その保護内容について、見てみようか。

奈良仏教

聖武天皇	奈良仏教最盛期の天皇。全国に国分寺・国分尼寺の建立を指示。東大寺に大仏建立を指示。
行基	**民間布教と社会事業**に尽力した僧。聖武天皇に敬われ、東大寺の大仏建立にも参加。
南都六宗	教理研究の6学派（※ 宗教的実践なし。「学問仏教」とも言う）。三論宗・成実宗・法相宗・倶舎宗・華厳宗・律宗。

天皇が枠組みを整え、行基が民間に広め、南都六宗が研究を深める。 3者の連携プレーで、奈良仏教は急速に発展した。

特に、学問仏教僧の求道的な態度に、人々はカリスマ性を感じ、鎮護国家の期待はますます高まった。

でも、僧侶に超人性（奇跡や予言）を期待しちゃダメだ。ただでさえ奈良仏教は国家権力と結びついてるんだから、これをやると絶対、インチキや勘違いしたいわゆる怪僧の類が出てくる。

結局最後には、道鏡みたいな権力志向の強い僧侶が出てきて、**奈良仏教は次第に腐敗**していくことになるんだ。

3 平安仏教

> **背景**
>
> 腐敗した奈良仏教への革新運動として登場。**経典に基づく仏教をめざす一方、呪術的な修験道（※）とも融合**し、きわめて日本的な仏教文化が始まった。
> ※ 修験道…**役小角**が開祖。山伏的な山岳宗教に、仏教・神道が融合したもの。

❓ 平安仏教の特徴を教えてください。

平安仏教といえば、**密教**だ。この**密教に、まじない師のような祈り（＝加持祈祷）が結びつき、国家安泰や五穀豊穣を祈る**。この日本独特のスタイルが、平安仏教の特徴だね。

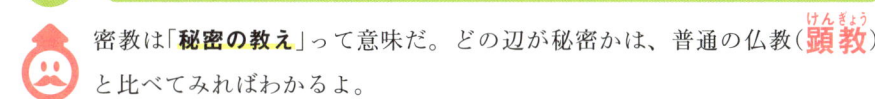

密教って何？

密教は「**秘密の教え**」って意味だ。どの辺が秘密かは、普通の仏教（**顕教**）と比べてみればわかるよ。

顕教と密教の違い

顕　　教 （一般の仏教）	宇宙の根本仏の化身である釈迦（仏陀）が、人々にわかる言葉・わかるレベルで説いた教え。
密　　教 （秘密の教え）	宇宙の根本仏である**大日如来**が、自らの言葉・自らのレベルで語った教え。

密教では、大日如来が仏の世界全体を包む超越者、釈迦はその「全体のうちの一部」という扱いだ。そして釈迦は大日如来の化身として、僕らにその難解な考えを、わかりやすく説明してくれる。

助かりますね。

でもそれって、**大日如来そのものの言葉じゃない**でしょ。ということはひょっとすると、僕らにわかりやすくする過程で、**大日如来の真意を損ねている可能性**もある。これはマズイね。

確かに。

だから**密教では、大日如来の言葉そのものを伝える**。ただし大日如来はそもそも使ってる言葉が、僕らとは違う。

大日如来は「**梵語**（サンスクリット語。古代インド語のこと）」を使って話をする。この**梵語こそが、宇宙の根本仏が使う"仏の真言"**だ。でも僕らには、残念ながら仏の真言はわからない。だからこの**仏の真言を理解するために、修行で己を仏のレベルにまで高める**ことをめざす。これが密教なんだ。

さあこの平安密教、代表的なものは2つある。これからそれらを見ていくことにしよう。

- **最澄**(767〜822)
天台宗の祖。中心経典は**法華経**。東大寺で正式な僧侶となった後、留学生として唐に渡り、さまざまな宗派を学んで帰国。著書は『山家学生式』。

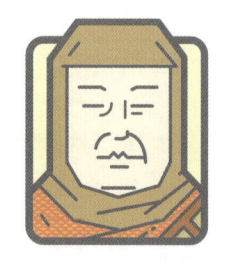

天台宗は、最澄が唐で学んだ**顕教・禅宗・密教のすべてを含む、総合仏教**だ。次章に出てくる鎌倉仏教のスターたち(法然・親鸞・道元・日蓮)も、みんなかつては延暦寺で学び、そこから独自のスタイルを作っていった。つまり天台宗には、その後の**日本仏教のスタイルと考え方が、ほとんど含まれている**んだ。

最澄死後に密教寄りになったから、天台密教(＝台密)なんて呼ばれているけど、総合仏教として考えた方が、他とのつながりはわかりやすい。そんなふうに覚えておいてね。

> 天台宗の特徴は何ですか？

それは間違いなく**一乗思想**(＝**法華一乗**)だ。
この当時、最澄と**法相宗の僧・徳一**との間で、**成仏**のあり方に関する**論争**があった。その中で徳一は、「小乗では成仏できない」という考えを示したんだけど、これは天台宗の経典「法華経」(※)と矛盾するものだ。

だって大乗経典である法華経の核心は、「**生きとし生けるもの、すべては仏になりうる本性を持つ**」(＝**一切衆生悉有仏性**)だからね。そう考えると、「**三乗真実**」という考え方の真意は、あくまで「小乗の人も、**今から大乗をめざせば救われますよ**」って方向に**人々を導くための方便**にすぎないはずだ。

このように、**すべての仏教は、平等な成仏をめざす1つの大きな乗り物**ととらえることができる。これが一乗思想というわけだね。

※ 法華経…最も人気の高い大乗経典の1つ。天台宗だけでなく、他宗でも使われている。

法華一乗思想　法相宗の僧・徳一の三乗思想への批判

法相宗
＝
三乗真実
…
❶声聞乗（出家した修行僧）
❷縁覚乗（独自に悟りを開いた人）
❸菩薩乗（己を律しつつ、利他に励む人）

→ ◎ ❶❷は小乗（→成仏不可）／❸のみ大乗（→成仏可）

最澄の批判：この考えは**差別的**。❶❷はあくまで、人を「❶❷の人も❸をめざせば、みんな**成仏**できる」と導くための**方便**。
▶「一乗真実・三乗方便」＝ **法華一乗**

↓

根拠：「**一切衆生悉有仏性**」だから、成仏できない人はいない。
▶生きとし生けるものは、すべて仏になりうる本性を持つ

● **空海**（774〜835）
真言宗の祖。中心経典は**大日経**。東大寺で仏教を学んだ後、最澄と同時期に唐に渡り、真言密教と出会う。晩年は地方を巡り、庶民を教化。著書は『三教指帰』『十住心論』。

　次は空海だ。空海は最澄と違って、いろんな宗派を総合したりはしなかった。もう真言宗一辺倒だ。
　その分だけ、真言宗は密教色が濃い（＝**東密**）。だから密教がどういうものかは、この真言宗から学ぶのがベストだ。

14　仏教の受容　199

😊 真言宗の特徴は何ですか？

😟 真言宗は全体の作りが、密教のお手本みたいな宗教だ。
まず僕らは、大日如来の**真言**を理解するため、仏になることをめざす。そのために必要なのは「**三密**」と呼ばれる修行だ。三密とは**身体・ことば・心（＝身・口・意）のすべてを使って仏に近づく**修行で、これをやり遂げれば、僕らは**この身体のままで、仏になることができる**（＝**即身成仏**）。

三密の実践

身：[手で印契を結ぶ] … こういうふうに指を組み合わせる。

↓

口：[仏の真言を唱える] … 「ノウマクサマンダバザラダン…」などの呪文。
梵字とは、こういう文字だ。

↓

意：[心に仏を観じ、仏めざして瞑想する]

↓

仏の不思議な力が加わり保たれ（＝加持され（**三密加持**））、<u>この身のまま凡夫が仏になれる</u>（＝**即身成仏**）。

これで僕らは、大日如来の真言を理解できるようになる。結局密教は、**仏の真意を理解したいと思うなら、己がまず仏になりなさい**ということを言ってるんだね。

> ### コラム　即身成仏
>
> 　仏教の即身成仏とは、現実の肉体のまま、自分自身を仏のレベルに高めることだ。
>
> 　多くの人は即身成仏と聞くと、地中に掘った穴の中で断食し、そのまま死んでミイラになるのを想像する。でも、あれはちょっと違う。あれは仏教というより、修験道から発展した即身成仏（＝土中入定）だ。
>
> 　江戸時代の大飢饉の頃、これが流行った。食べ物がなかったこの頃、多くの農村で餓死や共食いが起こった。まさに地獄絵図だ。本来ならこんなとき、"未来仏"こと弥勒菩薩が登場し、僕らを助けてくれるはずだ。でも残念ながら、弥勒菩薩の登場は56億7千万年後だ。待てるわけがない。ならどうすればいいか。
>
> 　仏が救ってくれないのなら、仏を作ろう──ここに"人柱"という考え方が生まれてきた。これ以後、村のやっかい者を無理やり仏にして飢饉を鎮めさせるという、かなり惨い飢饉対策が、農村部で多く見られたそうだ。
>
> 　図書館で見たミイラの写真に、鉄門海上人というのがあった。よく見ると、口を大きく開き、頭蓋骨が陥没している。
>
> 　この人の素性も、納得してミイラになったのかどうかもわからない。でも村を救った彼こそ、間違いなく仏様だ。

チェック問題 | 13 | やや難 | 5分

「法華経」の仏の説明として最も適当なものを、次の①〜④のうちから1つ選べ。

① あまねく世界を照らす太陽に例えられるこの仏は、仏の悟りの境地そのものを仏としてとらえたもので、宇宙に充満してあらゆる仏や菩薩を包摂するとされる。

② かつて法蔵という名の修行者であったとき、一切衆生の救済を願って四十八の誓い(本願)を立て、途方もなく長い間修行を重ねた末、すべての誓いを成就したとされる。

③ 釈迦没後56億7千万年を経てこの世に出現し、釈迦による救済に漏れた人々を救うと予定されている仏で、すでに修行を完成して兜率天(とそつてん)に待機中とされる。

④ 永遠の生命を持ち、はるかな過去にすでに悟りを開いていたこの仏は、仮に有限な人の姿をとってこの世に現れ、釈迦仏として人々のために説法したとされる。

(本試験)

解答 … ④

解説 「倫理」の知識だけで、まともに解くことはできない問題だ。ただ、この機会に仏様の種類を覚えておいてもらいたいので、この問題を選んだ。ここでは、詳しい言葉にこだわらないで、キーワードから消去法で解くのがポイントだ。
正解は④だけど、キーワードが細すぎて、確信が持てない。
①「宇宙に充満してあらゆる仏を包摂」とくれば、宇宙の根本仏・**大日如来(だいにちにょらい)**だ。大日如来は太陽にも例えられる。覚えておこう。
②「一切衆生の救済を願って四十八の誓い」とは、次章で学ぶ「弥陀の本願」だ。これは**阿弥陀仏(あみだぶつ)**だ。
③これは簡単。コラムにも出てきた未来仏・**弥勒菩薩(みろくぼさつ)**だね。

15 日本仏教の展開

1 末法思想と浄土教

> 末法思想って何ですか？

末法思想とは、**釈迦の死後、次第に仏法が失われ、社会が混乱するとした思想**だ。

仏教の歴史観に基づくと、釈迦（仏陀）が死んだ後、社会と仏教はこういう関係で推移していく。

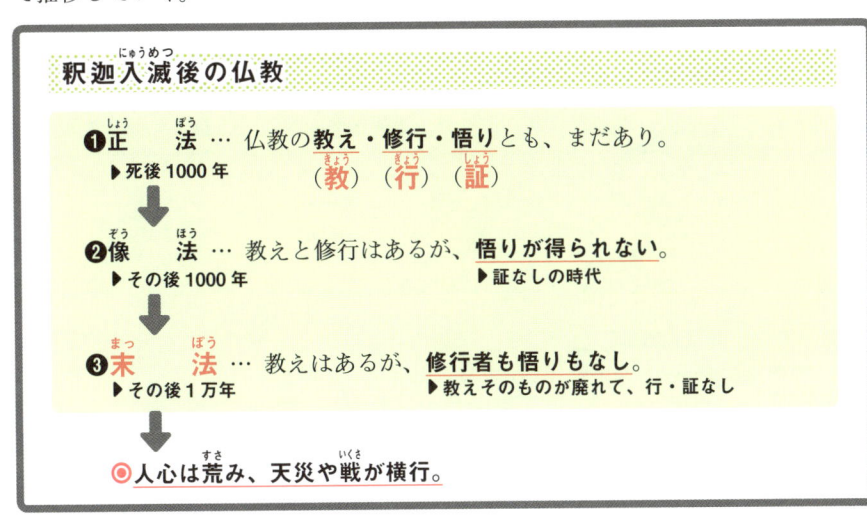

釈迦入滅後の仏教

❶ **正　法** … 仏教の**教え・修行・悟り**とも、まだあり。
▶ 死後 1000 年　　　　（教）（行）（証）

❷ **像　法** … 教えと修行はあるが、**悟りが得られない**。
▶ その後 1000 年　　　　　　▶ 証なしの時代

❸ **末　法** … 教えはあるが、**修行者も悟りもなし**。
▶ その後 1 万年　　　　　　▶ 教えそのものが廃れて、行・証なし

◎ **人心は荒み、天災や戦が横行。**

どう？　最低でしょ、末法。この**末法の世に、なんと 1052 年から突入する**というとんでもないうわさが、平安末期に広がったんだ。もうノストラダムスの大予言どころの騒ぎじゃない。

こんな荒み切った社会が、1 万年も続く……人々は絶望し、生きる希望を失った。「もう死んだ方がいいかも……」──ここから**仏教は、新たな展開を迎えた**んだ。

> 新たな展開？

現世利益との決別だ。末法の世では、どうやら財産も健康もかなり怪しくなりそうだ。ならばそんなものを望むよりも、**死後に極楽浄土に往生**したい（＝**厭離穢土、欣求浄土**）と人々は考えるようになった。

だから人々は、臨終の際に極楽浄土へ迎え入れてくれる**阿弥陀仏の救済にすがろうという考え**を持ち始めた。これが**浄土信仰**だ。

なぜ阿弥陀仏か？——それはこの仏様が極楽の主人だからだ。なぜ救済にすがるのか？——それは「**行**」「**証**」**なき末法の世では、それしかできない**からだ。

浄土信仰のキーワードは「**南無阿弥陀仏**」の念仏だ。「南無」は「帰依する・信仰する」という意味だから、これは「**私は阿弥陀様を信じますから、助けてください**」って意味になるね。まさに**行・証なき時代の、仏教のあり方**だ。

何にせよこういう流れで、死後に極楽往生を願うという、**僕らにとってなじみ深い日本型仏教が出現した**わけだね。

▶ 極楽浄土

◀ 疫病がはやる現世

最後に、浄土信仰の担い手たちも覚えておいてね。

浄土信仰の担い手たち

空也(くうや)	別名「市聖(いちのひじり)」「阿弥陀聖」。民衆に念仏を広め、**社会事業と貧民救済**に尽くした。
一遍(いっぺん)	別名「捨聖(すてひじり)」。時宗の祖。住所不定の流浪生活(＝遊行(ゆぎょう))で全国を回り、「**踊(おど)り念仏**」を広めた。
源信(げんしん)	天台宗の僧。『**往生要集(おうじょうようしゅう)**』で「**厭離穢土(おんりえど)・欣求浄土(ごんぐじょうど)**」(穢(けが)れた現世はイヤだ。極楽浄土に往生したい)のための念仏を説き、**法然(ほうねん)に影響を与える**。極楽・地獄の描写でも有名。 (※ただし彼の念仏は、仏の名を称える**称名念仏(しょうみょうねんぶつ)**と、仏の姿や功徳を心に念ずる**観想念仏(かんそうねんぶつ)**の両方を説き、**観想念仏を重視**。)

※一遍だけ鎌倉時代の人。他は平安末期。

コラム 末法の世

1999年7の月、空から恐怖の大王は降ってこず、何にもないままノストラダムスの大予言騒ぎは終わった。

「え、あれ、終わったの？」って感じだった。あの感じは、すげー楽しみにしてたのに、気がついたらランナーが通り過ぎてた、正月の箱根駅伝の小旗振りに似ていた。あんだけ盛り上げておきながら、もう終わりかよって感じ。

ノストラダムスはこれでよかったけど、末法思想はこうはいかない。末法思想は「そこで終わり」じゃなくて、「そこからが始まり」だもんね。

藤原頼通(ふじわらのよりみち)は、別荘を阿弥陀堂(平等院鳳凰堂(びょうどういんほうおうどう))にしたし、法然、親鸞、道元、日蓮は、危機意識から独自の宗派を作った。みんなすごく気にしてたんだ。そりゃ気になるよね、長いもん、末法。

ちなみに今も末法だ。末法は1万1052年まで続く(デーモン小暮の年齢みたいだ…)。その後はどうなるのかな。

2 鎌倉仏教

😐 鎌倉仏教の特徴を教えてください。

🙂 「**末法思想への危機意識**」だ。これに尽きるね。
　この時代には、法然、親鸞、道元、日蓮という超有名僧侶たちが現れ、**末法の世を憂い、それぞれのやり方で危機を脱しようとした**。
　ただしその方法は、同じ延暦寺に学びながらも、全員バラバラだ。ここではそれらを、1つ1つ見ていくことにしよう。

> ● **法然**（1133～1212）
> **浄土宗**の祖。延暦寺に学ぶも、腐敗した天台教学に失望し、下山。後に浄土宗を開き、身分をこえて信者が集まる。著書は『**選択本願念仏集**』。

　法然は末法の世の人々に対し、自力救済ではなく、ただ**念仏を称えることに専念し、阿弥陀仏による他力の救済**におすがりしようと訴えた。いわゆる「**専修念仏**」の考え方だ。
　称える念仏はもちろん「**南無阿弥陀仏**」（仏の名前を称えるから「**称名**」ともいう）。法然によると、この**念仏こそが、極楽往生するための唯一究極の手段**だ。つまり僕らは念仏で「阿弥陀様、助けて！」と訴えるだけでいい。この危険信号さえ伝われば、もう大丈夫。絶対助けてもらえる。

😮 どうしてですか？

🙁 法然によると「**一切衆生の平等な救済**」こそ阿弥陀様の願い（=**弥陀の本願**）だからね。僕らからの信号をキャッチして、阿弥陀様がシカトするなんて、ありえないんだ。

😐 何で修行よりも念仏なの？

こらこら、忘れたのかい？　今は末法の世だよ。**末法の世に行・証はないから、修行して自力救済ってわけにはいかない**んだ。だから阿弥陀様の他力におすがりする。これなら末法でもできるもんね。

　そう考えると法然の教えは、とても末法の世にふさわしいね。

法然の考え

末法の人々…「行」「証」なし。ほとんどが**凡夫**。
↓

❶ **聖道門**：修行して**自力**で救済 ➡ できない
　▶ **難行門**

❷ **浄土門**：［念仏に専念し 他力救済］ ➡ できる ＝ **極楽往生できる。**
　▶ **易行門**

◉末法の世にふさわしいのは❷。（＝**易行を示す浄土門**）

● **親鸞**（1173〜1262）
　浄土真宗の祖。延暦寺に学ぶも、自力修行に限界を感じ、下山。その後浄土真宗を開く。肉食妻帯僧として有名。著書は『**教行信証**』『**歎異抄**』。
　▶『歎異抄』は弟子唯円による親鸞の言行録

　親鸞は法然の弟子だ。だから阿弥陀仏の他力にすがるという基本は同じだけど、その徹底ぶりが違う。

どう違うの？

　親鸞のはただの他力じゃない。「**絶対他力**」だ。
　法然は「自力救済は無理だからとにかく念仏を称えろ」と言っていたよね。でもよく考えたら、念仏を称えるのは自力だ。これ、言ってることが矛盾してる

15　日本仏教の展開

よね。

　本当の他力なら、**念仏すら阿弥陀様の他力で、僕らが称えさせられてる**んじゃないと、つじつまが合わない。だから親鸞は、僕らの念仏はすべて、僕らを救いたがってる阿弥陀様が称えさせてくれているととらえたんだ。

　すべては阿弥陀様のはからいによる、自ずからなる働き（＝**自然法爾**）、これが絶対他力の考え方だ。

> 😲❓ 親鸞は何でそこまで他力にこだわったの？

👶　それは彼が、**人間の本性は悪人**であるととらえたからだ。ここに、かの有名な「**悪人正機説**」が登場する。

> 😄　悪人正機説って何？

👶　正機は「真の対象」って意味だ。つまり悪人正機説は「**悪人こそ真の救済対象**」って考えればいいね。

　ただしこの悪人、社会的・道徳的な悪人って意味じゃない。**ここでの悪人は宗教的な悪人、つまり凡夫**のことだ。

　ではまず、善人と悪人の違いについて、説明しておこう。

親鸞の示す「善人」「悪人」とは？

善人：傲慢に自分の力を過信し、**自力での自己救済をめざす人**。
　　＝「**自力作善**の人」（→まずその殻を捨て、謙虚になることが必要。）
悪人：謙虚に自分の限界を知り、**念仏を称えることしかできない人**。
　　＝「**煩悩具足の凡夫**」（→◎**これこそが真の救済対象**。）
　　　▶宗教的悪人　　　　　　▶正機

　末法の世は、「行（修行）」と「証（悟り）」が成立しない時期だ。にもかかわらず、**己を過信し、自力での救済をめざす人**がいる。これが「**自力作善**の人」だ。

　しかしこれができるんなら苦労はしない。親鸞自身も比叡山時代、その殻が捨てられずに苦しんだ。でも、下山して法然から他力の教えを学んだことで、ようやく彼は悟ることができた。

「せっかく阿弥陀様が助けてくださるんだから、**意地を張らずに自力作善の殻を捨て、謙虚に救済を受け入れるべきだ**」とね。

結局、**末法の世にいる僕らは、みんな煩悩に満ちた罪深い存在（＝煩悩具足の凡夫）**なんだ。どんなにあがいたって、自力での救済なんか、できるもんじゃない。

でもそんな凡夫だからこそ、念仏を称え、阿弥陀様に謙虚に救いを求める。そして阿弥陀様は、念仏を称えた者を救済する。ということは、**悪人こそが真の救済対象**（＝悪人正機）ってことになる。これが悪人正機説だ。

親鸞はこの悪人正機説を「**善人なほもて往生をとぐ、いはんや悪人をや**」という言葉で表現した。とても逆説的な表現だけど、ここまで見てくれば、なるほど納得できる表現だね。

🤔 親鸞で他に気をつける点はありますか？

😠 あるある。悪人正機説を「**悪をなせば救われる**」と誤解しちゃダメだよ。親鸞はこの誤解を「**本願ぼこり**」と呼んで戒めた。「倫理」受験生としてもこの間違いは恥ずかしい。気をつけてね。

● **道元**（1200～1253）

　曹洞宗の祖。延暦寺に学ぶも、密教化と腐敗に失望し、下山。栄西に師事後、宋に渡って禅を体得し、帰国。著書は『**正法眼蔵**』『**正法眼蔵随聞記**』。

▶『随聞記』は弟子懐奘による道元の言行録

道元は、法然・親鸞とは違った考え方の持ち主だ。

彼の基本は「**人々皆仏法の器なり**」——これは、**人間にはみんな仏道修行の器量がある**って意味だ。末法の世にこれを言うってことは、彼が**末法思想の否定者**だってことを意味している。

彼がめざしたのは**自力救済**。すなわち、**坐禅による自力の修行で、自己を仏の状態にもっていける**と考えたんだ。

😊 道元の修行を、詳しく教えてください。

師・**栄西**の**臨済宗**（幕府に保護され武士中心に広まる）が、坐禅だけでなく**公案**（＝禅問答）に取り組んだり戒律を重視したのに対し、道元は**ただひたすら坐禅することだけ**を訴えた（＝**只管打坐**（しかんたざ））。

道元にとっては、**坐禅は修行であるだけでなく、それ自体が悟りの内容**でもあるんだ（＝**修証一等**（しゅしょういっとう））。

そして僕らは坐禅によって、**一切の執着を捨て、無の境地に入る**（＝**身心脱落**（しんじんとつらく））。これで自己を仏のレベルにまで高め、仏の知を体得することができる。

道元については、ここまでだ。『正法眼蔵』はとても面白いけど、受験範囲をはるかに超える深遠な思想だ。後はコラムに回そう。

コラム 僕の身心脱落体験 ～道元は面白い～

身心脱落ってのは、坐禅で無の境地に至ることで、その真理を体得することだ。無になった僕は、自分から事物に働きかけることはできない。己自身が無になれば、事物の方から自分に働きかけてくる。これで、僕と事物は一体化し、事物の本質を体得できる。

ある日僕にはそれがフッて実感できた。柔道の試合中のことだ（ちなみに僕は柔道二段だ。けっこう強いよ）。僕は試合中、次の技や体の捌（さば）きなんかを、頭で考えてることが多かった。でも考えてかける技って、重くてキレが悪いもんだ。

でも1回だけ、無我夢中で闘ってて、フッと気づくと相手が飛んでたことがあった。何が起こったか、全然わからない。相手を投げた手応えもない。でも相手は仰向けだ。主審は僕の方に手を上げてる。みんなは「すごい背負い投げだったな」と言ってる。これで初めて、僕は自分が背負いで勝ったことを知った。

そのとき、僕は完全に無の境地だった。無我夢中で闘ってる僕に、柔道への働きかけを考える余裕はなかった。でも、僕自身が空っぽになったことで、柔道の方から、まるで僕に吸い寄せられるように「一体になろう」と働きかけてきたんだ。その瞬間、僕は紛れもなく柔道で、柔道は僕だった（恥ずかしーッ！）。これが身心脱落だ。

この境地に至るのに、頭の働きはかえってジャマだ。だから道元は「只管打坐」、すなわち、ただひたすら坐禅して、無の境地に至ることを勧めたんだ。

- **日蓮**(1222〜1282)

　日蓮宗の祖。延暦寺に学び、法華経こそ真の仏陀の教えであり、末法の世にふさわしい経典であると確信する。著書は『**立正安国論**』。

　日蓮宗の経典は、天台宗と同じ大乗経典・法華経だ。

　日蓮は末法の世を、**国家の危機**と考えた。実際彼の生きていた時代は天災や疫病が多く、社会不安は相当増大していたんだ。

　だから彼は、**国家の救済を自らの使命**と考え、**国家安泰のための手段として、正しい教え・法華経を立てて(広めて)いこう**と考えたんだ。これが彼の「**立正安国**」だ。

　しかし、**法華経を受け継ぐ者は、迫害や弾圧(＝法難)に遭う**と伝えられている。だから彼も腹をくくり、迫害覚悟で法華経を広めんとする人(＝**法華経の行者**)たろうと頑張ったんだ。

😀 日蓮の教えを、詳しく教えてください。

　彼の教えの基本は「**法華至上主義**」だ。彼によると、**法華経こそが「久遠実成の本仏**(＝永遠の仏)」たる釈迦が立てた真実最高の教えであり、末法のこの時代、僕らは**法華経を唱題**することによってのみ、**救われる**んだ。

😯 唱題って何？

　題目を唱えることだ。題目とはタイトルのこと、つまり法華経の表紙に書かれている経典の正式名称・「妙法蓮華経」のことを指す。

　そして唱題とは、その題目の前に「帰依する・信仰する」を意味する「南無」をつけ、「**南無妙法蓮華経**」と唱えるわけだ。**この唱題と、日常の功徳さえ積めば、どんな人でも救われる**。これが日蓮の教えなんだ。

😑 それをしないと救われないの？

15　日本仏教の展開

😟 その通り。だから日蓮的には、**他宗を信じている人たちは、絶対に救われることはない。**

でも日蓮は、みんなを助けてやりたかった。だから彼は、**他宗を信じる連中の目を覚まさせてやるために、激しい他宗批判**を展開した。これが「折伏（しゃくぶく）」だ。

中でも特に、**4つの他宗批判**（＝**四箇格言（しかかくげん）**）は有名だ。これはしっかり覚えておいてね。

日蓮の「四箇格言」…4つの有名な他宗批判

↓

- **念仏無間（ねんぶつむげん）**：浄土宗は無間地獄に堕ちる教説
- **禅天魔（ぜんてんま）**：禅宗は悪魔の教説
- **真言亡国（しんごんぼうこく）**：真言宗は国を滅ぼす教説
- **律国賊（りつこくぞく）**：律宗は国賊の教説

→ 他宗は信ずるに足りず。

↓

◎ 日蓮宗に帰依せよ。
▶ これでみんなを救える

でもさすがに、この強い口調は反感を買うよ。だから彼は迫害を受け、幕府からもにらまれ、伊豆や佐渡へ流罪になっている。

でも、ここまでのエネルギーはすばらしいね。彼の妥協のない生き方には、見習うべき点も多いと思うよ。

鎌倉仏教に関する史料

● **法然**…『選択本願念仏集』より。

「計れば、それ速やかに生死を離れむと欲はば、二種の勝法の中に、しばらく聖道門を閣いて、浄土門に選入すべし」

> 速やかに生死の苦しみから解脱したい（＝極楽浄土に往生したい）と思うなら、2つの優れた教えのうち、しばらくは自力修行の道を捨て、阿弥陀様に救ってもらう道を選ぶべきだ。

● **親鸞**…唯円の『歎異抄』より。

「自然といふは、自はをのづからといふ、行者のはからひにあらず。然といふはしからしむといふことばなり。しからしむといふは行者のはからひにあらず、如来のちかひにてあるがゆゑに法爾といふ」

> 「自然」とは「おのずからそうなる」という意味であって、行者のなしたことではない。これらは阿弥陀如来の誓い（＝弥陀の本願）のおかげだから、自然とそうなる（＝法爾）のである。

● **道元**…懐奘の『正法眼蔵随聞記』より。

「学道の最要は、坐禅これ第一なり。大宋の人、多く得道すること、みな坐禅の力なり。一文不通にて無才愚鈍の人も、坐禅を専らにすれば、多年の久学聡明の人にも勝れて出来する」

> 仏道を学ぶ際に最も大事なのは坐禅である。宋の偉人が数多く仏の知を得ているのも、すべて坐禅の力である。文字も読めない無学な人も、坐禅に専念すれば、長く学ぶ聡明な人にも勝って、仏の知を体得する。

● **日蓮**…『観心本尊抄』より。

「釈尊の因行・果徳の二法は妙法蓮華経の五字に具足す。我らこの五字を受持すれば、自然に彼の因果の功徳を譲り与へたまふ」

> お釈迦様が仏になった原因と修行の結果は、すべて妙法蓮華経の5文字に、欠けることなく備わっている。我々はこの5文字を唱えれば、自然にその因果の功徳を譲り受けることになる。

チェック問題 | 14

天台宗の僧侶であった源信の説明として最も適当なものを、次の①〜④のうちから1つ選べ。

① 諸国を旅し、井戸や池を掘り、阿弥陀仏の名を称えながら野原に遺棄された死者を火葬して歩き、阿弥陀聖と呼ばれた。

② 日本において往生を遂げたとされる人物の伝記を集め、『日本往生極楽記』を著し、後世の往生伝や説話集に、大きな影響を及ぼした。

③ 念仏を称えれば誰でも往生することができると説き、行き合う人々に念仏札を配りながら諸国を遊行し、捨聖と呼ばれた。

④ 極楽浄土や地獄について述べた書物を著し、浄土に往生するためには、阿弥陀仏の姿を心に思い描く必要があると説いた。

(本試験)

解答 … ④

解説 源信は『往生要集』で人々に地獄のイメージを説き、阿弥陀仏の名を称える「称名念仏」以前の主流であった「観想念仏」(心の中で仏の姿や功徳を観じるという念仏)を主に説いた。

①は遊行して念仏の功徳を人々に広め、「社会事業＋火葬(＋貧民救済)」とくれば、空也(＝市聖 or 阿弥陀聖)。

②は『日本往生極楽記』といえば慶滋保胤だが、倫理の用語集などにものっていない人物なので、参考程度に。

③は「遊行＋捨聖＋念仏を"称える"」とくれば、一遍。一遍は、「踊り念仏」も覚えておこう。

16 江戸時代の思想

> **背景**
> - 儒教思想は、仏教とほぼ同時期に伝来したが、初期の日本は仏教中心で、儒教は社会規範の不足を補う補助的手段にすぎなかった。
> - しかし江戸時代に入り、戦国時代までの社会不安が収まったことで、社会規範の中心は、死後の救済中心の仏教よりも、世俗を生きる道徳である儒教へと、次第にシフトしていった。

1 朱子学

儒学じゃなくて朱子学からなんですか？

本当なら孔子の儒学から入りたいところだけど、**江戸時代、幕府が正式な学問として採用したのは朱子学**だ。だから日本では、朱子学から見ていく。

なんで朱子学なの？

朱子学は他の儒教思想と比べて、**タテ社会構築に必要な倫理を多く含んで**いるんだ。朱子学には「**大義名分論**」というのがある。大義は「人として守るべき道義」、名分は「身分に応じて守るべき本分」だ。

つまり「**主君は主君らしく、家臣は家臣らしく、それぞれやるべきことをやれ**」というのが、**朱子学のあり方**なんだ。これ、幕府の体制維持には、すごく都合がいいよね。だから幕府は、朱子学の学問研究を奨励したんだ。

じゃその内容を簡単に見ていこう。ただし、朱子学の基本を忘れてしまった人は、第6章と照らし合わせて勉強すること。朱子学はとにかく理屈っぽい。

❶ **藤原惺窩**(1561～1619)…近代儒学の祖。

彼は元々禅僧だったんだけど、仏教の教えがあまりに現世とかけ離れている(＝出世間的である)ことに失望し、俗人に戻り(＝還俗し)、世俗的な学問である朱

子学の勉強を始めた。

彼の朱子学の基本は、**誠**の重視だ。誠は**純粋でにごりのない心**のことだから、朱子学的には「**本然の性**（＝人間本来の善性）」ととらえればいい。彼の朱子学は、このように展開する。

藤原惺窩の朱子学

物欲を去る ➡ 「**誠**の意（＝**本来の自己**）」が現れる ➡ 天下も正しく治まる
▶気の制御　　　　　　　　　　▶本然の性

なるほど、禁欲的な態度で本来の自己を取り戻すか。とてもシンプルだね。理の探究（＝窮理）は欠けているけど、これは確かに朱子学の手順だ。

❷ **林羅山**（1583〜1657）…**日本朱子学の大成者**。

林羅山は惺窩の門人だ。惺窩の推挙を受けて徳川家康に仕え、これを機に「朱子学＝官学」の地位は確立されたんだ。

羅山の朱子学の根底には「**上下定分の理**」という考え方があり、その完成度は高い。これを軸に、ちょっとまとめてみよう。

林羅山の「上下定分の理」

自然の秩序（＝理）で天と地に上下があるように、**人間の身分にも上下差別の秩序あり**。➡ これに従うのが「**礼**」。

〈礼を実現するには〉

- 敬（つつしみ）を心に持つ。　➡　居　敬（＝**存心持敬**）
  ＋　　　　　　　　　　　　　　　　＋
- 万物に備わる、上下秩序の探究。➡　窮　理

⬇

◉ **本来の自己**に立ち返り、心は天と通じる。（＝**天人合一**）
▶本然の性

結局羅山は、自然界の道理（＝**天理**）を引き合いに出すことで、身分差別を正当化したんだ。
　こんな羅山だから、徳川将軍家からは重用され、結局彼は家康から家綱（いえつな）までの将軍4代に仕えたんだ。

❸ **山崎闇斎**（1618～1682）…**羅山の朱子学への批判者。**

　山崎闇斎は、同じ朱子学を学ぶ者として、羅山の朱子学を批判した。彼によると羅山の朱子学は、単に博学を誇るだけの教養主義にすぎないんだそうだ。
　闇斎は、朱子自筆の書のみを拠り所とする**厳格な朱子学を提唱**した。そしてそこで、**「敬（つつしみ）」と「義（正義感）」の精神を、特に重視**するよう、僕たちに説いたんだ。
　しかしその後、彼は次第に神道へと接近し、天照大神（あまてらすおおみかみ）や皇室への尊敬の念が、思想に反映し始めた。
　これが、**朱子学と神道を融合させた「垂加神道（すいか）」**だ。研究者によると、林羅山が日本朱子学の基盤形成に貢献し、山崎闇斎の一派（**崎門学派（きもん）**）が大成させたとされている。また山崎は、自国への忠誠に大義があると説く大義名分論を主張し、**幕末の尊王攘夷運動**にも影響を与えたことを覚えておこう。

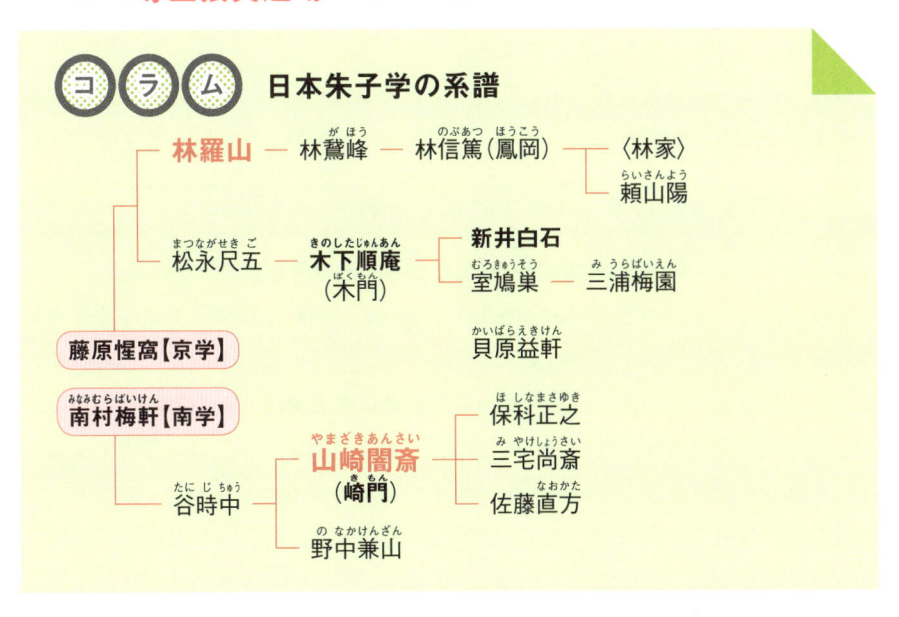

コラム　日本朱子学の系譜

- 林羅山 ― 林鵞峰（がほう） ― 林信篤（鳳岡）（のぶあつ ほうこう） ― 〈林家〉 頼山陽（らいさんよう）
- 藤原惺窩【京学】
  - 松永尺五（まつながせきご） ― 木下順庵（きのしたじゅんあん）（木門）
    - 新井白石
    - 室鳩巣（むろきゅうそう） ― 三浦梅園（みうらばいえん）
  - 貝原益軒（かいばらえきけん）
- 南村梅軒（みなみむらばいけん）【南学】
  - 谷時中（たにじちゅう）
    - 山崎闇斎（やまざきあんさい）（崎門）
      - 保科正之（ほしなまさゆき）
      - 三宅尚斎（みやけしょうさい）
      - 佐藤直方（なおかた）
    - 野中兼山（のなかけんざん）

2 陽明学（ようめいがく）

朱子学が栄えれば、その批判として**陽明学**が出てくる。この流れは日本も中国も同じだ。

ここでは、羅山の頭でっかちの朱子学に対するアンチテーゼ・実践的な日本陽明学について見てみよう。

● **中江藤樹**（なかえとうじゅ）（1608〜1648）…**日本陽明学の祖。著書は『翁問答（おきなもんどう）』。**

中江藤樹は、最初朱子学を学んだ。でも、理論ばかりで全然内面が伴わない朱子学に失望し、陽明学に鞍替（くらが）えした。

😀 中江藤樹の日本陽明学って、どんなものなの？

☹️ 「**孝**（こう）」を重視した陽明学だ。ただしここでの孝は、単なる親子愛じゃない。彼は孝の枠をもっと広げ、「**孝＝人を愛し敬（うやま）う心（＝愛敬（あいけい））全般**」ととらえたんだ。

つまり彼にとっての孝は、**どんな人間関係にもあてはまる人倫の基本原理**で、**仁（じん）みたいな要素**なんだ。ただし仁は親愛に重きを置き、孝は敬いに重きを置く。同じ徳目でも、その力点は微妙に違う。

彼はこうして孝重視を打ち出したことで、今までになかった新しい視点を発展させることになったんだ。

😐 孝を重視して、それで終わりなの？

☹️ 違う違う。**陽明学は「実践的」なんだから、その孝を実践しないと。**
僕らは**良知**（りょうち）（＝先天的な道徳知）を働かせ、孝を実践するタイミングを計る。つまり、孝を実践すべき時期・場所・身分（＝**時（じ）・処（しょ）・位（い）**）を、己の良知でしっかり見極め、**ケース＝バイ＝ケースで柔軟に孝を実践**しないといけないんだ。

この形式主義の排除、この実践的性格、まさに陽明学。彼はこの考えに基づいて、潔（いさぎよ）く武士の身分を捨て、人生の後半を郷里の母への孝養（こうよう）に尽くしたんだ。

これが彼なりの、時・処・位に基づく孝の実践であり、彼が人から"近江聖人（おうみせいじん）"と呼ばれるゆえんなんだろうね。

●その他の陽明学者

熊沢蕃山（くまざわばんざん）	岡山藩士。藤樹に陽明学を学ぶ。民衆の生活安定のために、治山・治水・飢饉対策などを実践。
大塩平八郎（おおしおへいはちろう）	大坂町奉行所の与力。家塾で陽明学を教える。飢饉の際に窮民救済のため挙兵（＝実践）したが、失敗。

3 古学派

😊 古学派って何ですか？

😟 **古学派**とは、**孔子や孟子の原典から、儒教本来の思想を明らかにする立場**のことだ。

古学派も陽明学同様、**朱子学への批判**として生まれてきた。朱子学は12世紀に生まれた新しい学問だが、堅苦しい理屈ばかりが先行して、実用的とは言い難い上、あまりに禁欲的で窮屈で、息が詰まりそうになる。そうすると、僕らの頭を、当然こんな疑問がよぎる。「**孔子や孟子は、ほんとにこんなこと教えたの？**」——こういう思いから、古学派は始まった。

ではこれから、古学派3人について見てみよう。彼らはそれぞれ、古学・古義学・古文辞学を展開した。

❶ 古学…山鹿素行（やまがそこう）(1622～1685)　著書『聖教要録（せいきょうようろく）』

山鹿素行にとって、朱子学は禁欲的すぎて日常役立つ学問とはいえなかった。
そこで彼は、本当に世俗的な生き方を探すため、さらに古代に立ち返り、**孔子や周公（孔子が理想とした古代の聖人）の教えを、注釈なしで学ぶ**べきだと訴えた。これが**古学**だ。

😊 そこで彼は、何を学んだの？

😟 為政者（いせいしゃ）のあり方だ。為政者は常に、人民のお手本として、人格者でないといけない。

16　江戸時代の思想

そして江戸時代の日本で、為政者といえば武士。武士は士農工商の頂点に君臨しているからね。ならば**武士は、農工商のお手本（＝三民の師表）たるべき人格者でないといけない**。これが山鹿素行が古学から学んだ新しい武士道・「士道」だ。

「こんなの武士道じゃないよ。主君に命を投げ出す覚悟を示せよ。"**武士道というは死ぬことと見つけたり**"**だよ」という批判**（山本常朝・『葉隠』）も受けたけど、平和な時代の武士道としては、山鹿素行の示す方が正しい。これが古学だ。

❷ **古義学**…**伊藤仁斎**(1627～1705)　著書『**童子問**』

古義とは「**孔子本来の思想**」という意味だ。

仁斎にとって、孔子は絶対的なアイドルだ。だから彼は『論語』を「宇宙最高の書」とした上で、『孟子』を「優れた『論語』の注釈書」と位置づけた。

そして僕らは、これら『論語』『孟子』を穴が開くほど熟読し、そこから孔子本来の思想を明らかにしていかないといけない。これが仁斎の示す**古義学**だ。

> 孔子本来の思想って何？

もちろん仁だ（「仁斎」って名前からもわかるよね）。仁は愛って意味だから、仁斎は合わせて「**仁愛**」と表現している。つまり、**人間相互の愛の実現こそが、彼の求める古義の核心**なんだ。

仁愛に至るには、「**忠信**（まごころ＋信頼）」の実践が必要だ。これができれば僕らの心は**誠**（＝**真実無偽の心**）に至る。

誠なくして仁愛は支えられない。これが仁斎の古義学だ。

❸ **古文辞学**…**荻生徂徠**(1666～1728)　著書『**弁道**』

古文辞は「**中国の古語**」って意味だ。ならば**古文辞学**は、**古代中国語で書かれた文献に直接触れ、誤りなく真意を読み取る**学問ってことになる。

> 徂徠は古文辞から、何を読み取ったんだろう…

まずは徂徠の儒教のとらえ方を理解しておこう。

徂徠は儒教を「**公の秩序**」**を示すものととらえた**。これは儒教を「**道徳**

的修養」ととらえてきた従来のあり方と、明らかに一線を画する。

公の秩序？

つまり「儒教＝人格的完成」だった従来型に対し、徂徠のは「**儒教＝国家統治のあり方**」ってこと。元来儒教が「天下統一のための理論」として示されたことを考えると、このとらえ方も正しいね。

そしてその公の秩序の軸として徂徠が読み取ったのが「**先王の道**」だ。

先王？　先王って誰ですか。

先王とは周公に代表される、孔子がお手本とした**古代中国の理想的な皇帝や聖人**のことだ。

彼ら先王は、国家を安泰(＝**安天下**)にするため、政治に必要な要素である**礼楽刑政**(＝儀礼・音楽・刑罰・政治)を、頑張って「**制度化**」してきた。孔子の儒教はこれを手本としたからこそ、徂徠はこれを「孔子の道は先王の道なり。先王の道は安天下の道なり」と表現したんだ。

はい。

ところが**朱子学では「理想的な国家＝天地自然の理に従った国家」ととらえる**。これは「**理に従えば国家は"自然と"よくなる**」という意味で、**先王の「制度化」という作為的な努力を、まったく評価していない**。何でも理(＝本質・秩序)で解決しようとする、朱子学の悪い癖だよ。

ほんとだ。先王かわいそう…

「これじゃ、頑張っていろんな制度を作ってきた先王の努力が報われない。いい国家が自然にできるわけがないのに」——徂徠はそう考え、朱子学を批判した。

だから彼は、そういう先王の苦労を尊重し、その真意を誤りなく古代中国語で書かれた原典から読み取ろうとしたんだね。これが荻生徂徠の古文辞学なんだ。

これで古学派は終了だ。彼らの登場で、日本人の儒教理解はさらに深まった。

16　江戸時代の思想

でもちょっと日本人、**中国思想に偏りすぎ**だね。今度はそういう中国偏重へのアンチテーゼ・国学を見ていくことにしよう。

4 国学

😀 国学について教えてください。

🙁 **国学**は儒仏以前から存在していた、**日本固有の道徳や思想を研究する学問**だ。

ここのところ、儒教思想に押されっ放しだったもんね。朱子学も古学も、全部中国の思想だよ。僕ら日本人なのに、何でこんなにむきになって中国思想を勉強してるんだろう。

国学は、こういう風潮への反発から、必然的に生まれてきた思想だ。そこにあるのは「**中国崇拝ばっかりするな。日本文化の純粋性を守れ！**」っていう危機感だ。

国学は17世紀の**契沖**(国学の祖。『**万葉代匠記**』で万葉集を注釈)や**荷田春満**(幕府に国学学校建設を進言)から始まったが、内容まで細かく問われるのは、これから見ていく18世紀の賀茂真淵と本居宣長の2人だ。

❶ **賀茂真淵**(1697～1769)…**本居宣長の師。著書は『国意考』**。

賀茂真淵は『**万葉集**』に注目した。つまり**歌にこそ、古代日本人の心情が発露してる**と考えたんだ。

『万葉集』は、契沖や荷田春満も研究した国学の基本テキストだけど、これを国学としてしっかり体系づけたのは、真淵が初めてだ。

彼にとって万葉集は、**古代日本人の「高く直き心（＝おおらかで自然な心）」**が表れた、絶好の研究サンプルだった。

歌の調子は「**ますらおぶり**（＝男性的でおおらか）」。これは高く直き心が、歌の響きとして表れたものだ。

そして、その内容は素直な心情の発露だ。そこには「**からくにぶり**（＝中国の儒仏みたいな、人為的で理屈っぽいさま）」は、微塵も感じられない。まさに日本人の心そのままだ。

やはり『万葉集』の中に、古代日本人の心はあった。彼はこれを見出し、尊重すべきだと、僕たちに説いたんだ。

❷ **本居宣長**(1730～1801)…国学の大成者。著書は『**古事記伝**』など。

本居宣長は『**古事記**』に注目した。今度は**神話の中に、古代日本人の心情を読み取ろう**って寸法だ。

『古事記』にはイザナギやイザナミ、天照大神など、日本古来の神々が登場する。でも神様とはいっても、完璧な神のイメージとはほど遠く、**みんなどこか抜けてて、素直でおおらか**だ。（※詳しくは18章を参照のこと）。

この、**神々の示す素直でおおらかなあり方**を、本居宣長は「**惟神の道**」と名づけた。そして古代の日本では、その**惟神の道を天皇がまねて人間社会で実行**した。それが「**古道**」だ。

古代日本人は、素直でおおらかな神様たちをモデルに生きてきた。だから古代の日本には儒教も仏教もなかったけど、みんな平和に楽しく暮らせたんだね。

😊 古道って、どんなものなの？

😟 古道は具体的に表現できるものじゃない。ただ、古道を知るための心がまえは覚えておいて。それは「**漢意を捨て、真心に立ち返る**」ことだ。

漢意は、**中国の儒仏に毒された理屈っぽい心**のこと、そして**真心**は、**生まれつきの素直で自然な心**のことだ。

この真心は、中国の漢意に対して「**大和心**」とも言う。つまり、**古代日本人の心そのもの**だ。この心になりきって、古典の伝承を信じることができれば、僕らにも古道は見えてくるはずだ。

◀ 死んでしまった母・イザナミを想い、泣きじゃくる暴風神スサノヲ。その泣き声で起こる嵐に山は枯れ、その熱い息に海は枯れた。
そこには全然神々しくない、僕らと同じ素直でおおらかな神の姿がある。

3 日本の思想

16 江戸時代の思想

> 本居宣長で、他に気をつける点はありますか？

彼は『古事記』以外に『古今集(こきんしゅう)』と『源氏物語(げんじ)』も研究している。

そして『古今集』からは、**女性的で優美な調べ**・「**たおやめぶり**」を高く評価し、『源氏物語』からは、**しみじみとした心の感動**・「**もののあはれ**」を高く評価している。

両者に共通するものは、女性らしい繊細さだ。**女性らしい繊細さは、美に対する素直な感動として現れる。**

この素直な感動こそ、文芸・人間理解の基礎だ。彼はそう考えて、これら（特に「もののあはれ」）を重視し、「**もののあはれを知る人**」を、「**心ある人**」**として理想視**したんだ。

5 民衆思想

江戸時代の町人や農民の思想も、簡単に見ていくことにしよう。

- **石田梅岩(ばいがん)**…**商人を擁護**。著書は『**都鄙問答(とひもんどう)**』。

  少年期、商人の家に奉公し、独学で神道・仏教・儒教などを学ぶ。後にそれらと町人生活の体験を融合させた学問・**石門心学(せきもんしんがく)**を創始し、商人の擁護に努めた。

〈基本信念〉

儒教には利を卑しめる傾向があり、商人は蔑視されがちだが、**職分上、人間は平等**である。（→士農工商は単なる社会的分業）

↓

◎だから**商人が利益を得るのも、道徳的に正当**。
　▶「売利(ばいり)を得るは商人の道なり」

※　ただし、職分に満足し（＝**知足安分(ちそくあんぶん)**）、「**正直**」と「**倹約(けんやく)**」の気持ちを持つことが、商人の正当性には必要。

- **安藤昌益**…農民を擁護。著書は『自然真営道』『統道真伝』。
  ノーマン（カナダの外交官）著『忘れられた思想家』によって、第二次大戦後に再発見された思想家。

〈理想社会と現実社会〉

自然世（しぜんせい）：万人が平等に農業に従事し（＝**万人直耕**）、搾取のない自給自足の確立した**理想的な社会**。

↓

法世（ほうせい）：身分差別や人為的な法に基づき、労働せずに搾取する連中（＝**不耕貪食之徒**）のいる**現実の社会**。

［古代の聖人が作為した秩序のせいで、奴らが横行。］　⇒　**儒教・仏教などを批判**。
　　　　　　　　　　　　　　　　　　　　　　　▶聖人批判

- **二宮尊徳**…身分制の枠内で、農民を教化。

〈農業の成立要因〉

［**天道**：自然の働き。**いい面・悪い面**あり。
　　　　　　　　　　　▶恵み　▶災害
　＋
人道：自然の悪い面を克服する人為。］　⇒　人道が天道を克服して農業が成立。

↓

　人間の生活にも、天道としての**欲望**（悪い面）があり、それを克服する人道としての**倹約・勤労**がある。

〈生活上、人道を全（まっと）うするには〉
分度（ぶんど）：自分の分限をわきまえた生活。（→倹約・勤労に基づく）
推譲（すいじょう）：倹約で生まれた余剰を、**他者と自己の将来に譲る**。

〈他者に譲る理由〉
　今の自分があるのは他者の徳のおかげだから、**その徳に自分の徳をもって報いる**ため。（＝**報徳思想**）

その他の江戸期の思想家

● 貝原益軒（医師・数学者・天文学者・朱子学者）

医学・天文学・数学に通じ、シーボルトからは「**日本のアリストテレス**」と称された。また朱子学的な見地から民衆を啓蒙し、嫁のあり方を説く「**三従の倫理**」（家では父に従い、嫁しては夫に従い、夫死しては子に従う）で有名。

● 杉田玄白（蘭方医）

前野良沢（青木昆陽にオランダ語を学び、長崎で蘭学を修学）とともに、西洋医学書『**ターヘル＝アナトミア**』を翻訳、『**解体新書**』として刊行した。

● 西川如見（儒学者・天文暦学者）

長崎で天文暦学・地理などを学び、徳川吉宗の招きで、江戸で天文学を講じた。また『町人囊』で、**封建制下の身分は単に官位の上下であり、人間の貴賤を示すものではないとの平等観**を示した。

● 山片蟠桃（町人出身の実学者）

懐徳堂（大坂の町人教育施設）に学ぶ。『夢の代』で蘭学の実証性を評価するとともに、宗教を批判し、**霊魂の存在を否定する**「**無鬼論**」（唯物論）**を説いた。**

● 良寛（禅僧・歌人・書家）

諸国を行脚し、農民や子どもと接し、和歌や書をたしなむという自由奔放にして無欲な生活を送った。**センターでは頻出。**

● 井原西鶴（浮世草子作家）

浮き世（享楽的現世）を描く町人文学を通じて、当時の風俗や町人道徳を示した。

● 近松門左衛門（浄瑠璃作家）

封建社会に生きる庶民の大いなる葛藤であった「**義理と人情**」（＝制約と情愛）を主題とした、多くの作品を残す。

● 渡辺崋山（蘭学者・画家）

学んだ蘭学を飢饉対策や教育振興に役立てたヒューマニスト。**高野長英**らと西洋研究会（＝**尚歯会**）を設立。米船モリソン号砲撃の無謀さを説く『**慎機論**』を著し、幕府から弾圧（＝**蛮社の獄**）を受ける。（※ 蛮社＝尚歯会）

- **吉田松陰**(幕末の尊王論者)

私塾「**松下村塾**」で、多くの倒幕の志士を育てる。**安政の大獄**(井伊直弼への反対派の弾圧事件)で刑死。**一君万民論**(藩ごとに分裂せず、天皇を万民の主君としよう)を主張。

6 西洋文化の受容

江戸時代の最後は、複数の人がさまざまな表現で訴えた、いわゆる「**和魂洋才**」について見ておこう。

和魂洋才とは、**精神面では日本の思想をよしとするけど、技術の面では西洋のものを取り入れようとする態度**だ。

この考えは幕末、鎖国中の日本にも西洋の巨大な影がちらつき始めた頃、特に声高に叫ばれ始めた。じゃさっそく、どんなものか見てみよう。

❶ **新井白石**(1657〜1725)…『**西洋紀聞**』より。

「西洋文化は**形而下なるもののみに詳しく、形而上なるものについては不十分**である」

> 形而下は物質的、形而上は精神的ととらえよう。つまり西洋は、物質的には優れているが、精神面では儒教精神に遠く及ばないってことを言っている。これが最初の「和魂洋才」だ。

❷ **佐久間象山**(1811〜1864)

「**東洋道徳、西洋芸術**〔**技術**〕」

> 精神面では朱子学をよしとする。ただし知識・技術面では、西洋のものを積極的に採り入れるべきとした。最も有名な「和魂洋才」だ。

❸ **横井小楠**(1809〜1869)

「堯舜**孔子の道**を明らかにし、西洋**機械の術**を尽くす」

> 堯と舜は、荻生徂徠風にいうと「先王」。先王と孔子の道だから、精神面では儒教探究をよしとする。ただし技術面では、西洋技術を利用する。出題頻度は低いが、これも「和魂洋才」だ。

チェック問題 15

近世の文芸や思想において、他者に対する関わり方を示した人物の説明として最も適当なものを、次の①～④のうちから1つ選べ。

① 人形浄瑠璃の脚本家であった近松門左衛門は、儒学的な人倫において重んじられる人情と、恋人に対する義理との間で苦しんだ男女が、最後には身を破滅させる物語を、共感的に描いた。

② 浮世草子の作者であった井原西鶴は、金銭欲や色欲にまかせて享楽的に他者と関わる生き方を、当時における町人の有り様として肯定的に描き出し、勤勉や倹約の意義を否定した。

③ 鍋島藩の武士であった山本常朝は、『葉隠』において、主君に対する絶対的忠誠とそれに根差した死の覚悟を説き、民に対する為政者としての自覚を求める士道とは異質の武士道を示した。

④ 国学の祖と言われる契沖は、事物にふれて動く感情をつくろわない、「もののあはれ」を知る人だけが、他者の悲しみに共感できるとし、情欲を制しようとする儒学的な道徳を批判した。

（本試験）

解答 … ③

解説 山本常朝の『葉隠(はがくれ)』といえば「**武士道というは死ぬことと見つけたり**」で有名。これは山鹿素行(やまがそこう)が示した「**士道**」（=**三民の師表(しひょう)**としての武士道）とは異質な、一昔前の武士道だった。

① 近松の書いた、**当時の町人社会の世相を題材とした話は**「**世話物**」と呼ばれるが、その世話物は「**義理・人情**」が主題であり、これらは儒教ではなく**日本独特の道徳観**。

② 井原の浮世草子の主題は「**浮世**」、つまり**享楽的現世**であり、そこには「好色物」と呼ばれる男女の世界や、勤勉・倹約まで含めた営利追求などが描かれていた。

④ 「もののあはれを知る人」は**本居宣長(もとおりのりなが)**の言葉。

17 日本近代の思想

1 維新期の代表的思想

● **福沢諭吉**(1835〜1901)

下級武士の子として生まれる。25歳のとき、幕府の遣米使節団に加わり渡米。明六社創立にも参加。著書は『**学問のすゝめ**』『文明論之概略』など。

福沢諭吉は日本を代表する啓蒙思想家だ。ただ啓蒙思想とはいっても、「無知・偏見からの理性による解放」とは少しニュアンスが違う。日本の場合は「**伝統・権威からの解放**」といった方が正しいね。

伝統・権威からの解放？

つまり、**封建制の打破**だね。封建制ってのは、功績のあった家臣に主君が土地を与え、その土地に農民を縛りつけて年貢を吸い取るという、時代劇そのもののパターンだ。

ここでの身分制度は絶対のもので、人々は逆らえない。実際、下級武士だった彼の親父さんだって、そのせいで出世できなかった。彼にはそれが悔しいらしく、「**門閥（＝家柄）制度は親の敵でござる**」と嘆いているよ。

「主君には服従、能力は認めない」——このせいで日本人の精神は**依存心の強い卑屈な精神**になった。これじゃダメだ。日本が西洋に追いつくには、その逆、**独立自尊の精神**が必要なんだ。

そのために必要なこと、わかるかな。それは**「人間はみんな平等だ」って意識を、人々が持つこと**だ。つまり、**天賦人権**の意識が浸透することが必要なんだ。

天賦人権？

そう、天賦人権。文字通り、これは**人権は天から賦与された**って考え方のことだ。

僕らは天から、同じ権利を与えられて生まれてきた。だから人間は、みんな平等だ。福沢諭吉はこれを「**天は人の上に人を造らず**…」と表現した。これは有名だよね。

そして、この権利（権理）を互いに尊重して生きていくのが、人としての道理（通義）だ（＝**権理通義**）。つまり、**基本的人権の尊重こそが、独立自尊の精神に必要**な要素だというのが、福沢諭吉の考え方なんだね。

この人権意識、西洋では実現してるが、東洋ではまだだ。それは、東洋には欠けているもの（＝**東洋になきもの**）があるからだ。

「東洋になきもの」って何？

数理学と**独立心**だ。日本は儒教的な道徳ばかりが発達していて、理系の実用的な学問（＝**実学**）が育ってない。

実学は、合理性を育んでくれる。これは独立心の芽だ。ならばみんなで実学を学んで、国家の独立につなげていこうよというのが、彼の考えだ。

このへんが「**一身独立して一国独立す**」という言葉に表されている、彼の志の高さなんだね。

福沢諭吉で他に気をつける点はありますか？

彼は啓蒙思想家として、日本人の自由と平等のために尽くした。でも、ちょっと日本の独立にこだわりすぎてしまった。だから**晩年少し自由と平等がお留守になった**んだ。

彼には、独立の障害物を排除しようとする傾向が強い。そのせいで、なんと**自由民権運動を批判**してるんだ。

政治的自由を求める自由民権運動は、本来なら彼が先頭に立つべき運動だ。でも彼は「こんな運動で国内がゴタゴタしてる間にも、西洋に置いてかれるぞ。だから**官民調和**で仲良くいけ」と言っている。気持ちはわかるけど、なんかガッカリだね。

しかも彼は、近隣諸国の後進性にもイラだっていた。「**アジアとのつき合いをやめて、欧米と協調すべきだ**」という有名な**脱亜論**は、こんな流れで出てくるんだ。

晩年の彼は、少し気持ちが急いてる気がする。でも彼は、前半ではすごくいいことを言っていた。だから総合的に考えて、福沢諭吉は偉い。

● **中江兆民**（1847〜1901）
フランス留学後、ルソーの『社会契約論』を『民約訳解』と題して訳し、"**東洋のルソー**"と呼ばれた。著書は『三酔人経綸問答』。

中江兆民は、日本の自由民権運動の理論的指導者だ。

彼は、人民の権利（＝**民権**）には2つの種類があるという「**民権思想**」で有名だ。ちょっと見てみようか。

民権の分類

- 英仏：**恢復**的民権…市民革命などを経て、人民自らの手で勝ち取ってきた民権。
- 日本：**恩賜**的民権…為政者から与えられた民権。

　↓
◉ **どちらも同じ民権**（→その本質に変わりなし）

中江兆民がフランスで学んだのは、共和主義思想だ。共和政は君主のいない政体のことだから、「どちらも同じ民権」ってのは、ちょっとムリして言ってるように見えるね。でも天皇の力が強い当時の国情では、こういう表現をとるしかなかった。

だから彼は「みんなで頑張って、**恩賜を恢復に、実質的に変えていこう**よ」という、ぼかした表現にとどめている。時代の制約がある中では、よく踏み込んで書いた方だと思うよ。最後にこの中江兆民、著書からの出題がけっこう多い人なので、ノートにまとめておいたよ。よく見ておくように。

> **中江兆民の主な著書と内容**
>
> ・『**三酔人経綸問答**』
>   「**洋学紳士君**」「**豪傑君**」「**南海先生**」の3人で政治を語る。
>   ▶理想主義者　▶不平士族　▶現実主義者
>
> ・『**一年有半**』…　・「**日本に哲学なし**」（→独造の哲学が必要）
> 　　　　　　　　　・「**民権これ至理なり。自由平等これ大義なり**」
>
> ・『**民約訳解**』…ルソーの『**社会契約論**』の翻訳。

● **内村鑑三**（1861～1930）

　武家に生まれ、札幌農学校時代にキリスト教と出会う。23歳で渡米、プロテスタントを学ぶ。著書は『余は如何にして基督信徒となりし乎』。

　次はキリスト教だ。江戸時代の鎖国当時は禁止されていたキリスト教も、明治6年に解禁された。そこから、**西洋近代思想の1つとして**、キリスト教が入ってきたんだ。

　ただし西洋近代思想ってことは、カトリックじゃない。この**時期日本に広まったのはプロテスタント、つまりルターやカルヴァンの実践**の方だね。

😖　そろそろ、内村鑑三について教えてください。

　おっとそうだね。じゃ、そろそろ見ていくことにしようか。
　内村鑑三は、**西洋文明発展の理由をキリスト教、特にプロテスタントの勤勉さに見出した**。つまり、カルヴァン主義者に代表される「禁欲的職業倫理」だね。日本も同じように発展したい。どうすればいいか。
　答えは簡単。日本人もキリスト教を信仰すればいいんだ。つまり、これからの発展を考えれば、"Jesus"と"Japan"の「**2つのJ**」は切り離せない。これが彼の結論だ。
　ただしキリスト教とはいっても、教会の定める制度や儀式に意味はない。**ルター**

も言ってるように、必要なのは「**聖書のみ**」。だから彼は「**無教会主義**」という、とてもユニークな立場に立ち、教会を排除するよう訴えたんだ。

こんなふうに内村鑑三は、キリスト教の普及に貢献し、一見すると西洋一辺倒みたいに見える。でも実は違うんだ。

彼は渡米時、西洋文明のすばらしさには驚嘆したけど、道徳的退廃ぶりには、正直言って幻滅した。

それに対して日本には、文明こそ遅れているけど、それを補って余りある、すばらしい清廉潔白の**武士道精神**がある。

武士道だけでは日本を救えない。でも、そこにまったく異質のキリスト教をうまく接ぎ木できれば、日本どころか世界をも救える。これはすばらしいことだ。

彼はそう考え、自分の信仰を「**武士道に接ぎ木されたるキリスト教**」と位置づけた。いや、ほんと面白い人だね。

😃 内村鑑三で、他に気をつける点はありますか？

😟 彼のことというよりも、彼と同時期に活躍した2人のクリスチャンとの違いに気をつける必要があるね。しっかり区別しよう。

内村鑑三と同時期のクリスチャン

● **新島 襄**（にいじま じょう）… **自由・自治の精神**に基づくキリスト教。
（1843～1890）　　仏教の聖地・京都に同志社大学を創立。

↓

渡米して学んだ事 …
- 新島：アメリカ的自由主義
- 内村：プロテスタントの倫理（厳格で禁欲的）

● **新渡戸稲造**（にとべ いなぞう）… **キリスト教と武士道の融合**をめざす。英書
（1862～1933）　　『**武士道**』を出版、日本精神を欧米に紹介。

↓

キリスト教と武士道 …
- 新渡戸：**両者は融合可能**な道徳。
- 内村：両者は異質で**融合不可**だから「接ぎ木」しようとした。

17　日本近代の思想

コラム　僕がサインにそえるひとこと

受験生からちょいちょいサインを求められるが、そのとき「何かひとことそえてください」と言われると、けっこう悩んでしまう。

"汝自身を知れ""わが内なる道徳法則"──罰ゲームじゃあるまいし、そんな校長先生みたいな真面目なセリフ書くぐらいなら、僕は死ぬ。かといって"門閥制度は親の敵でござる"じゃ、受験生が困惑する。じゃ、どうするか？　僕はこれで逃げる。

"われは日本のため、日本は世界のため、世界はキリストのため、そしてすべては神のため"──内村鑑三の墓碑銘だ。サインにそえる言葉としては、はっきり言って「親の敵」と同レベルの意味不明さだが、勢いが違う。だからこいつを太く書くと、たいがいの人は勢いにのまれ、「よくわかんないけど、いいもんもらったぞ」みたいな顔して帰っていく。僕も神になったような気分だ。

でも実際は"元気・根気・やる気"みたいな超適当なものや、"絶対９割切るんじゃねーぞ"みたいな単なるオドシの方が、キャーキャー喜ばれる。よくわからん。

● **夏目漱石**（1867〜1916）

東大英文科に在学中、欧米の文化・文学が日本人に理解できるか悩み、そこから自己の存在理由への懐疑が生まれる。著書『私の個人主義』など。

何で漱石が「倫理」に出てくるんですか？

漱石は、**近代的自我**（＝内面的・主体的な自己意識）の説明に欠かせない人物なんだ。

彼が生きた明治維新期は、急速な近代化が進行し、それにみんなが翻弄された時期だ。

でも、いくら近代化が進んでも、心の中は江戸時代のままだ。そう簡単に、伝統的な考え方は捨て切れない。

つまりこの時代、**内面と外面の折り合いをどうつけるかは、みんなに共通するテーマ**だったんだ。漱石はそこに、自分なりの生き方を示した。これが彼が扱われる理由だ。

> 漱石が示した生き方って、どんなものなの？

　自己本位(＝個人主義)**に基づく生き方**だ。とはいってもこれ、エゴイズムとは全然違うからね。
　ここでの自己本位とは、**自己の主体性に基づきつつも、他者をもちゃんと尊重する**。そういった倫理的な個人主義のことを、漱石は自己本位と呼んでいるんだ。

> 何で漱石は自己本位を求めたの？

　それは日本人に主体性がないからだ。その辺は、日本の近代化の過程を見ても、よくわかる。

近代化の過程

| 西洋 |：**内発的開化**…自発的・能動的な近代化。
| 日本 |：**外発的開化**…外圧を受けての近代化。

　　　↓

※　日本の近代化　＝　「内発性なき、**皮相上すべりの近代化**」
　　　　　　　　　　　▶自発的な所なし。

　外部から流入する近代化に適応するには、心もちを改め、**他人本位**(＝自己を見失った他者への迎合)を脱却する必要あり。

　ね、言ってる通りでしょ。だから僕らは、今こそ主体的な生き方を探さないといけない。でも**主体的な生き方は、どうしてもエゴイズムとの葛藤を生んでしまう**。彼は悩んだ。

> で、どうなったの？

結局最後は、**東洋的な心境**に落ち着いた。それが「**則天去私**」だ。「私」をエゴと置き換えると「**天に則ってエゴを去る**」となるでしょ。つまり、エゴを離れ、運命のままに、天地自然に即して生きましょうという態度だ。

> 具体的にどういう意味？　主体性はどうなったの？　実現したの？

——則天去私の解釈には、わからない点も多い。でも悩んだ末に、こういう境地をめざしたくなるのは、わかる気がするね。

> 漱石で他に気をつける点はありますか？

漱石はこんなもんだけど、漱石同様、近代的自我の確立に悩んだ文学者と、女性としての自我の確立に頑張った人を、それぞれ2人ずつ覚えておこう。けっこうみんな面白いよ。

その他の文学者

●**森　鷗外**…　〔・外面（急速に進む近代化）／・内面（うまくかみ合わない心）〕　→　**両者の矛盾をまず直視。**
（1862〜1922）

　◎**衝突を避ける立場**をとる。＝「**諦念**」（レジグナチオン）
　　▶現実の甘受　　　　　▶鷗外＝諦めの文学者

●**北村透谷**…　現実世界での自由民権運動に挫折し、
（1868〜1894）　　内面世界に引きこもった人。

　重視したもの　　「**実世界**での自由・幸福　＜　**想世界**での自由・幸福」
　　　　　　　　　　▶現実世界　　　　　　　▶精神世界

〈女性としての自我の確立〉

●**与謝野晶子**…　官能や感情を大胆にうたい上げた歌人。
（1878〜1942）　　➡　**女性らしさの存分な発揮**。

●**平塚らいてう**…　**女性解放・権利獲得**をめざした運動家。
（1886〜1971）　　➡　女性側の意識の変化・地位向上を訴えた。

　◎「**元始、女性は太陽であった**」（雑誌『**青鞜**』より）で有名。
　　▶元々、女性には潜在能力あり。

2 日本の独創的思想

　ここに出てくる2人は、それぞれ西洋哲学をベースとしながらも、そこに日本風の味つけをして、ちょっと西洋には見られない独創的な思想を作り上げた人たちだ。

　完全なオリジナルではないが、非常にユニークな思想――それでは、じっくり味わっていくことにしようか。

● **和辻哲郎**(1889〜1960)
　西洋哲学を批判的に受容して独自の哲学を確立。また日本文化や風土の研究など、幅広く活動。著書は『人間の学としての倫理学』『風土』など。

😊 和辻哲郎について教えてください。

　和辻哲郎は、ヘーゲルやハイデガーなど、西洋哲学から多くを学んでいるが、**西洋的な個人主義には批判的**だ。まずは、その辺に関する、彼の考え方を見てみよう。

　人間のあり方には、個人性を重視した西洋的なあり方と、社会性を重視した東洋的なあり方がある。それぞれには長所もあるけど短所もある。

😲 短所って何ですか？

　まず個人性を重視しすぎると、独立心が養われる反面、我を通しすぎてしまって、**社会の中で孤立**する恐れがある。

　かといって社会性を重視しすぎれば、和は保てる反面、**個が社会に埋没**してしまう。

😖 難しいもんですね。

　結局僕らは、「人(＝個人性)」と「世の中(＝社会性)」のどちらかに偏っていては**ダメ**なんだ。「人間」という言葉からも、それがわかる。この言葉は個

17　日本近代の思想　｜　237

人を指す言葉としか思われてないけど、よく考えたら**「人の間」だから、人と人との関係性を示す言葉**としてもとらえられる。

> あ、ほんとだ。

和辻の言葉を借りるなら、僕らは**「世の中」であるとともにその世の中における「人」**なんだから、**社会の中で人と人との関係性を大事にして生きていかなきゃならない**。そういう人間のあり方を、和辻は「**間柄的存在**」と呼んだんだ。

> 間柄的存在…

そう、間柄的存在は、孤立と埋没を相互否定し合った、**個と社会の弁証法的統一体**だよ。

> 人間は個人でもあり関係性でもあるかあ。勉強になりました。

和辻にとって、**倫理学とは**「**人間の学**」さ。勉強になるのも当然だよ。

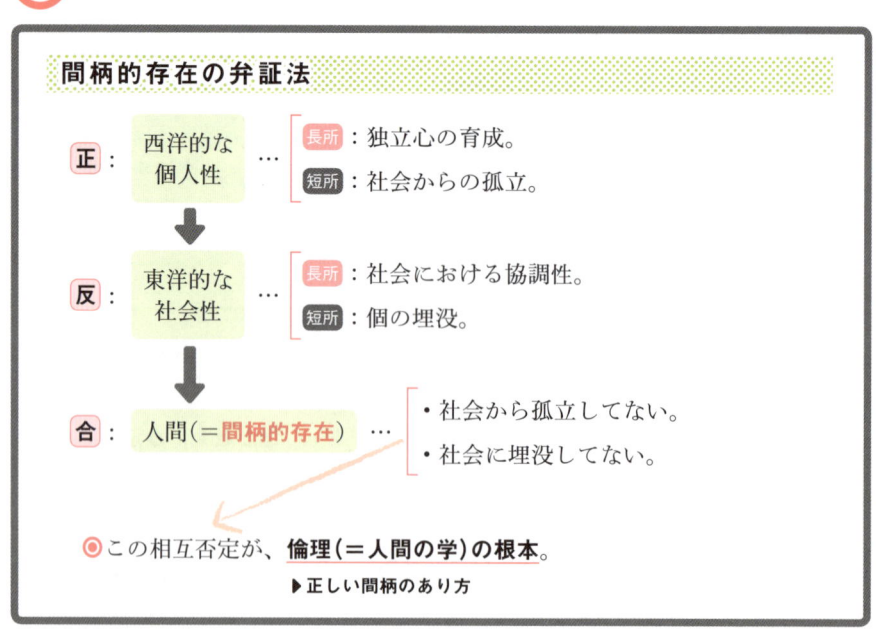

間柄的存在の弁証法

- 正：西洋的な個人性 … 長所：独立心の育成。／短所：社会からの孤立。
- 反：東洋的な社会性 … 長所：社会における協調性。／短所：個の埋没。
- 合：人間（＝**間柄的存在**） … ・社会から孤立してない。／・社会に埋没してない。

◉この相互否定が、**倫理（＝人間の学）の根本**。
▶正しい間柄のあり方

● **西田幾多郎**(1870～1945)

日本を代表する哲学者。東大在学中も、学校教員時代も、常に内省を怠らず、坐禅と哲学研究に打ち込んだ。著書は『**善の研究**』。

😊 西田幾多郎について教えてください。

😟 西田哲学は、**西洋哲学と禅の思想を見事に融合させた、超一級品の哲学**だ。外国人のファンも多い。

彼の考えによると、西洋哲学の大前提はこうだ。

西洋哲学の前提

事物の本質は、**主観**による**客観の分析**で認識できる。

⬇

主観：事物を認識する側。　＝「われ」(自分)
客観：認識される側の事物。＝「もの」(事物)

一見難しそうに見えるけど、全然難しくないね。つまりこれは「**事物の本質は、私がその事物を分析すれば、認識できる**」と言っているだけだ。

そんなの当たり前だと思うでしょ。ところが西田は、何とそれを批判したんだ。

😲❓ えー、何でですか？

😟 なぜなら西田は、**事物の本質は、「われ」が「もの」を意識したときには、すでにどこかに去ってしまっている**と考えたからだ。

つまり事物の本質は、**主観が客観を意識する前の段階の経験**にある。彼はその経験を「**純粋経験**」と呼んだんだ。

😊 純粋経験、難しそうだな…

17　日本近代の思想　｜　239

🤔 例を挙げた方が、わかりやすいね。例えば、風景の美しさの本質で説明してみようか。

僕らは薄暗い山の中を歩いている。道は細く、坂は急で、木々はうっそうと繁っている。もう、どの辺を何時間ぐらい歩いているかもわからない。心身ともにヘトヘトだ。

その時、急に視界が開け、目の前にキラキラと輝く、信じられないほど美しい湖が現れた。**僕らは、そのあまりの美しさに言葉もなく、しばし心を奪われる**。

それだ！　それが純粋経験だ。そこでは**「われ」と「もの」が一体化**するとともに主観と客観、つまり**「風景の美しさ」と「見ている自分」が渾然一体となり、とてもその美しさの分析なんかできない状態**だ。

この**物我一体**の境地、あるいは**主客未分**（しゅかくみぶん）の境地、この中にこそ、湖の美しさの本質がある。これが純粋経験だ。

😊 なるほど。雰囲気はつかめました。

🤔 後でハッと我に返り、その美しさを分析する頃には、もう美の本質は逃げてしまっている。**純粋経験は、分析能力（＝知・情・意）が働く前の、原初的経験の中にのみ存在する**んだ。

もちろんこの純粋経験は、風景だけに限ったことじゃない。絵の美しさ、音楽のすばらしさ、スポーツの興奮、そういった日常の「我を忘れた」状態の中に、常に純粋経験はあるんだ。

😊 なるほど。だんだんわかってきました。

🤔 OK。分析できない状態の説明なんだから、だんだんで十分だ。じゃ次は、さらに考えを発展させて、自己の本質について考えてみよう。今度は自分自身が対象だから、「われ」は自分、「もの」も自分という、ややこしい設定だ。

😣 よし、集中して考えるぞ。

🤔 **自己の本質もまた、純粋経験の中にある**。つまり、「これぞ自分だ」と言えるような真の自己は、**認識する側の自分（「われ」としての自分）が、認識される側の自分（「もの」としての自分）を、意識しない状態の中にある**んだ。

> ……大丈夫。何とかわかります。

自分の本質は、分析の対象にはならない。じゃ僕らは、どうやって真の自己を磨き、善なる自己を作り上げればいいんだろう。

そこで出てくるのが**坐禅**だ。坐禅による自己修行で善なる自己を作り上げ、**主客合一を体得する**。つまり密教と同じ考え方だ。僕らには大日如来の真言は難しすぎてわからない。だから即身成仏することで体得する。ね、方向性としては同じでしょ。

> ほんとだ。

そして主客合一を体得できれば、真の自己の姿は、自ずと我が目に映ってくるはずだ。

難しいけど、とても面白い。これが西田哲学なんだ。

コラム 純粋経験のある場所

抽象的な話をしよう。純粋経験はどこにあるのか?

それは主観が客観の分析を始める前の段階だから、まだ「われ」と「もの」とがはっきり分かれる前の状態の話だ。

ならそれは、主観と客観の両方を、丸ごと包み込むような「場所」にあるに違いない。そこではその後、主観と客観に分かれるものもまだ同一、そんな場所だ(=「**場所」の論理**)。それがある場所、それが「**絶対無**」だ。絶対無は「有の否定としての無(=相対無)ではなく、その内側に万物を包み込める「広大な空間」的な意味での無だ。難しい話でしたね。お疲れさまです。

3 その他の思想家など

明六社（めいろくしゃ）	**森有礼**（もりありのり）（のちの初代文部大臣）が作った、**明治期の啓蒙思想団体**。福沢諭吉（ふくざわゆきち）や西村茂樹（にしむらしげき）など多数が参加。 **西周**（にしあまね）…哲学用語の翻訳に尽力。**「哲学」**という語を訳出。 **加藤弘之**（かとうひろゆき）…天賦人権思想から次第に国家主義者へ。 **中村正直**（なかむらまさなお）…スマイルズの『**自助論（西国立志編）**（さいごくりっしへん）』を訳し、**自立の精神**を説く。 　▶「天は自ら助くる者を助く」 ※ 明六社と「**西洋夫婦観**」（＝男女同権／一夫一婦制など） 　森有礼：**実践者**　西周：紹介者　中村正直：普及者
岡倉天心（おかくらてんしん）	米人**フェノロサ**の影響で**日本画の復興**に努めた後、日本と東洋の美術や茶道を**海外に紹介**。「**アジアは一つ**」（アジアの美術や思想は、もとは１つ）
南方熊楠（みなかたくまぐす）	博物学・民俗学者。粘菌類の研究のため、**神社の原生林保護運動**を展開。 　　　　　　　　　　　　　　　　　　　　▶明治期の環境保護運動
幸徳秋水（こうとくしゅうすい）	中江兆民の民権思想を**社会主義**に発展させ、次第に過激化。**大逆事件**（たいぎゃく）（天皇暗殺計画）で処刑。
安部磯雄（あべいそお）	キリスト教的人道主義の立場から、社会主義運動に参加。幸徳秋水らと社会民主党を結成。その後、**日本フェビアン協会**を設立。
吉野作造（よしのさくぞう）	天皇主権下でめざすべき、人民本位の政治（＝**民本主義**（みんぽん））を訴える。**大正デモクラシーの理論的指導者**。
植木枝盛（うえきえもり）	自由民権運動に参加。独自の民権思想で、国民主権や抵抗権を盛り込んだ**私擬憲法**（しぎ）草案を作成。
三木清（みききよし）	西田幾多郎の弟子。ヒューマニズム的な立場からマルクス主義を研究。反ファシズム運動で弾圧・獄死。
九鬼周造（くきしゅうぞう）	ハイデガーに直接師事し、独自の哲学を醸成。江戸町人の美意識・「**いき**」（＝色気のあるさっぱりとした潔さ）の構造と、「**偶然性**」（ぐうぜんせい）の問題を研究。
鈴木大拙（すずきだいせつ）	禅の理論化に取り組む。禅の思想を海外に紹介。
徳富蘇峰（とくとみそほう）	貴族・官僚中心の「欧化主義」に反対し、**国民大衆の立場からの西洋文化受け入れ＋近代化**を訴えた。（＝**平民主義**（下からの近代化））
西村茂樹（にしむらしげき）	**国粋主義**（こくすい）の先駆者。儒教的な仁義・忠孝を軸に皇室を崇拝する「**日本道徳（国民道徳）**」を主張。
三宅雪嶺（みやけせつれい）	**代表的な国粋主義者**。雑誌『**日本人**』を創刊し、皮相的な模倣に走る欧化主義を批判。

チェック問題 | 16 〈難〉 〈7分〉

禅体験に基づき独創的な思想を形成した西田幾多郎の考えを説明した記述として最も適当なものを、次の①〜④のうちから1つ選べ。

① 主観と客観、精神と物質の対立は、認識を成立させる最も基本的な条件であり、真の実在は純粋な認識主観の確立によって正しく把握される。

② 主観と客観、精神と物質の対立は、分析的・反省的意識によってもたらされたものであり、真の実在は主客未分の純粋経験そのものである。

③ 主観と客観、精神と物質の対立は、人間の有限な知性が設定した仮構であり、真の実在は坐禅の修行による神秘的啓示においてのみ知られる。

④ 主観と客観、精神と物質の対立は、純粋経験が成立するための基本的条件であり、真の実在は主観的心情の純粋化によって直接把握される。

（追試験）

解答 … ②

解説 この問題、追試とはいえ、ムチャクチャな問題だ。辛うじてわかるのは正解の②ぐらい。
②は「**主客の対立は西洋哲学が発展させた概念だけど、本当の本質は、純粋経験の中にしかないんだよ**」って意味だ。
①主客の対立を認識の基本条件ととらえるのは西洋だからダメ。
③「人間の有限な知性」とか「神秘的啓示」とか、まるでヤスパースの限界状況や暗号解読みたいだ。とにかく、西田にとっての**坐禅は神の啓示を受けるためじゃなく、自己の人格を完成させる手段**と覚えておこう。
④「主客の対立＝純粋経験の成立条件」なんて言ったら、西田が泣くぞ。②の解説をしっかり読め、バカモン（誰に言ってるんだ）。

第4講
現代社会分野

18 日本の伝統文化

1 伝統的な心情…『古事記』の「国生みの神話」より

上位の神々の命により、イザナギとイザナミは日本列島（＝**葦原中国**）を生み、その後さらに**さまざまな神々**を生んだ。

> 古代の日本は、海・山・木など、あらゆる自然の事象に神を見出す**アニミズム**（＝**精霊信仰**）の国であり、多神教（＝**八百万神々**）の国であった。

⬇

ところが火の神出産時の大やけどでイザナミは死に、死者の国（＝**黄泉の国**）の住人となる。

イザナギは救出に向かうが、すでにイザナミは死者の**穢れ**に毒されていた。その醜悪さに驚き、イザナギは命からがら現世に逃げ帰る。

> さまざまな意味で不吉・不浄の元になるもの。特に**日本人は、伝統的に死の穢れを嫌う**。

⬇

黄泉の国から逃げ戻ったイザナギは、川で**禊**をして穢れを洗い清めた。その穢れからさらにさまざまな神が生まれ、最後に**天照大神やスサノヲノ命**が生まれた。天照は天界（＝**高天原**）、スサノヲは海原を治めることになった。

> 死の穢れを嫌う反面、1つの生命の死は別の生命の肥やしになるという農業国的発想もある。

> 天照 … 太陽神。姉。
> スサノヲ… 暴風神。弟。

⬇

ある日、スサノヲが天照に会いに高天原を訪れた。しかし天照は高天原を奪われないかと心配し、スサノヲの心を確認した。その結果「**清き明き心**」ありと判断され、スサノヲは高天原に入る。

> **純粋でにごりのない心**。古代日本人の理想的心情。

⬇

高天原に入れてもらえたスサノヲは、調子にのって暴れ回り、**天照の祭祀を妨げた**。天照は恐れ悲しんで、**天岩戸**にこもってしまった。

> 天照は「**祀る神＋祀られる神**」だった。
> **神々（＝自然）をコントロールする祭祀は古代の最重要事**。それを妨げたスサノヲは重罪。

⬇

事件後、スサノヲは反省の意を示すために**祓い**をし、その後高天原を追放された。

> 身辺の品々を差し出すことで罪悪を償うこと。

> 何のために神話なんか勉強するの？

本居宣長の国学同様、「倫理」では『古事記』の神話から、日本人の伝統的な心情を読み取っていくんだ。誰もが知ってるエピソードばかりだけど、何を読み取ればいいか、ポイントをしっかりつかんでいこう。

ポイント❶：現世肯定的態度

高天原は神々の暮らす所で、黄泉の国は死者の住む穢れた所だ。ならば僕たちが暮らすべき場所は、現世しかない。

死後に極楽往生を願うのは、**外来思想の仏教が、末法思想で変形**した結果だ。古代日本人は死後に希望なんか抱かなかった。

ポイント❷：深刻な罪の意識なし

イザナギは、古代日本人が最も忌み嫌う「死の穢れ」に侵されたのに、禊をすませてケロッとしている。スサノヲは重罪を犯したのに、祓いでヒゲや爪を切っただけで許された。

日本人の罪の意識は、そういう意味で軽い。キリスト教の「原罪」なんて洗おうが何しようが取れないんだから。

今でも日本では、祓いは「責任を取って坊主」みたいな形で残っている。会社で仕事をミスったとき、「責任とって坊主にしてこい！」なんて言ってるシーンがあるでしょ。でも冷静に考えたら、坊主ですむ話じゃない。それでも「400万円の損失分を弁済しろ」じゃなくて「坊主」。そういう意味で、日本人は**楽天的**なんだ。

ポイント❸：共同体の和の重視

古代の日本は農業国だった。農作業で必要なことは、共同作業を滞りなく進行させつつ、自然をうまくコントロールすることだ。

ならば**共同体の協調性を保つことと祭祀を行うことは、どちらも非常に大切な仕事**だ。スサノヲはそれらを乱した。だから彼は重罪。

ちなみに天照は天皇家の祖と言われる。**天皇は天照から、古代の最重要事である祭祀を引き継いだことで、為政者たりえた。**

「祭事」と「政」、どちらも「まつりごと」と読むでしょ。こういうわけなんだ。

ポイント❹：清き明き心（＝**清明心**）

共同体の和を保つためには、「清く明るい心」は不可欠だ。この心は、現在でも日本人の美徳として受け継がれている。

結局古代日本人は、豊かな実りのある「**葦原中国**（あしはらなかつくに）」という現世で、清く明るい心をもって、共同体の和を乱さず、純粋に楽しく暮らすことをよしとしていたわけだね。

イザナギとイザナミの"国生み"

彼らの国生み（うみ）のエピソードは、「日本最古の性表現」として知られている。

神々から体を作ってもらったばかりの2人は、たがいの体をしげしげと見比べて言うんだ。

（イザナミ）：「わが身は成り成りて、成り合わざる処（ところ）一処あり」（＝私の体は1か所足りないわ）
（イザナギ）：「わが身は成り成りて、成り余れる処一処あり」（＝俺の方は、1か所余っている）

このあと、イザナギの提案で、「"余れる"で"合わざる"をさし塞（ふさ）ぎて国を生み成さむと思う」となって、日本は形作られてゆく。何言ってんだかね。

天岩戸（あまのいわと）事件

天照（あまてらす）が天岩戸に引きこもったせいで、世界は夜しかなくなった。

そこで八百万（やおよろず）の神々は一計を案じ、岩戸の外でドンチャン騒ぎをして天照の気をひき、天照がそっと岩戸を開けたところを怪力・タヂカラヲが引っ張り出した。これが「天岩戸事件」だ。

なんともチャチな作戦だね。もっと上の2人のダイナミックさを見習ってほしいもんだ。

2 現代日本人の特質

> ここでは何を見ていくんですか？

ここまでは、古代において形成された日本人の特質を見てきた。今度はそれらが、現代にどうつながってるかを見てみよう。ただし、現代日本人を特徴づける要素は、地理的要因と歴史的要因の二側面からとらえるのが基本だ。だから両方見ていくよ。

日本は島国だ。だから外国と比べて、他民族と接触する機会が極端に少なかった。だから僕たちは、多かれ少なかれ「**島国根性**(こんじょう)」を持ち合わせている。

僕たちは同じ日本人に対しては甘えに近い身内意識で接するくせに、外国人に対しては媚びたり無視したり排斥しようとしたりと、いろんな形で過剰な反応を示す。こういう「**ウチとソト**」の極端な**二面性、これが島国根性**だ。こちらが地理的要因ね。

そして歴史的要因。こちらはもちろん、ここまで見てきた流れがメインになる。つまり僕たちは、**弥生時代以降の稲作農耕のせいで、共同体の和を重視するクセが染みついている**。そこから個別の、いろんな特性が現れてくるんだ。

現代日本人の特性

- **身内意識**…日本人独自の「**甘え**」意識。（土居健郎『「甘え」の構造』）

  ⬇

  他人の好意への依存。他者との分離を否定し、他人や集団に寄りかかる。企業の「**家族的経営**」（サービス残業や休日出勤の要求）などは、その現れ。

- **タテ社会**…能力差より地位・年功重視。（中根千枝『タテ社会の人間関係』）
- **本音とタテマエ**…共同体の和を乱す本音は、正しくても慎む。
- **恥の文化**…「**他人に恥ずかしくない行動**」重視。（ベネディクト『菊と刀』）
  ▶欧米は「**罪の文化**」→「自分の良心に恥ずかしくない行動」を重視。

18 日本の伝統文化

> 地理と歴史さえ押さえれば、大丈夫なの？

いやいや、他にも**気候風土の違いから世界の人々を比較し、その中に日本人の特性を見る**やり方も有力だ。

これを示したのは和辻哲郎（わつじてつろう）だ。彼は著書『**風土**』で、日本と外国を比較し、自然環境の違いからそれぞれの特性について言及している。

地域	タイプ	自然	人間の態度
日本	**モンスーン型**	気まぐれな自然	台風の暴威への**諦め**（あきらめ） 台風同様の**激しさ**
中東 アフリカ	**砂漠型**	荒々しい自然	厳しい自然からくる **対抗的**（たいこう）・**戦闘的**（せんとう）態度
欧州	**牧場型**	従順な自然	規則的な地中海性気候 からくる**合理的**態度

僕たちの暮らす日本には、豊かな四季と美しい自然があるけど、やっかいなものが1つある。台風だ。

台風は、いつもいきなりやってきて、すべてをなぎ倒して去ってゆく。この暴威を食い止めることはできない。

だから僕らは、**台風の暴威に対して受容的**だ。つまり、「台風が来たんじゃ、しょうがないな」という諦めの気持ちが体に染みつき、これが性格として固着してるんだ。

でも、それと同時に僕らには、その**台風の持つ激しさも、性格として固着**している。和辻哲郎は、こういう僕らの二面性を「**しめやかな激情**（げきじょう）（諦め＋激しさ）」や「**戦闘的な恬淡**（てんたん）（激しさ＋諦め）」（※）などの言葉で表現している。

※ 恬淡…無欲であっさり、物事に執着しないさま。

最後に和辻といえば、「**日本文化の重層的**（じゅうそうてき）**性格**」（伝統の上に現在が、土着の上に外来文化が積み重なって形成）の指摘と、『**古寺巡礼**（こじじゅんれい）』（旅で見た古美術・古建築の印象記）において、**飛鳥**（あすか）**・奈良の古建築に日本文化最高の姿を見た**点も、覚えておいてね。

3 日本人の生活

> ここでは何を見ていくんですか？

ここで見ていくのは、僕たち日本人にとっての1年だ。これは、「**ハレ**」と「**ケ**」に分類できる。

「**ハレ**」とは、**改まった特別の日**のことだ。

これは例えば節分・ひな祭り・七夕みたいな、**毎年決まった時期に行う年中行事**と、七五三や成人式・結婚式みたいな、**人生のどこかで行う通過儀礼**（イニシエーション）とから成る。両者はちょっと性格が違うけど、特別な日である点は一緒でしょ。これらが「**ハレ**」だ。

それに対して「**ケ**」は、**日常・普段の日**のことを指す。そこでは何ら特別なことが起こるわけではない。ただただ平凡な日常の繰り返し。これが「**ケ**」だ。どう、どっちがいい？

> 「ハレ」の方が楽しそう。

やっぱそう思うよね。当然だ。でも覚えておいて。**どちらが大事かといえば、これは絶対「ケ」**だ。

> 何で「ケ」が大事なの？

「**ケ**」は農耕民にとって、農作業日を意味する。ということは、そこに異常があってはマズい。もしも**「ケ」に異常があったら、僕らは日々の糧を得られなくなってしまう**からね。

だから僕らは、突発的な自然災害で「ケ」がグチャグチャにされないよう、「ハレ」の日にお祭りをして神様をお招きし、丁重にもてなして、機嫌よく帰ってもらうんだ。

そう考えると、「ハレ」の日の神祭りは、「**「ケ」を順調に維持するための、自然のコントロール**」ってことになるね。

確かに、荒ぶる神々（＝台風など）に、突然来られて暴れられてはやっかいだ。だから僕らは、「ハレ」の日にお祭りをして、来て欲しい時期に神様に来てもらう。

そうすることで、雨は降るべきときに降り、太陽は照るべきときに照るようになる。これで農業は安泰だ。ね、結局農業という「ケ」をメインに考えてるでしょ。だから「ケ」の方が大事なんだ。

> 他に気をつける点はありますか？

あるある。この自然のコントロールが、日本人の美意識につながった点も、覚えとかないとね。

神祭りのおかげで、日本人はようやく自然を、ゆとりをもって眺められるようになった。つまり、コントロールさえすれば、自然もまんざら捨てたもんじゃないってことに気づいたわけだ。

それまで自然は、単に「恐ろしいもの」だった。いや、畏れと尊敬が入り混じった**「畏怖」の対象**というべきか。でも神祭りでコントロールするようになってからは、**自然は美しいもの・風流（ふうりゅう）なものへと変貌した**。そしてそこから、**自然の美や風流を愛（め）でる、日本人の美意識が育まれていった**わけだね。

日本人の美意識・精神

- **わび**（千利休（せんのりきゅう））… 「**物質的な不足**」からくる風流。
  ▶ 簡素で枯れた趣（おもむき）

- **さび**（松尾芭蕉（まつおばしょう））… 「**心情的な孤独**」からくる風流。
  ▶ ひっそりと閑寂（かんじゃく）な情感

- **もののあはれ** … 何かに触れて起こる、**心の深い感動**。
  ▶ 平安文学

- **無常観（むじょうかん）** … **万物は移ろいゆく**ものであるという人生観。
  ▶ 仏教思想の影響

しかし、「自然＝畏怖すべきもの」というご先祖様の下地があるからこそ、僕たち日本人には、「もののけ姫」みたいな自然観が、案外抵抗なくスッと受け入れられるんだね。

山の中を荒ぶる神々が駆け回り、それに人々は畏れと尊敬を抱く。下地が違えば相当伝わりにくい自然観だね。

最後に、日本人の文化に対する代表的な考え方も覚えておいてね。どれもセンター試験にはちょこちょこ出てくるから、気をつけてね。

民俗学　民族の文化や伝統の研究

- **柳田国男**（やなぎたくにお）…[日本民俗学の祖。**無名の民衆**（＝**常民**（じょうみん））の生活や民間伝承を研究し、日本土着の**基層文化**（きそう）を探る。]

〈**常民**の生活から学んだもの〉

- **ハレ**と**ケ**の概念…ハレ＝特別の日　ケ＝日常・普段の労働日。
- **基層文化**の根本＝**稲作農耕**（いなさく）…[「百姓も皇室も含めて、稲がなければ今の日本人は成立しない。」（柳田）]
- (共同体の神＝**祖霊**（カミ）)…[日本の共同体では、死後何回かの供養を経ることで、死者の霊魂が清められて**祖霊**（カミ）になる。（＝**祖霊信仰**）]

祖霊（カミ）は近隣の山中から子孫を**守護**（しゅご）　⇒　**盆**（ぼん）と正月には、その家を訪問。
　　▶日本仏教にも反映した日本独自の信仰

〈その他の民俗学者〉

- **柳宗悦**（やなぎむねよし）…[**無名の職人の手作り工芸品**（＝**民芸**）に、日本人の美を再発見した。]
- **折口信夫**（おりくちしのぶ）…[柳田国男の弟子。**実証よりも直感重視の民俗学**。師と違い「神＝**まれびと**（＝客人。共同体外部からの来訪者）」ととらえた。]

チェック問題 17

次の文を読み、下の問いに答えよ。

　『古事記』では、イザナミは死んだ後に◯◯◯に行き、その死を悲しんだイザナギが追って行ったという。しかし、すでに醜く腐り、うじ虫がたかっていたイザナミの死体を見たイザナギは、恐ろしくなって生の世界に逃げ帰ってきたのである。そこでは、死や死後の世界は生の世界から隔絶されたものではなく、その延長上にあるものと見られていた。

問1　文中の空欄◯◯◯に入れるのに最も適当なものを、次の①〜④のうちから１つ選べ。

① 高天原　　② 黄泉の国　　③ 瑞穂の国　　④ 葦原中国

問2　下線部のような考え方を説明した記述として最も適当なものを、次の①〜④のうちから１つ選べ。

① 死後の救済や懲罰などを想定して、それらとの間で直接の関係を保持する次元で死がとらえられている。

② 死後の救済や懲罰などを想定しないで、あくまでも現世内における現実生活と同じ次元で死がとらえられている。

③ 日常生活の中で、無事に１日を生きることに意を用い、死を考えさせるような要素を徹底的に排除する。

④ 日常生活の中で、雑事に追われ、表面的な多忙に紛れることで、あえて死から遠ざかって生きようとする。

（追試験）

解答 … 問1…② 　　問2…②

解説 　問1は簡単だ。死んだ後に行くんなら、行き先は黄泉の国（＝根の国）しかない。①の高天原は天界、③の瑞穂の国と④の葦原中国は、どちらも日本列島のこと。
　ちなみに、**葦原中国という場合は、高天原（＝天の上）、黄泉の国（＝地下）に対する「中つ国」**だ。これも覚えておこうね。

　問2は一見難しそうだが、よく考えれば正解は②しかない。**古代日本人にとって、黄泉の国は出雲の国のトンネルで現世とつながった、往来可能な世界だった**。僕らは死ねばみんなそこへ行き、そこでみんな死の穢れにさらされる。それらはすべて、救済とか懲罰とかいった概念とは無関係に、誰にでもおとずれる。
①は「極楽に救って欲しい」とか「地獄に行きたくない」といった考え方だ。これらは仏教、つまり外来思想だね。
③こんな強迫的な生き方はしない。
④これは「ひと（ダス＝マン）」、つまりハイデガーの分析した、世界内存在としての人間だ。チベット仏教のリンポチェも「活動的怠惰」なんて呼んでるけど、少なくとも古代日本人じゃない。

19 現代社会の特質

1 大衆社会

大衆社会とは、20世紀以降の現代社会のことだ。

大衆とは、**意識や生活レベルに大きな差のない、平均化・均一化の進んだ現代人**のことだ。大衆社会は、そのような「名もなき大衆」を中心として構成されている。

大衆の成立要因…近現代の社会的変化と密接に関連！

- 産業革命／技術革新：「**大量生産・大量消費**」の実現。
  ▶みんなが均質で安い商品を買えるようになった。

＋

- 人権保障の整備／情報化：**義務教育やマスコミ**の普及。
  ▶みんなが同じ知識・情報を持つようになった。

⬇

◉ **人々の平均化・均一化**進む（＝**大衆化**）。

なんかこう書かれると他人事みたいに見えるけど、**ここに出てくる大衆とは、まさしく僕たち自身のこと**なんだ。

え、そうなの？

そうだよ。だって僕らは、みんなが同じような消費生活を送り、同じ教科書や新聞、テレビ番組から知識や考え方を吸収してるよね。これで平均化や均一化が進まない方がおかしい。中には個性的に見える人もいるけど、それも予想の範囲内での個性だ。完全に規格外で理解を超える個性を持った人なんか、そうそういないでしょ。

じゃあ僕たち大衆は、いったいどうやって秩序（＝社会的性格）を形成するのか、次はそいつを考えてみよう。

アメリカの社会学者**リースマン**は、著書『**孤独な群衆**』の中で、興味深い考察をしている。それによると社会の秩序は、社会の構成員たる僕たちが、何に同調するかで決まるのだそうだ。その同調の対象は、時代によって異なる。

▲リースマン

時代	社会的性格	同調の対象
市民革命前	伝統指向型	先祖代々の伝統に同調。
市民革命後	内部指向型	自己の**良心**に同調（自由権意識の現れ）。
現代	**他人指向型**	大規模社会の中で個人の無力感が強まり、不安から**他者**（**マスコミ**など）に**同調**。

😣 これだけではわかりにくいな。

😟 まず、**市民革命前**というのは絶対王政の頃と考えてみて。その時代は当然、王に逆らったりできない。だから人々は、生きるためには王国の伝統に従うしかなかった。ここまではわかるよね。

😐 はい。

😟 でもその王政が、市民革命で倒れた。すると人々は、自分の自由な価値観通りに動く（＝自己の良心に従う）ことに喜びを見出すようになった。これが**市民革命後**の時代だ。

🙂 それもわかります。

😟 でも現代は、社会の規模が大きくなりすぎた。すると人々は、自分ひとりでできることがどんどん減り、自分の無力を痛感して不安になる。そうなると、もう自由な意思決定なんて怖いだけだ。だから**現代大衆は、何かあるとすぐ他人を真似（＝他者と同調）し、他者と同じである自分に安心**する。これが**他人指向型**だ。

自覚できているかどうかはともかく、確かに僕らにはそういう面がある。そういった**主体性のなさや受動性こそが、大衆の特質**なんだ。

🙂 なんか気が滅入っちゃいますね。

😟 まあ、あんまり深刻に考えすぎないことだよ。せっかくだから、ここで大衆の特徴もまとめておくね。

> **大衆社会の特徴**
> - **流行**に流されやすい（他人指向型 ➡ 安易に他者に同調）
> - **文化の低俗化**（平均化・均一化 ➡ 万人に受容可能なレベルまで下げる）
> - **政治的無関心**（大規模社会 ➡ 自分の1票で社会が変わる気がしない）

😊 流行に流されるって、青年期と同じ特徴ですね。

😟 うん。でもいろんなことが違う。**青年期の流行は、アイデンティティ確立のために、ある意味必要**なものだ。だって流行に流されるってことは、言い換えれば「**他者に興味がある**」ってことでしょ。そうした**他者への興味が、最終的には自分らしさであるアイデンティティにつながる**わけだからね。

😊 なるほど。

😟 でも、青年期でもないのにいい年して流行を求めてる人は、もう意味が違う。彼らの多くは、**人と違うことをするのが不安で、人と同じであることに安心感を感じてる**んだ。これが他人指向型の心理、言い換えれば大衆心理なんだ。

😫 うわ〜、痛烈だな〜。

😟 高度成長期の日本人も、自分たちのことを「**1億総中流**」なんて呼んで喜んでいた。戦後すぐの**第一次ベビーブーム**に生まれた人たちも、自分たちのことを誇らしげに「**団塊の世代**」と呼ぶ。**この中流意識・集団意識も、まさに他人指向型**だね。
　そして流行だけでなく、**テレビ番組の多くが低俗と言われるようになった理由も、選挙の投票率がものすごく低下**した**理由も、みんな突き詰めれば、大衆社会に求めることができる**んだ。
　僕らは現代社会に生きる以上、大衆である運命からは逃れられない。でもだからこそ、その大衆社会をしっかり理解しておきたいね。

ではここからは、大衆社会の特質を、個別に見ていこう。

> **大衆社会の特質**
> ❶ **都　市　化** … 都市人口の急増に伴う、生活・意識の変化。
> ❷ **官　僚　制** … 組織の巨大化と、その管理・運営システム。
> ❸ **情　報　化** … 多様化したマス＝メディアと、その問題点。
> ❹ **国　際　化** … ボーダーレスの時代に生きる注意点。
> ❺ **家族の変化** … 都市化に伴う家族形態の変化。
> ❻ **女性の社会進出** … 女性の社会的地位の向上と権利の問題。

❶ 都市化

> ここでは何を見ていくんですか？

都市人口の急増に伴う、人々の生活や意識の変化だな。
高度成長期、都市部では**ドーナツ化現象**が起こり、そのせいで周辺部で**スプロール現象**が起こった。

> あ、聞いたことあります。

生活関連社会資本の不備も問題だけど、今回は人々の「意識の変化」の方に注目するよ。
この流れで都市と周辺部を過密化させたのは、地方からの流入者だ。その彼らが、新しい土地で新しい社会集団を作ることになる。すると==日頃つき合う社会集団==も、==**基礎的集団**重視==から==**機能的集団**重視へと変わってくる==。

> どういうことですか？

つまり、今までの人間関係は、==**地元の仲間や身内といった自然なつながり**==が軸だったでしょ。これが**基礎的集団**。でもこれからは、そんな自然な人間関係じゃなく、==**職場や学校や病院みたいな、便利だからつながっている人為的なつながり**==が人間関係の軸になっていくんだ。これを**機能的集団**と言うわけさ。

😊 なるほど。

😟 もちろんそれで、いいこともあった。この形はとても効率的で便利だし、何より**個人の自由がある**。

地方出身でないとわかりにくいと思うけど、田舎の人間関係ってほんと濃密だからね。何というか、村人全体が身内であると同時におたがいの監視役みたいな感じ。何かあると助けてくれてとても心強いけど、運命共同体だぞって言われてるみたいで閉塞感が強い。

😃 そういうものなんですか。

😟 そうなんだよ。でもだからこそ、そこを出て都市に来た人たちは、開放感を味わえるわけだよ。ああ自由っていいな……、てね。

😐 なるほど。

😟 でもその後、それがいいことばかりではないことに気づく。だって、**地域社会との離反は、帰属すべき社会集団の喪失**をも意味するもんね。そして、独りぼっちで都市に投げ出された個人は心の拠り所をなくし、不安や孤独・無力感にさいなまれていく。そして**現代人は、他人指向型人間になっていく**んだね。今日では、都市部のニュータウンなどでも**新しいコミュニティ作り**が始まっている。都市の人間に欠けているのは連帯感と帰属意識。対処の方向性は決まったが、うまくいくかどうかは不明だ。

最後に、いろんな社会学者の分類も覚えておいてね。

	テンニース(独)	マッキーバー(米)
基礎的集団 (地元や家族)	ゲマインシャフト(共同社会) ＝ 愛情による結合	コミュニティ(地域社会) ＝ 共同体意識を持つ地域的な結合
↓ **機能的集団** (会社や学校)	↓ ゲゼルシャフト(利益社会) ＝ 利害による結合	↓ アソシエーション(結社体) ＝ 特定の機能を分担

❷ 官僚制

> 官僚制とは何ですか？

官僚制とは、巨大化した組織の管理・運営システムだ。
社会が大規模化してくると、企業も行政組織も当然巨大化してくる。だから、そこを合理的かつ効率的に管理・運営するには、官僚制というシステムが必要になってくるわけだ。

> 官僚って公務員のことですか？

正確には「公務員が官僚と呼ばれることが多い」だけで、言葉の定義からすれば、巨大民間企業の人だって官僚と呼んでいいはずだ。でも、誰もそんな呼び方はしない。だからここは、一般的な使い方通り、「官僚＝公務員／官僚制＝行政機関のシステム」でイメージしておこう。

官僚制には次のような特徴があると指摘されている。

官僚制の特徴…マックス＝ウェーバー（『支配の社会学』より）

- 職務の専門化　　… 高級技術官僚（**テクノクラート**）による支配。
- 明確な職務権限　… **縄張り主義（セクショナリズム）** の発達。
- 階層性（**ヒエラルキー**）… ピラミッド型の上下の序列。
- 合理性の追求　　… 文書主義、規則万能主義。

つまり、エリート官僚を頂点に置いたピラミッド組織を作り、その下で各部署が自分の役割を正確・忠実に果たしていくのが官僚制だ。

ピラミッド型にすることで命令系統の混乱を防ぎ、縄張り主義と文書主義を徹底させることで業務の混乱を避ける。巨大組織の効率的運営だけをめざすと、こういう形になるんだ。

▲マックス＝ウェーバー

> へぇ〜、すごく効率的で隙がない集団みたいですね。

でも問題点も多い。ここまで多くの約束事でがんじがらめになってしまうと、**効率的どころかかえって非効率的になってしまう**。こういうのを「官僚制の**逆機能**」と言うんだけど、「**お役所仕事**」とか「**官僚主義**」って言った方がわかりやすいかな。黒澤明監督の『生きる』という有名な映画の中で、市民が市役所のいろんな窓口をたらい回しされたりする光景が出てくる。あれなんかがまさにそうだ。

> そっか、よくないことも多いのか…

それともう1つ。ここまで大きなシステムを作ると、かえってそれに人間が支配されてしまう恐れがある。**人間が自分の作り出したものに支配され、次第に人間性を失っていく**ことを**人間疎外**とか**自己疎外**と言うけど、まさにその危険性があるのが官僚制だ。

❸ 情報化

ダニエル＝ベルの『脱工業社会の到来』や**アルヴィン＝トフラー**の『**第三の波**』が情報化社会の到来を予測してから約40年。今日ではインターネットの普及・定着を軸に、従来型マス＝メディア（新聞・雑誌・テレビなど）とは違った形で情報化が進展している。

> 確かに。20年前と比べるだけでもまったく違いますもんね。

本当にそうだよ。**インターネット**なんて、元々は**アメリカの軍事技術**だ。それが世の中に普及しただけで、こうも変わるのかってくらい、世の中は変わったね。

しかし情報化の進展は、常に問題をはらんでいる。しかも新しい技術が開発されれば、それに合わせて犯罪技術なども高度化し、新たな問題点も出てくる。ここでは従来型マス＝メディアの問題点と近年型の問題点を、順に見てみよう。

従来型マス＝メディアの問題点

- **一方的な情報伝達**…<u>ステレオタイプ</u>の反応を誘発(ゆうはつ)する。
  ▶固定イメージ→「あの団体は全員悪者だ」みたいな反応。
  ＋
- **商業主義**・**扇情(せんじょう)主義**…売れ線ねらいの興味本位・低俗な報道。
  ▶コマーシャリズム　▶センセーショナリズム

↓

世論(よろん)形成に悪影響　⇒　政治権力と結ぶと、<u>世論操作(そうさ)</u>につながる恐れ。

　　　　　　　　　　マス＝メディア＝立法・司法・行政に次ぐ
　　　　　　　　　　「**第四の権力**」と呼ばれるほど影響大。

- **管理社会**化　生活の管理・抑圧が進んだ社会
- **全体主義**化　国家の下、個人を統制した社会

などにつながる恐れあり。
▶オーウェルが『1984年』で警告。

　従来からマス＝メディアは、「第四の権力」と呼ばれるほど社会的影響力が大きかった。だからこそ営利目的に偏りすぎたり政治権力に利用されたりすることなく、本来の役割である「公正な報道」を心がけて欲しいもんだね。

　次は近年の新しい問題だ。

近年新しく生まれてきた問題点

- **コンピューター犯罪**　…　<u>ハッカー</u>やコンピューター＝ウィルス。
- **テクノストレス**　…　端末の使いすぎによる視力低下、うつ病など。
- **個人情報の流出**　…　現代的プライバシーの侵害。
- **知的財産権の侵害**　…　知的創造物に対する権利の侵害。

> こちらはネット社会の問題点ばかりですね。

　本当にそう。近年型の問題は、パソコンとインターネットの普及からくるものばかりだ。ここまでくるともう「ネット社会」って単元を作って学んだ方がいいように思えるね。

じゃ次は、近年の **IT**（＝**情報通信技術**）化の進展に関して、2001年に制定された **IT基本法** から、政府の方針を押さえておこう。

> **IT基本法**：IT戦略本部の下、**5年以内に世界最先端のIT国家**をめざす。
> (2001年) ▶内閣に設置 ▶「e-Japan戦略」
>
> **具体的な内容＝「e-Japan重点計画」**
>
> ・**ブロードバンド整備**…光ファイバー、CATV（ケーブルテレビ）回線
> 　▶高速通信網　　　　　などを活用。
>
> ・**デジタル＝デバイドの解消**…IT機器への習熟度から生じる経済格差の解消。
> 　▶情報格差
>
> ・**eコマースの促進**…（ネット活用の「**電子商取引**」）　⇒ ・B to B（企業対企業）
> 　　　　　　　　　　　　　　　　　　　　　　　　　　　　・B to C（企業対個人）
> 　　　　　　　　　　　　　　　　　　　　　　　　　　　　・C to C（個人対個人）
>
> ・**電子政府の実現**…2003年までに行政手続をインターネットで。
>
> ・**IT特区の設置**…IT先進モデル地区構想。

😊　他にも覚えておくことはありますか？

　山のようにあるよ。しかも今後、まだまだ増えるだろうね。
　近年の情報通信技術の進歩は、驚異的に早い。ちょっと前までスマホやタブレットなんて想像すらできなかったよ。しかも衝撃的なことに、雑誌に「いまや、ひと昔前のコミュニケーションツールとなったメール」なんて記事が載ってたんだよ。驚いたね。今はLINEやツイッターの時代なんだそうだ。しかし、メールが古いって、へこみそう……。
　でも、技術が進めば進むほど、犯罪やトラブルも多様化・複雑化する。それも忘れないようにね。僕らは大量にあふれている情報の中から、自分にとって正しいもの、必要なものを取捨選択し、使いこなす能力（**情報リテラシー**）を身につけなくちゃいけないんだ。
　最後にIT関連の犯罪やトラブルに対する法整備と、主な用語をまとめておこう。

IT化をめぐっての法整備

- **不正アクセス禁止法**…他人のパスワードの不正利用やデータの改ざん禁止。（2000年）
- **電子署名・認証法**…ネット上の文書に、**紙の文書同様の法的効力**を認める。（2001年）
- **個人情報保護法**…情報社会の進展に伴い、個人情報の適正な取り扱いを定める。（2003年）
- 青少年ネット規制法…（2009年）　保護者の申し出があれば、18歳未満の携帯電話などに**フィルタリング**（有害サイトアクセス制限）をかける義務づけ。

IT・その他の用語

- ネットバンキング…　ネット上での銀行取引サービス。無店舗銀行も存在。ジャパンネット銀行（2000年）が初（セブン銀行やソニー銀行も）。
- **電子マネー**…　ICカードに現金情報を記録し、お金のように使う方式。SuicaやPASMOが典型。
- **SOHO**の増加…Small Office／Home Office。ネットを使った**在宅小規模経営**。
- オンライン証券…　ネット上での株取引専門の格安証券業者。
  ▶ディスカウント＝ブローカー
  「格安＋24h.取引」➡**デイトレーダー**の増加につながる。
- **ユビキタス**…「いつでもどこでも」ネット接続できる環境や技術。
- **ノマドワーキング**…スマホやノートPCで場所を選ばず仕事をする働き方。
  ▶ノマド＝遊牧民
- **SNS**…Facebookやツイッターなど、**双方向性**のある**webサイト**。

❹ 国際化

現代は世界中で「人・モノ・カネ・情報」の**ボーダーレス**（＝**無国境**）化と**グローバル**（＝**地球規模**）化が進展している。当然、異文化に触れる機会も多くなる。そこで注意を要するのが**異文化理解**のあり方だ。その注意点をしっかり把握しよう。

> 異文化理解には、どういう姿勢が必要なんですか？

それは**文化相対主義**（＝絶対的な文化などない）の立場に立ち、**自民族中心主義**（＝**エスノセントリズム**）を排除することだ。

> エスノセントリズム？

エスノセントリズムは、偏狭で危険な思想だ。この思想に毒されたため、ナチスはユダヤ人の虐殺（＝ホロコースト）を行い、日本人はアジアの民を「大東亜共栄圏」に併合しようとした。

「世の中に絶対的な文化などない」——常にこの気持ちを忘れず、**異文化の持つ普遍性と個別性を理解する**ことが必要だ。

異文化の普遍性と個別性の理解

- **普遍性**：同じ人類が生んだ文化
- **個別性**：異なる風土・民族が生んだ文化

→ どちらも尊重

これができた上で、**多文化主義**（＝各民族の多様性を保持しつつ共存）を推進できれば、言うことないね。

❺ 家族の変化

都市化の進行に伴い、家族の形態も大きく変化してきた。

戦前の日本では、**民法に規定された「家」の概念に基づき家族を構成**するのが基本だった。これを「**家制度**」と言う。

> 家？　家庭とかいう意味での「家」のこと？

そうじゃなくて、この場合の「家」とは、**財産・家名・家業などを継承させる共同体**だ。茶道や華道、歌舞伎、能などの集団では長のことを「家」元とか宗「家」とか呼ぶけど、それと同じ考え方だね。ちなみに**家制度における長は家長**、つまり父親だ。

家長の権限は絶対だ。婚姻・離婚・居住権など、家族はあらゆる事柄で、家長には絶対服従だ。この**家長の権限は、民法の規定により長男1人が相続する**（＝

家督相続）。長男がいないときは養子もOK。**家制度では血のつながりより「お家の存続」の方が重視される**。しかし女子に認められる権限は一切ない（＝男尊女卑）。

> すごいな～。家族愛よりも制度重視ですか。

でもこれは、不自然な形態だ。だから**戦後廃止され、今日では核家族**（夫婦と未婚の子ども）**が主流になった**んだ。

> 核家族は戦後の新しい家族って感じですもんね。

いやいや、核家族は新しくなんかないよ。それどころか、核家族は**人類にとって最も普遍的な家族の形態**なんだよ。

> えー！　そんなバカな。

だって人間は第二次性徴の発現後に自立への欲求が高まり、親から離れて独立するわけでしょ。ならその**自然の欲求に従って動けば、人類はみな核家族になるはず**だよ。家制度ってのは、中世～近代にかけての武家社会が、この自然な流れをゆがめてできた産物なんだ。

　しかし、核家族にも問題点は多い。今日現れてきている問題点を、簡単に押さえておこう。

核家族化の問題点

- (家族の絆の希薄化) … 「**家族の最小限の機能**」すら、機能不全に。
  ▶パーソナリティの安定化／子どもの社会化

  ⇩

  「家に帰るとホッとする」という気持ちも、子どものしつけも、関係性の希薄な核家族では、十分に機能しないことが多い。

- 負担の増加　　　… 育児負担増、働き手は病気やケガで休めない。
- **少子化**　　　　… 育児負担の増加に対応しきれず、**出生率低下**。
- 独居の高齢者の増加 … 核家族の構成から外れてしまう。

❻ 女性の社会進出

今日の日本国憲法**第24条**では、戦前の民法に基づく家制度とは違い、「==両性の本質的平等==」が保障されている。

これにより**女性の高学歴化**が進行し、加えて家電製品（冷蔵庫・洗濯機・掃除機・炊飯器など）の技術革新が**家事負担を軽減**させ、さらには核家族化によって**家計負担が増加**している。どれも女性の社会進出につながる要素ばかりだ。近年では出産育児の時期にいったん会社を辞め、子育て終了後に再び就職するパターンが定着してきた。

そうすると、女性の労働力率を表すグラフは右図のように「==M字型カーブ==」になる。この==Mがだんだん上にシフトしているのはそれだけ女性の社会進出が増えてるって==ことなんだ。

これだけ女性の社会進出が常態になってくると、当然、環境面での整備が必要になってくる。

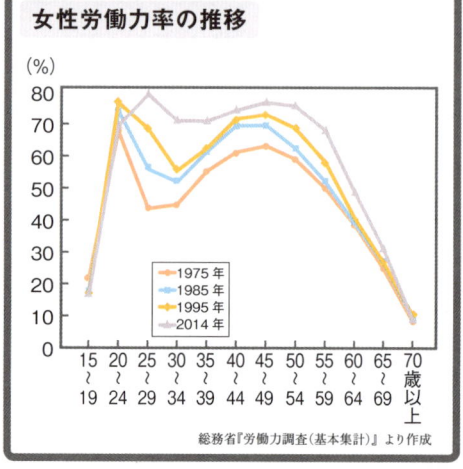

女性労働力率の推移

（グラフ：1975年、1985年、1995年、2014年の年齢階級別労働力率）
総務省『労働力調査（基本集計）』より作成

女性の労働環境に関する法整備について、まとめておくので確認しておこう。

男女共同参画社会基本法（1999年制定）

目的 男女の固定的な役割意識を改め、仕事・家庭・政治にともに参加。
　　➡ **ジェンダー**（社会・文化的に形成された男・女らしさ）の撤廃をめざす。

〈主な内容〉

・男女の役割の固定化 ➡ できる限り中立に。
・家庭生活と社会参加の両立（男女とも）
・積極的差別是正措置…
　▶ポジティブ＝アクション

実質的平等のため、一定の範囲で**女性のみに特別な機会**を提供（「女性の管理職を増やす」など）。

- **夫婦別姓（べっせい）** … 夫婦の98％は夫の姓で統一しているが、これは女性の不利益大とされる（名刺の刷り直し、出版物の著者名の変更など）。

  ↓ 対策

  選択的夫婦別姓制度の導入**案**（＝民法改正案） ➡ **but** **自民党反対**、民主は消極的で、実現には至らず。2015年5月現在も検討中。

性的暴力への対処

- **セクハラ**：男女雇用機会均等法改正で、セクハラ防止義務。
- **ドメスティック＝バイオレンス（DV）**：**親しい男性（＝夫・恋人）からの暴力**。

  ⬇

  国連「**女性2000年会議**」を経て、日本でも2001年、「**DV防止法**」成立。

❼ その他

NPO（非営利組織）とNGO（非政府組織）の違い

> どちらも**民間**で**非営利**の**活動**を行う団体で、**実質的には共通概念**。強調したいポイントの違い。近年は公害や震災対策、いじめへの対処、ホームレス支援など、**行政の不備が目立つ**さまざまな面を、NPOやNGOが**補完**している。

日本での使い分け
- NPO：主に**国内**で行う、「非営利」の活動。
- NGO：主に**国境を越えて**行う、「民間」の活動。

※ よく比較されるもの①…ODA（政府開発援助）とNGO
- ODA：政府による政府に対する開発援助。
- NGO：市民による市民に対する開発援助など。

※ よく比較されるもの②…ボランティアとNPO
- ボランティア：**個人**で自発的に行う無償活動。
- NPO：**組織**で継続的・自発的に行う無償活動。

⬇

一定規模以上の活動を継続的に行うため、**有償の専従スタッフや専門家**を確保することが多い。 → ●利益配分はしないが**活動に費用はかかる**。

負担軽減のため、**NPO法**（**特定非営利活動促進法**）成立（1998年〜）。一定基準を満たしたNPOは**認定NPO法人**となり、**税制優遇**あり。

以上、現代社会におけるいろんな問題を見てきたけど、共通して言えることは、世の常識は時代とともに変化するってことだ。学習するには大変だけど、そこがまた面白いところでもある。頑張ろう！

チェック問題 | 18

男女が性別にかかわりなく活動できる社会の実現をめざす法制度に関する記述として最も適当なものを、次の①〜④のうちから1つ選べ。

① 男女雇用機会均等法は、各企業に対して、従業員数を男女同数にするよう求めている。

② 育児・介護休業法は、乳児を持つ親が育児休業を申し出ることを義務づけている。

③ 男女共同参画社会基本法は、国や自治体の政策・方針の立案や決定に、男女が共同で参画する機会を確保するよう求めている。

④ ドメスティック＝バイオレンス防止法は、職場の上司による暴力や性的な嫌がらせから被害者を保護している。

(本試験)

解答 … ③

解説 男女共同参画社会基本法は、男女の固定的な役割意識（＝ジェンダー）をなくすことを目的に、1999年に制定された。2001年には内閣府内に「**男女共同参画会議**」も設置されている。

①：何でもかんでも男女同数がいいとは限らない。例えばエステティックサロンとか女子寮の管理人など、男性が勤めにくい職場もあるし、過去の差別を是正するため、一時的に男子や女子のみの雇用を増やさないといけない場合もある（＝積極的是正）。

②：同法では、育児休業を求めてきた労働者の申し出を企業は拒否できないことになっているが、労働者側が必ず育児休業を求めないといけないとは規定されていない。所得保障が不十分な法だから、金銭的に働きたい人だっているもんね。

④：これは**セクハラ**や**パワハラ**と呼ばれるもので、ドメスティック＝バイオレンス（DV）ではない。

20 その他の問題

1 生命倫理

ここでは何を勉強するの？

ここで勉強するのは**生命倫理**(**バイオエシックス**)だ。

従来までの人間の生死は、単なる自然現象にすぎなかった。

しかし近年の医療技術や生命工学(**バイオテクノロジー**)の進歩は、そこに新しい問題を生み出した。

生命に対する人為的操作は、どこまで許されるのか。人の生死に人間の手が加わることで、いったいどんな問題が起こるのか。生命倫理とは、それらを考える項目だ。

❶ 生まれ方の問題

ここでは、**人工生殖技術**と**クローン**について見てみよう。

人間の誕生方法の選択肢も増えたもんだ。確かにこの辺の技術が普及すれば、不妊治療の役に立つ。人間以外で活用すれば、食糧対策や種の保存にも活用できそうだ。

いいことばっかりですね。

しかしけっこう問題も多い。当事者の立場になればわかるけど、問題の多くは、**法に触れるかどうかよりも、感情面で納得がいかない**といった性質のものばかりだ。

そう、生命倫理で扱うテーマは**合法性よりも「倫理的に許されるか」という点に着目**して見ていくのが基本だ。

人工生殖技術：
- ❶ 人工授精…母体内に精子を人工的に注入。
- ❷ 体外受精…人為的な受精後、母体に戻す。
- ❸ 代理出産…腹だけ借りる。(精子・卵子は夫婦のもの)

問題：
① 精子提供されての**夫婦間以外の出産**も可。（反倫理的）
② 男女の生み分け、生む生まないの選択可。（反自然的）
③ 親権をめぐるトラブル。（卵子提供者 vs 出産者）

　❶も❷も、法的には何ら問題はない。❸だって、出産後は子供を依頼者（卵子提供者）に引き渡す契約になってるんだから、まったく問題はない。
　でも、確かに感情的にしこりが残りそうなものばかりだ。どれをとっても、どっかからクレームがきそうだね。こんな内容を扱うのが生命倫理。**生命倫理に万人が納得できる結論はない**。
　クローンについても、同じような視点で確認しといてね。

クローン：無性的に増殖した、遺伝子組成がまったく同じ個体や細胞群。
　　　　　　（→卵細胞の核を除核し、体細胞の核と入れ換える）

　　　　　※ 羊など（クローン羊**ドリー**）で成功。人間でも技術的に可能。

問題：
・個人の複製は許されるのか。（「キリスト複製論争」あり）
・法的性格の問題。（→法的には「本人」or「子ども」?）
・生の連続性…無限の生命への得体のしれない恐怖。

◉日本では**クローン規制法**で、**クローン人間の作製は禁止**。
　▶2000年　　　　　　　　▶欧州諸国も禁止

※ただし、**ES 細胞**（受精卵から作製する**万能細胞**）・**iPS 細胞**（受精卵を使わず作製できる画期的な細胞）の研究・作製は、日欧ともに OK。

😊　あ、iPS 細胞って、確かノーベル賞の…

😟　そうなんだ。これは従来注目されていた **ES 細胞**と同様の**万能細胞**なんだけど、ES 細胞が受精卵から作るという点で倫理的問題を指摘されてたのに対し、**iPS 細胞**の方は**受精卵を使わない**。だからこちらは**生命倫理上の問題もクリアー**してるってことで、大変話題になったんだ。

> ちょっと待って。万能細胞って？

万能細胞とは、特定の組織や臓器に成長させることのできる細胞のことさ。今後の技術次第では、自分の腎臓のスペアなんかも作れるはずだ。こういう医療を**再生医療**と言う。

ただし厳密に言うと、**ES細胞と違ってiPS細胞の方では、「万能細胞」という言葉は使わない**。「万能（＝どんな部位や組織でも作れる）」ではなく「**多能性**（＝多くの部位や組織を作れる）」だからというのが、開発者の言葉だ。

ちなみに、組織や臓器に成長する細胞を幹細胞と言うんだけど、ES細胞は正式には「**胚性幹細胞**」、iPS細胞は「**人工多能性幹細胞**」と言う。そして、**京都大学の山中教授は、このiPS細胞の開発につながる発見をしたことで、2012年にノーベル医学・生理学賞を受賞した**というわけさ。

❷ 死の判定の問題

臓器移植技術の進歩は新たな問題を生んだ。それは、新鮮な臓器を入手することの重要性が一層高まったからだ。

でも、新鮮な臓器が欲しいという理由だけで「脳死も人の死」と認めてしまってもいいのか。次は、脳死と臓器移植の問題について見てみよう。

死の判定

従来の人の死　　　・心臓の停止
　＝　　　…　　　・呼吸の停止　　➡「**死の三徴候**」に基づく。
心臓死のみ　　　　・瞳孔の散大　　▶脳死判定なし。

but 臓器移植法より、条件付きで「**脳死 ＝ 人の死**」となった。
　　▶1997年

・臓器提供＋脳死判定受け入れ意思を、**生前に書面で明示**。
　　　　　　　　　　　　　　　　▶ドナーカードも可。
・家族もそれらに同意。

この臓器移植法が 2009 年に改正され、こうなった。

臓器移植法改正（2009 年）

- 今後は**どんな場合でも**「**脳死＝人の死**」（臓器提供意思の有無にかかわらず）
  ▶ ただし家族に脳死判定拒否権あり
- 臓器提供は「**家族の意思**」だけで **OK**。→本人が拒否の場合を除く。
- 臓器提供は **15 歳未満からでも OK**。→従来は禁止。
- **運転免許証や健康保険証にも臓器提供意思表示欄**を創設。
  ▶ 従来のドナーカードも継続。

　従来の臓器移植法では、ドナーカードを持っている人だけ心臓死と脳死の「2つの死」があるという奇妙な状況だった。

　しかも、そのドナーカードが広まらない上、15 歳未満からの提供はダメで、その結果、**12 年間でわずか 81 件しか脳死者からの臓器移植が行えなかった。**これでは、待機患者が気の毒だ。

　そこで、上記のような改正となったわけだ。今では確かに、健康保険証の裏にも、臓器提供の意思表示欄ができている。

　これによって臓器移植は進むだろう。しかし、**脳死を人の死として全面的に認め、死の判定基準を広げたことで、今度は生死の判定が雑になったなどの批判が起こる可能性**も出てくる。そう考えると、やはり生命倫理に完全な正解を求めるのは難しいね。

　最後にもう 1 つ付け加えておくと、日本は元々臓器移植法とは無関係に、**欧米よりも臓器提供者（＝ドナー）の数が少ない**んだ。

　理由は、日本人独特の死生観にあるという人もいる。日本人は伝統的に死の穢れを嫌う。だから「**死体をいじる or 死体からもらう＝穢れ**」という意識を拭いきれないという説だ。

❸ 死に方・治療態度の問題

　死に方の問題とは、半端な延命治療で苦しみたくないとか、植物状態で長々と生きたくないといったことだ。医療技術の進歩に伴って、死の選び方にも配慮が必要になってきたんだ。

❹ 近年注目される死と治療

近年は、いたずらに生命を神聖視して何が何でも延命を図った従来の医療（「**生命の神聖性＝SOL（Sanctity of life）**」重視）とは違って、**場合によっては「死ぬ自由」をも求める**「**生命の質＝QOL（Quality of life）**」重視へと、医療が変わりつつある。

そのあたりを、さまざまな言葉とともに見ていこう。

- **安楽死**…治癒の見込みのない末期患者の苦痛緩和が目的。
  ▶安楽死合法国はオランダ・ベルギーなど少数。

  安楽死には**積極的安楽死**（薬物投与などで「殺してあげる」）と**消極的安楽死**（延命治療をやめる）の2パターンがあるが、日本では「**前者は殺人罪で起訴／後者は法的に容認**」となる。

- **尊厳死**…「**人間らしい死**」の選択と実現。
  ▶植物状態や抗ガン剤治療での延命の拒否。

  延命技術が進歩したせいで、近年は「人間らしくない生（植物状態や苦痛を伴う治療による延命）」も増えた。ならば「**人間らしく死にたい**」という患者の**自己決定権**を尊重することも大切だ。
  尊厳死とはそのような死に方についての「**理念**」であり、それを具体化するための「**手段**」が安楽死となる。

- **リビング＝ウィル**…生前に示す「**尊厳死の宣言書**」。

  植物状態になってからでは意思表明ができないため、尊厳死は選択できない。ならば自分が将来的にそのような状態になることに備えて、**意識があるうちに「植物状態になったら尊厳死を希望」と示しておく必要がある**。それをしたものがリビング＝ウィルだ。

- **インフォームド＝コンセント**…医師による治療方針の「**説明**」と患者の「**同意**」。
  ▶医師の使命感で、望みもしない臓器移植や抗ガン剤投与をされては迷惑。

  かつての医療は「医師が患者を治すのは当然」と考え、患者が望んでいない治療（抗ガン剤治療）などを、医師が勝手にどんどん行うことが多かった。こういう従来の医療のあり方を「**パターナリズム（父権的温情主義）**」と言う。

でも**今は、患者の自己決定権尊重が主流**。なら医師は、患者に対して**事前に治療方針を「説明」し患者もそれに「同意」した場合にのみ治療を行うべき**だ。この考えをインフォームド＝コンセントという。

- **ホスピス＝ケア**…治療の見込みのない末期患者用の介護。
  ▶苦痛緩和 ＋ 死の恐怖の緩和

❺ その他の近年の動向

　その他、出題が予測される範囲を、軽く見ておくことにしよう。

- **出生前診断**
  妊娠成立後(＝受精卵が子宮に着床後)に、胎児の異常の有無を診断。

- **着床前診断**(＝受精卵診断。こちらは「**妊娠成立前**」)
  体外受精の受精卵に、異常がないかどうかを診断。

- **遺伝子組み換え食品**
  1994年より商品化。→ 2001年より「**食品表示**」開始。
  - 組み換えなし：表示義務なし。
  - 組み換えあり：「遺伝子組み換え○○使用」
  - あり＋なしの混合：「遺伝子組み換え○○**不分別**」

- **ヒトゲノム**
  ヒトの全遺伝情報の解析。→**解読完了**(日米英が宣言・2003年4月)
  ➡今後は「ポスト＝ヒトゲノム計画(＝新薬・治療法の開発)」加速へ。

2 環境倫理

　ベーコンやデカルトあたりから、僕たち人間は、だんだんと自然に対する謙虚な姿勢を失っていく。
　「自然は神の被造物ではなく、科学の対象だ。もう神への遠慮は不要。人間は自然を利用し、支配してもいいんだ」──こういう考え方に基づいて、近代科学

は発展した。

でも、これって「**人間生活を良くするためなら、自然なんか破壊したってかまわない**」ってなるでしょ。それじゃダメだ。僕らだって自然の一部なんだから、**環境への配慮ゼロでは、いずれ科学も生活も、行き詰まる**のは必至だ。

今までは、それでやってこられた。でももう限界だ。これからは**環境と人間生活が両立できる道を探さないと**ね。僕らは、そんな岐路に立たされているんだ。

> 😀 どうすればいいの？

> 😟 必要なのは「**世代間倫理**」の考え方を浸透させることだ。

近代的な自然観の最大の問題点は、環境破壊の将来的なダメージにまで考えが及ばず、「**人類が潤（うるお）う**」と「**自分たちだけが潤う**」を混同した点だ。

でも現代に生きる僕らには、その欠点は見えている（ていうか、実際そのダメージの中で生活している）。ならば少なくとも僕らは、**将来世代に迷惑をかけちゃいけない**。これが世代間倫理だ。

> 😯 世代間倫理という考えは、いつ頃から出てきたの？

> 😟 はっきり示されたのは、1992年の「**国連環境開発会議**」（＝**地球サミット**）からだ。この会議のスローガン「**持続可能な開発**」は、まさに**世代間倫理の具体化をめざすもの**だ。

ちなみに、1972年に開かれた「国連人間環境会議」のスローガンは「かけがえのない地球」。ここには危機感だけがあって、具体性がない。このスローガンの推移も面白いね。

つまり僕らは、まず「このままじゃイカンぞ」と気づき、そしてその20年後に、世代間倫理の具体化をめざし始めたわけだ。

国連環境開発会議　1992年・リオデジャネイロで開催
▶「**地球サミット**」

スローガン：「**持続可能な開発**」（→**開発権の世代間公平**（現在＋将来））
　　　　▶ 1972年の国連人間環境会議では「かけがえのない地球」。

成果
- リオ宣言…「持続可能な開発」をめざす宣言。
- **アジェンダ21**…環境保護のための**具体的な行動計画**。
  ▶ 森林・野生生物保護・砂漠化防止・途上国の貧困解決など。

😊 環境倫理で、他に気をつける点はありますか？

😟 あるとも。まとまった説明が必要なものとしては地球温暖化やリサイクルの動向、あとは環境破壊の種類や、単発の用語・考え方あたりかな。特に地球温暖化は、日本で採択された**京都議定書（ぎていしょ）**がある上、近年各国の動きも活発化している。まずはその辺から見てみようか。

地球温暖化対策…温室効果ガス（主に CO_2）削減に向けて

- **気候変動枠組み条約**（1992年）…あまり具体性なし。
- **京都議定書**（1997年）…**各国の具体的な削減数値目標**を設定。
  ▶ EU 8％／米 7％／日本 6％

  ⬇

  ◉ 先進国全体で **1990年総排出量比5％**の削減を。
  ▶ 2008年～2012年で実施

but 条件厳しく実現は困難 ⇒
- **さまざまな工夫**でクリアーをめざす。
  ▶ **排出権取引**（＝各国間で％の売買）など
- **森林吸収分**でも％を相殺できる。

※ 削減開始前年（＝2007年）にあった大きな出来事

- **IPCC**（気候変動に関する政府間パネル）
  ＋
- **ゴア**（映画『不都合な真実』で温暖化危機を訴えた。）

⇒ **ノーベル平和賞を受賞。**

問題
- 米が離脱（世界2位の排出国）。
- 途上国は目標設定せず。
  ▶ 中国・インドは1位と3位
- 2013年以降の動向が不透明。

⇒ **ポスト京都議定書**（2013年～）では、これら**最大排出国の参加**が非常に重要。

これらに加えて、京都議定書最新の動向も知っておこう。

まず、アメリカ・中国・インドなど、「**CO_2排出量が世界トップクラスなのに議定書に参加していない国々**」の問題。これらは2009年より**COPと呼ばれる締約国会議には参加するようになったが、削減義務は負ってないまま**だ。

続けて「**ポスト京都議定書**」問題。これは「**2013年以降の新たな削減目標をどうするか＋途上国も参加させるか**」という問題だけど、残念ながら**新たな削減目標は設定できず、現状の京都議定書を2020年まで延長**することになっている。

さらには「**新たな離脱国**」の問題。なんと**日本・カナダ・ロシア・ニュージーランドが、京都議定書から事実上離脱**してしまった。正確には「2013年以降は、（COPには参加するが）法的な削減義務を負わない」と表明したんだ。

日本はかつて鳩山首相が「2020年までにCO_2排出量を25％削減する」と国連の場で表明したこともあった（2009年）が、原発（CO_2を出さない）の再稼働が困難となっている震災後の日本にとっては、もはや無理な話だ。

読んでて気持ちが沈んでいきそうだけど、これらが京都議定書をめぐる世界の最新動向だ。

次は、リサイクルの動向だ。

循環型社会形成推進基本法（2000年）

「有用な廃棄物＝**循環資源**」ととらえ、リサイクルなどの徹底を。
　▶リサイクル政策の基盤となる法

⬇

〈主な内容〉

- **拡大生産者責任**　…　メーカーには「生産→**使用**→**廃棄**」に至るまで一定責任あり。
　　　　　　　　　　　　　　　▶拡大された点

　＋

- **排出者責任**：事業者（小売店など）：「**3つのR**」の促進。
　　　　　　　　　＝廃棄物の「**リデュース→リユース→リサイクル**」
　　　　　　　　　　　　▶発生抑制　　▶再使用　　▶再生利用
　　　　　　消費者：長期使用、再生品利用、分別回収への協力。

〈個別のリサイクル関連法〉

- **容器包装リサイクル法**(1997年)
  - **自治体**：すべての容器包装ゴミの**回収義務**。
  - **企業**：自治体から引き取り、**再商品化（＝リサイクル）義務**。
    - ▶ただし**缶**は**再商品化義務なし**（自治体の回収のみ）。

- **家電リサイクル法**(2001年)
  - 家電四品目（＝冷蔵庫・洗濯機・エアコン・TV）を
    - **小売店**：回収義務
    - **メーカー**：再商品化（＝リサイクル）
    - **消費者**：リサイクル費用を負担。
  - ⇒ 費用負担を嫌って不法投棄増。

- **自動車リサイクル法**(2002年)
  - 自動車購入時、消費者がエアコンのフロンやエアバッグの回収費用を上乗せして支払う。▶リサイクル費用の前払い。

- **グリーン購入法**(2000年)
  - **国の機関**はできる限り環境負荷の小さなものを購入。

循環型社会とは「**天然資源の消費を抑え、環境への負荷をできるだけ低減させた社会**」のことだ。このような社会を実現させるにあたって、リサイクル関連法の充実は欠かせない。

もちろんこれは人ごとではなく、**近年は消費者の責任を明記する法も多く出てきた**。やはり環境問題は、人任せでなく、僕ら自身が取り組むべき問題だってことだね。

最後にその他の環境問題や環境用語・代表的な書籍などにも触れておこう。それほど深くは出題されないと思うけど、最近の「倫理」は出題の幅が広がり、どこが出されるかわからず油断がならない。だから手を抜かず、しっかり見ておいてね。

環境破壊の種類

オゾン層の破壊	**フロンガス**の使用によって、地球上空にあるオゾン層が破壊され、紫外線が直射する。
酸性雨（さんせいう）	工場から出る煙や排ガスが原因で、強い酸性の雨が降り、森林や遺跡を破壊する。
ダイオキシン	プラスチックの焼却などで発生する毒物。ガンや奇形児の原因となる可能性が動物実験から指摘されている。
環境ホルモン	ホルモンの働きを混乱させ、生殖異常などを発生させる。 ▶原因物質不明。ダイオキシン類が有力候補

代表的な出版物・言葉

『沈黙の春』（ちんもく） ▶カーソン	環境問題に関する最初期の警告本。DDTなどの農薬が生物濃縮を引き起こす危険性を検証。
『成長の限界』 ▶ローマクラブ	今のペースで環境破壊が続くと、近い将来人類は死滅すると警告。（※ローマクラブ…世界の科学者・経済学者の集まり）
宇宙船地球号	地球は宇宙船同様、閉ざされた空間。（→みんなで守ろう）
ナショナル＝トラスト	遺跡や景観地を買い取って保護する市民運動。
エコマーク	環境保全に有用な商品のマーク。（環境省認定）
エコシステム	生態系（せいたいけい）のこと。
ゼロ＝エミッション	国連大学提唱の「**廃棄物ゼロ計画**」。すべての廃棄物を**別の箇所**での**資源化**と結びつける構想。
コジェネレーション	エンジン等の**廃熱を、動力や熱に利用**。 ▶リサイクルではなく省エネ。
デポジット方式	「**空き容器返却→代金の一部返還**」方式。 ▶法制化はされていない。

3 労働・社会保障

女子雇用をめぐる状況や高齢化社会の問題などは「政経」や「現代社会」の範囲だけど、近年は「倫理」でも時々出題される。

❶ 女性雇用

前章の「現代社会の特質」で、女性の社会進出にかかわる要素は見た。でも、そこには労働環境に関する細かい内容が入ってなかった。だから面倒だけど、それらも見ておこう。

女性の労働環境に関する法整備

- **男女雇用機会均等法**…1985年制定 ➡ **1997年改正**。

	制定当初	改正
雇用・昇進等	機会均等の「努力義務」	**「差別禁止」規定に**
罰　則	なし	**違反企業名の公表**
その他	──	**セクハラ防止義務**(新たに)

※2006年の改正(施行は2007年)で「間接差別(身長制限を設けてどちらかの性を差別するなど)の禁止」「男性へのセクハラ禁止」が追加された。

- **労働基準法**… 1947年制定 ➡ **1997年改正**。
  - ・女子の深夜労働の禁止　　　これらの**女子保護規定**は
  - ・女子の時間外労働の制限　➡　1997年**原則撤廃**に。

- **育児・介護休業法**(1999年)…育児・介護目的での休業可に。
  - ・男女労働者とも、休業申請可。▶育児・介護は男女の仕事。
  - ・企業は申し出を断れない。▶ただし違反しても「罰則なし」が現状。
  - ・休業中の所得保障が不十分。▶従来の「所得保障なし」よりは改善。

- **パート労働法**(1993年)…**フルタイム労働者**との**条件格差是正**をめざす。
  　　　　　　　　　　▶正規に雇用された社員

女子についてはまだまだ雇用情勢が厳しいのが現状だ。でも法整備も徐々に進んでいる。もうしばらくの辛抱だ。

❷ 高齢化社会

老年人口の増加に伴い、日本の高齢化の問題も、次第に深刻味を増してきている。

老年人口ってのは65歳以上を指す。日本の老年人口比率、何と**2014年には25.9％に達している**！　老年人口7％で「**高齢化**社会」、14％で「**高齢**社会」、21％以上で「**超高齢**社会」という区分になるから、**今の日本はもう「超高齢社会」**だね。

> 日本はそんなに老人が多いの？

日本は**男女合わせた平均寿命が世界一**だ。だから確かに老人は多い。でもそれだけじゃ、この比率の高さは説明できない。

老年人口比率が高い理由はもう1つある。それは**少子化**だ。若者が増えてないんだから、そりゃ老年人口比率も上がるさ。

> 何で若者が増えてないの？

日本では戦後の高度成長期以降、仕事を求めて地方から都市に定住する若年層が増加した。

でも、彼らの多くは共稼ぎで、金銭的にも時間的にも、とても子育ての余裕はない。こんなとき頼りになる両親も、田舎に置いてきちゃった。これでは子どもは持てない。

さらに加えて、今度はバブル後の不況だ。時間がない・親もない・金もないでは、ますます子どもの持ちようがない。

だから今、**出生率**はどんどん下がってて、**女性が一生のうちに産む子どもの数の平均（＝合計特殊出生率）は、今や1.3～1.4人**ぐらいにまで落ち込んでいる。

終戦直後のベビーブームで生まれた世代（＝**団塊の世代**）の平均が4.5人だったことを考えると、これからますます老人が増え、少ない若者で彼らを養わなきゃいけないことがわかるだろう。

> 具体的にはどうすればいいの？

まずやらないといけないのは、**老人福祉の充実**だ。

政府は1990年から「**ゴールドプラン**」を開始した。これは当時の厚生省（現厚生労働省）が中心となって提唱した、**老人福祉サービスの基盤整備の推進**案だ。

ここで生まれた主なサービスは、以下のようなものだ。

主な老人福祉サービス

- **デイサービス** … (デイサービスセンター（≒日帰り老人ホーム）で、老人を昼間だけ預かる。)

- **ショートステイ** … (介護が一時的に困難になった場合、特別養護老人ホームなどで、老人を短期間だけ預かる。)

- **特別養護老人ホーム** …常時介護が必要な老人用。

次にやらないといけないのは、**財源の確保**だ。

寄る年波に勝てない老人は、病院にしょっちゅう行く。でも働いてないから、保険料は払えない。そうなると結局、若い世代の納めた税金や保険料で、まかなうしかない。

でも、こんだけ少子高齢化が進めば、それも限界だ。だから新しい社会保険制度を作って、新たな財源を確保しようという話になった。そうしてできたのが**介護保険**だ。

介護保険以降、**医療と介護は分離**された。つまりこれからは、病気やケガの人は病院に、体の機能が衰えただけの人は主に在宅で介護サービスを受けることになったんだ。

> **介護保険制度**　2000年よりスタート
>
> 　高齢者の自立支援のため、**在宅介護サービスの充実**をめざす。保険料は**40歳以上の全国民**が負担。運営は**市町村**。(国ではない)
>
> 〈適用手順〉
>
> ・**要介護認定**を受ける… （健康状況に関するアンケートに答え、介護サービスを受ける必要があるかをチェック。）
>
> ↓
>
> ・**ケアプラン**の作成… （ケアマネージャーと呼ばれる専門職が、各人に必要な介護サービスを選択。）
>
> ↓
>
> ・サービス利用　➡　※ただし　＋
> 　　・介護保険料は**老人も支払う**。▶年金から天引き
> 　　・サービス料の**1割は自己負担**。

　これで僕らの負担も増えるけど、老人もお金を負担する(というか、強制的に年金から引かれる)ことになったから、「お金がなくて制度が破綻しました」って形だけは避けることができた。

😀　これでちょっと安心って感じですね。

😟　しかしこの介護保険、けっこう問題点も多いんだ。最後にそれら問題点も押さえておこう。

　まず最初の問題は、保険料やサービスの基準が、地域によってバラバラな点だ。各市町村ごとの運営になると、どうしても基準が統一できない。

　次はサービス不足の問題だ。まずは在宅で日常の世話をしてくれる**ホームヘルパー数が足りない**。また、在宅の医療的世話を行うための**訪問看護ステーション**も足りていない。

　そして最も厄介な問題が「**老老介護**」の増加だ。介護保険は在宅サービスが基本だから、制度施行後、それまで介護目的で入院していた老人の多くは、強制的に退院させられた。

でもそんな年老いた親の面倒を見るべき子どもは、都会に働きに出ている。そうすると例えば81歳の妻が83歳の夫の、70歳の息子が90歳の母の、82歳の妹が85歳の姉の面倒を見るなんてことも起こってくる。これが「老老介護」だ。

「老老介護」は今、社会問題にまでなっている。**社会保障を拡充させた結果、かえって社会不安が拡大している**んだ。

> 高齢化社会で、他に気をつける点はありますか？

高齢者に限らず、障害者でも同じだけど、彼らが暮らしやすい街づくりをすることも大切だ。

高齢者や障害者が普通に暮らせる社会作りをめざす理念を「**ノーマライゼーション**」と言い、彼らにとっての**物的障害物を除去**することを「**バリアフリー**」、また健常者、障害者、高齢者みんなが使いやすい製品デザインを「**ユニバーサルデザイン**」と言う。

もう若者本位、健常者(けんじょう)本位の視点は捨てないといけない時代だ。みんなで共生できる社会作り、めざしていこうじゃないの。

バリアフリーの関連法

- **ハートビル法**…公共の建物に高齢者や障害者が利用しやすい施設を整備。
  （1994年）
- **交通バリアフリー法**…駅や空港にエレベーターの設置義務など。
  （2000年）

⬇

◉ 2006年統合されて「**バリアフリー新法**」に。

4 企業の社会的責任・役割を示す言葉

　営利目的で活動する企業の動向は、ともすれば批判にさらされがちだ。ここではそんな企業の社会的責任や役割を示す言葉を見ておこう。

企業の社会的責任（CSR）　／　社会的役割

- **コーポレート＝ガバナンス**（＝**企業統治**のあり方）
  株主や従業員、取引先などが企業経営をチェックし、**統制や不正防止**を図るあり方。

- **コンプライアンス**（＝**法令遵守**）
  言葉通りの意味。ただし**モラルハザード**（＝**企業倫理**の欠如）があっても法を破らなければ問題ないとの考えにもつながる。

- **メセナ** … 企業の出資で行う**芸術・文化支援**活動。
  　　　　▶ but バブル期には絵画の投機などを誘発。
- **フィランソロピー** … 企業による**慈善活動**。

　⬇
　※企業の**金儲け主義への批判に対する対策**という意味合いもあり。

---

5 少数民族・在日外国人の扱い

- **指紋押捺制度**：**外国人登録法**に基づく指紋押捺制度は**全廃**。（1999年）
  　※ただし**出入国管理法**に基づく**指紋採取を義務化**。（テロ対策・2007年）
- **参政権**：国・地方とも**一切なし**。（➡ 一部自治体での**住民投票権**のみ）
  　※最高裁は「**地方参政権OK**」だが、法改正がなく**現状は不可**。

- **公務員の国籍条項**：法にはないが「**採用募集要項**」中にあり。
  ▶**日本国籍を有する者**

  ⬇

  - 理由：**国家意思の形成**に関われるのは、**主権者**だけの**権利**だから。
    ▶「**地方**」ならOK？
  - 現状：**地方**で、主に技術職を中心に◉**国籍条項の撤廃**始まる。
    ▶**国ではほとんど進まず**。

- **労働者**：**出入国管理法**上、外国人労働者の受け入れは
  「**知識・技術の高い者OK／不法就労者はダメ**」

  ⬇

  ※ ただし**労働立法**上は、外国人は◉**日本人同様に扱う**。
  ▶**不法就労者に対しても**

- **難民**：
  - 機関：**国連難民高等弁務官事務所**（UNHCR）
  - 条約：**難民の地位に関する条約**

  ⬇

  ・「**人種・宗教・政治**」**的理由**で難民になった者の受け入れ。
  ▶「**経済難民**」**は含まず**。

  ・難民の**追放**や**強制送還の禁止**。
  ▶日本も条約加盟しているが、難民受け入れには消極的。

- **少数民族**：**アイヌ文化振興法**でアイヌ民族保護。
  ▶差別的な北海道旧土人保護法は廃止。

  ※ 同法では「**アイヌの人々の"先住性"は歴史的事実**」としながらも、**先住"権"については規定していない**。（土地所有権や独立運動に発展する恐れ）

6 その他の現代社会分野

資源・エネルギー問題

石油利用のあり方 …
- **一次エネルギー**…そのまま使う。(車のガソリンなど)
- **二次エネルギー**…加工して使う。(電力など)

石油枯渇の対策

- 省エネルギーの促進…**コジェネレーション**(エンジンなどの**廃熱を利用**)など。
- **バイオマス**(広い意味での「**生物エネルギー**」)などの実用化。
- 価格が上がれば**海底油田や極地**などの開発進む➡**確認埋蔵量**の増加へ。
  ▶採掘して採算の合う埋蔵量
- 燃費のいい車への乗り換え…**自動車税の****グリーン化税制**を導入。(2001年)
  ▶燃費のいい車は減税／悪い車は増税
- **原子力**への転換… 長所 ：再利用可／枯渇しにくい／温暖化対策
  ➡ but 事故の被害が甚大に。

東日本大震災・原発事故後の発電割合の変化

2011年1月	火力54％／原子力24％／水力その他21％
2013年	**火力88.3％／原子力1.0％**／水力その他10.7％

各国の動向：
国により方針違う…
- 独：**2022年までに原発の全廃**を宣言。
- 仏：全電力の**75％以上が原子力**。(推進国)

今後のエネルギー

- **バイオエタノール燃料**…トウモロコシなどを原料とする**バイオマスの一種**。➡ but 穀物価格upの懸念、温暖化対策にならず。
- **シェールガス**…シェール岩石から取れる**天然ガス**。**米国に莫大な埋蔵量**。
- **メタンハイドレート**…永久凍土や海底にある、シャーベット状の天然ガス。**日本近海で膨大な量が発見**される。

- **再生可能エネルギー**…風力・太陽光など、自然界から無尽蔵に取出可。
  ➡ 2011年、「**再生可能エネルギー法**」成立。**電力会社に買取義務**へ。
  （ただし供給過多で送電能力オーバー＋赤字→ 2015年改正で「買取抑制」へ）

グローバリズム

「人・物・カネ・情報」が、国境を越え自由に移動。

〈進展に伴う課題〉

異文化理解	…**文化相対主義**の立場に立ち**自民族中心主義**を排除。 ▶絶対的な文化なし　　▶エスノセントリズム 異文化の「**普遍性**＋**個別性**」を尊重。 ▶同じ人類が生んだ　▶異なる風土が生んだ
情報化の問題	…・インターネットの普及で、**個人情報流出**の危険増大。 ・**デジタル＝デバイド**（情報格差）の拡大。
環境と南北問題	…世界貿易の拡大は「**環境破壊＋途上国との格差**」拡大。 ◉ **WTO（世界貿易機関）**総会で NGO の抗議デモ発生。
貿易のあり方	…WTO は規模が大きくなりすぎ、意思決定に時間がかかる。

⬇

- ・二国間での **FTA（自由貿易協定）**など増加。
  　　　　＋　　　（日本もシンガポールなどと結ぶ）
- ・**EU（欧州連合）**で独自の**地域主義**の動き ＋ **加盟国の増加**
  　　　　　　　　　　　　▶リージョナリズム　　▶旧東欧の加盟

- ・**都市化** 背景：（**産業構造の高度化**）…・一次産業⊖➡農村部の**過疎化**
  　　　　　　　　　　　　　　　　　　　　　・二・三次⊕➡都市と周辺部の**過密化**

- ・**ドーナツ化現象**…中心部の**空洞化** ➡ 周辺過密化！
- ・**スプロール現象**…周辺部の無計画な市街地化（＝**虫食い状**）

➡ 環境の変化：**生活関連社会資本**の不備 ➡ 生活への不満
　　　　　　　▶学校、公園、病院など　　▶「くたばれ GNP」

人口問題

◉ 途上国の 人口爆発 。 … ・人口比率トップは**アジア**
▶多産多死 ⇒ 少死へ　　　 ・増加率トップは**アフリカ**

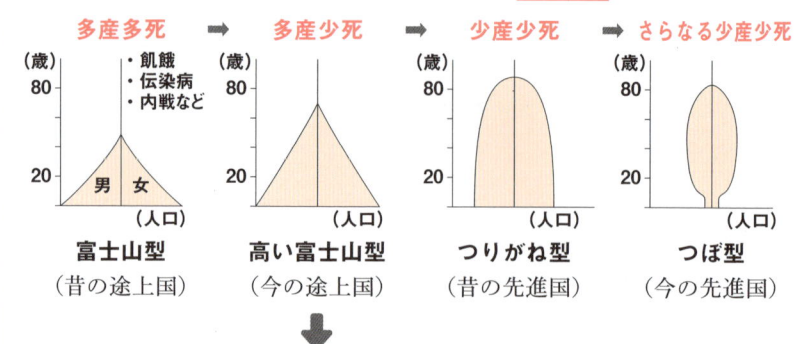

多産多死 ⇒ 多産少死 ⇒ 少産少死 ⇒ さらなる少産少死

富士山型	高い富士山型	つりがね型	つぼ型
（昔の途上国）	（今の途上国）	（昔の先進国）	（今の先進国）

・飢餓
・伝染病
・内戦など

⬇

[原因]：栄養改善／医学の進歩／子ども＝労働力／計画出産せず／宗教など

[問題]：**食料不足**、　　　　**環境破壊**、　　　　**都市問題**など
　　　　▶マルサス『人口論』　▶伐採➡砂漠化など　▶スラム化など

[対策]

・**国際人口開発会議**…家族計画 ＋ 「**女性の地位向上**」の必要性
　（1994年・カイロ）　➡「**性と生殖に関する健康と権利（リプロダクティブ＝ヘルス／リプロダクティブ＝ライツ）**」
　　　　　　　　　　　を提唱。
　　　　　　　　　　　▶子どもを生む・生まないは女性の権利

・**一人っ子政策**…（一人っ子は優遇。）➡ ヤミっ子／小皇帝
　（1979年〜・中国）　（2人以上は罰金。）　（農村）　（都市）

〈**高齢社会**〉…日本の老年人口：(2007年)21.5%➡(2014年)：**25.9**%に。

現在日本は
・「**4人に1人**」が高齢者。
・**2009年より世界一**に。

背景：
- 平均寿命延長
  - ▶ 男80歳／女86歳 ➡ 世界一
- 出生率低下(少子化)

➡ ●**若い世代の負担増**
  - ▶ 租税・保険料とも up
    (＝国民負担率 up)

⬇

※ **合計特殊出生率** 2.08 以下で人口減少へ ➡ 2013年は **1.43**。
  - ▶ 女性が一生に生む子どもの数

対策
- 老人福祉の充実…「**ゴールドプラン**」開始(1990年〜)

⬇

> ・**デイサービス** … 高齢者を昼間だけ預かる。
> ・**特別養護老人ホーム** … 常時介護の必要な人用。

- 高齢者用の<u>新たな財源</u>の必要…**介護保険制度** スタート(2000年〜)。
  - ▶ 保険料は 40歳以上の全国民が負担

⬇

手順：**要介護認定**受ける ➡ **ケアプラン**の作成 ➡ サービス利用
  - ▶ 介護を要するか　　▶ ケアマネジャーが　　▶ ただし1割は
    チェック　　　　　　サービス選択　　　　　自己負担

問題：認定が厳しすぎ／サービス不足／保険料の地域格差／**老老介護**(増)
  - ▶ よほどひどく　　▶ 特にホーム　　▶ 地方のほうが　　▶ 社会的入院
    ないと「自立」　　ヘルパー　　　　高くなりがち　　　不可のため

〈**少子高齢化**対策〉…● **2005年より人口減少**始まる ＋ 平均寿命は**世界一**
➡ 年金・雇用・子育てなど、やるべきことが多い。

- 年金改革…「**若者が払う保険料は up／高齢者がもらう年金は down ＋支給開始年齢は遅く**」へ。

- **後期高齢者医療制度**…従来までの老人保健を全面改定。
  (2008年〜)　　　　　75歳以上の高齢者＋65歳以上の障害者は、医療費を原則 **1割**負担＋保険料徴収。
  　　　　　　　　　　　　　　　　▶ 年金から天引き

- その他…外国人労働者の受け入れ拡大／**労働市場の整備**／生涯学習の充実
  ▶ 65歳まで働ける環境を

- 少子化対策**エンゼルプラン**…子育て支援。**保育機関・サービス充実**などめざす。
  ▶ **国・地方の責任／企業に協力の責任(少子化対策基本法)**

〈**雇用の流動化**〉…終身雇用の崩壊 ➡ パート・派遣(はけん)労働者が増加

対策
- 派遣労働者の需要の高まりを受け、**派遣職種は原則自由化**。
- 安い労働力の不当な人身拘束を避けるため、**雇用計画は原則3年以内**に。
- パートや派遣労働者への不当解雇防止のため、**解雇ルールの明文化(めいぶんか)**。

チェック問題 | 19

環境問題・貧困・紛争などの問題は、1つの国家だけでなく、世界全体で取り組まなくてはならない課題である。こうした問題と、その対応についての記述として最も適当なものを、次の①〜④のうちから1つ選べ。

① 地球環境問題に対応するため、1992年の地球サミットでは、「持続可能な開発」という理念が共有され、「リオ宣言」が採択された。

② テロリズムへの対応で重要なのは、エスノセントリズムを支持しつつ、テロ行為の歴史的・文化的背景を理解することである。

③ 非人道的兵器である地雷の廃絶を訴える国際世論の高まりを受けて、アメリカや中国を中心に、1997年対人地雷禁止条約が結ばれた。

④ 女性の地位向上をめざし、国際人口・開発会議では、雇用機会均等を確立するために、リプロダクティブ＝ヘルス／ライツを宣言した。

(本試験)

解答 … ①

解説
「**持続可能な開発**」は、1992年にブラジルのリオで開かれた国連環境開発会議(＝地球サミット)のスローガン。それを実現するための理念を示した**憲法**的文書が「**リオ宣言**」であり、その具体化のための行動計画を示した**法律**的文書が「**アジェンダ21**」。
②エスノセントリズムは「**自民族中心主義**」。テロ対策なら、その「排除」が必要なはず。
③NGO「**地雷禁止国際キャンペーン**」による各国政府への働きかけが発展して実現した**対人地雷全面禁止条約**には、地雷を戦略に組み込んでいる**アメリカや中国は参加していない**。
④**リプロダクティブ＝ヘルス／ライツ**(＝**性と生殖に関する健康と権利**)は、「**子どもをいつ・何人生むかは各人の決める権利**」という一種の**人口抑制**のための考え方であり、雇用機会均等のためのものではない。

20 その他の問題

さくいん

あ

アーキタイプ	19
アートマン	71, 72
IAEA	177
愛敬	218
愛しながらの闘争	164
間柄的存在	238
愛知	26, 35
IT化	264, 265
IT基本法	264
IT特区	264
アイデンティティ	8, 11
アイデンティティの危機(拡散)	11, 20
アイヌの先住権	289
アイヌ文化振興法	289
iPS細胞	273, 274
IPCC	279
アインシュタイン	177
アウグスティヌス	61, 62, 103
アウフヘーベン	145
青い鳥症候群	12
アカデメイア	40
アガペー	58, 176
アキレスと亀のパラドックス	30
action	188
悪人正機説	208, 209
悪法も法なり	37
アサンガ	79
アジアは一つ	242
アジェンダ21	279, 295
葦原中国	246, 248
アソシエーション	260
蕃神	193
アダム=スミス	152
アタラクシア	51, 54
アッラー	64, 65
アトム	28, 30
アドルノ	179
アナクシメネス	28
アナムネーシス	42
アニマ	19
アニミズム	246
アニムス	19
アパティア	52, 54
アパルトヘイト	178
アヒンサー	176
ア=プリオリ	136
安部磯雄	242
アマーティア=セン	176
『「甘え」の構造』	249
天岩戸	246, 248
阿弥陀聖	214
阿弥陀仏	202, 204
新井白石	217, 227
阿羅漢	77
アリエス	20
アリストテレス	45, 53
アリストテレス哲学	62
アルヴィン=トフラー	262
アルケー	27, 28
あれか、これか	158
アレテー	36
アンガージュマン	167
暗号解読	163
アンシャン=レジーム	130
安政の大獄	227
アンセルムス	63
安息日	56
アンチテーゼ	145
安天下	221
安藤昌益	225
アンビバレンス	8
安楽死	276

い

ES細胞	273, 274
eコマース	264
e-Japan重点計画	264
e-Japan戦略	264
井伊直弼	227
EU	291
イエス	57, 64
イエズス会	104
イエスの黄金律	151
家制度	266
怒りの神	56
「いき」	242
生きがい	21
『生きがいについて』	21
易行門	207
育児・介護休業法	283
イザナギ・イザナミ	248
イザヤ	55
「意識よりも存在」	171
石田梅岩	224
イスラーム	64
イスラーム法	66
イスラエル民族	55
偉大なる魂	175
一億総中流	258
一次エネルギー	290
一次元的人間	181
一次的欲求	21
一次産業	291
一乗思想	198
『一年半有』	232
市聖	205, 214
市場のイドラ	110
一君万民論	227
一切皆苦	74

一切衆生悉有仏性	198, 199	
一者	52	
一身独立して一国独立す	230	
一般意志	128, 129	
一遍	205, 214	
イデア	41	
イデア界	40	
遺伝子組み換え食品	277	
イド	17	
伊藤仁斎	220	
稲作農耕	253	
井原西鶴	226	
異文化	266	
異文化の個別性	266	
異文化の普遍性	266	
異邦人伝道	61	
イマーム	68	
イリア	189	
因果関係	106	
インターネット	262	
インターネットの普及	291	
インフォームド＝コンセント	276	
陰陽家	94	
陰陽五行説	94	

う

ヴァイツゼッカー	176
ヴァスバンドゥ	79
ヴァルダマーナ	72
ウィクリフ	101
ウィトゲンシュタイン	187
『ヴェーダ』	70
ウェーバー	104
植木枝盛	242
ウェッブ夫妻	172
ヴォルテール	131, 132
浮世	228
ウチとソト	249
内村鑑三	232
宇宙船地球号	282
『ウパニシャッド(奥義書)』	70
ウパニシャッド哲学	70

運動因	46
ウンマ	66
運命愛	162

え

永遠の少年	12
永遠の相の下に	118
『永久平和のために』	135
永劫回帰	161
栄西	210
嬰児への復帰	91
エイドス	45
エウダイモニア	48
易姓革命	81
エゴ	17
エコシステム	282
エコマーク	282
懐奘	209, 213
エス	17
SNS	265
SOL	276
エスノセントリズム	266, 291
『エセー』	99
『エチカ』	118
エディプス＝コンプレックス	18
NGO	177, 270, 291, 295
NPO	270
NPO法	270
NBCR兵器	177
エネルゲイア	45
エピクロス	51, 53, 54
エピクロス派	51
FTA	291
エポケー	186
エホバ	55
『エミール』	127
M字型カーブ	268
エラスムス	98, 102
エラン＝ヴィタール	185
エリクソン	11, 20
エロース	43, 52
演繹法	116

縁起	75, 78, 79
エンゲルス	170
怨恨	161
厭世哲学	188
エンゼルプラン	294
延長	116
役小角	196
エンペドクレス	28

お

黄金律	59
欧州連合	291
『往生要集』	205, 214
王道政治	84
近江聖人	218
王陽明	87
オーウェル	170, 263
大塩平八郎	219
ODA	270
岡倉天心	242
『翁問答』	218
荻生徂徠	220
オゾン層の破壊	282
オタワプロセス	178
オッカム	63
踊り念仏	205, 214
オバマ	177
オリエンタリズム	182
折口信夫	253
オルテガ	189
オルポート	20
温室効果ガス	279
恩賜的民権	231
恩寵説	62
恩寵の光	63
厭離穢土、欣求浄土	204, 205

か

我	71, 72
カースト制度	70
カーソン	282

懐疑主義 … 32, 100	家督相続 … 267	**き**
懐疑の三段階 … 114	可能態 … 45	気 … 86
懐疑論 … 111, 112	下部構造 … 171, 172, 184	義 … 84
外国人参政権 … 288	鎌倉仏教 … 206	義（正義感）… 217
外国人登録法 … 288	カミ … 253	機械論的自然観 … 106
外国人労働者 … 289, 294	過密化 … 291	幾何学の精神 … 118
介護保険 … 285	神の国 … 62	規格化の力 … 187
介護保険制度 … 286, 293	神の子 … 57	企業統治 … 288
『解体新書』… 226	「神は死んだ」… 161	企業の社会的責任（CSR）… 288
海底油田 … 290	神への愛 … 59	企業倫理の欠如 … 288
懐徳堂 … 226	神谷美恵子 … 21	『菊と刀』… 249
外発的開化 … 235	賀茂真淵 … 222	気候変動に関する政府間パネル
貝原益軒 … 226	からくにぶり … 222	… 279
恢復の民権 … 231	漢意 … 223	気候変動枠組み条約 … 279
快楽計算 … 149	カリフ … 67	気質 … 16
快楽主義 … 51	ガリレイ … 105	気質の性 … 86
顔 … 189	カルヴァン … 102	喜捨 … 67
科学的社会主義 … 170	カルマ … 71	基層文化 … 253
核拡散防止条約 … 177	カロカガチア … 37, 38	貴族制 … 49
核家族 … 267	閑暇 … 26	基礎的集団 … 259, 260
拡大生産者責任 … 280	考える自分 … 115	北村透谷 … 236
「核なき世界」へ … 177	環境と南北問題 … 291	機能的集団 … 259, 260
確認埋蔵量 … 290	環境破壊 … 282	帰納法 … 109
格物致知 … 87	環境保護運動 … 242	木下順庵 … 217
核兵器廃絶 … 177	環境ホルモン … 282	気ばらし … 118, 165
『学問のすゝめ』… 229	環境倫理 … 277	崎門学派 … 217
格率 … 141	関心 … 165	QOL … 276
隠れて生きよ … 51	感性 … 136	「95か条の意見書」… 101, 102
かけがえのない地球 … 278	間接民主制 … 126	救世主 … 55, 56
仮言命法 … 138	観想 … 47	救世主信仰 … 60
加持祈禱 … 197	観想念仏 … 205, 214	旧制度 … 130
仮説と検証 … 173, 174	ガンディー … 175, 176	救貧税 … 67
過疎化 … 291	カント … 135	『旧約聖書』… 55, 65
家族の最小限の機能 … 267	惟神の道 … 223	窮理 … 87, 216
家族の変化 … 259	韓非子 … 93	教育 … 175
荷田春満 … 222	管理社会 … 263	『饗宴』… 53
語りえぬものについては沈黙 … 187	官僚主義 … 262	教会 … 62
家長 … 266	官僚制 … 259, 261	境界人 … 10, 23
合縦 … 94	官僚制の逆機能 … 262	行基 … 196
葛藤 … 8		教・行・証 … 203
活動（action）… 188		『教行信証』… 207
家電リサイクル法 … 281		強制送還の禁止 … 289
加藤弘之 … 242		

298 ｜ さくいん

共同社会	260
京都議定書	279
教父	61
共和制	49
清き明き心	246, 248
虚空間	30
極地開発	290
居敬	87
居敬窮理	87, 216
許行	94
虚無主義	160
キリスト	55
キリスト教	57, 65, 96, 160, 232
『キリスト教綱要』	102
『キリスト者の自由』	98, 101, 102
キリスト信仰	60
義理と人情	226, 228
キルケゴール	156
キング牧師	176
近代的自我	234
近代的人間観	99
禁欲主義	52

く

苦	74
空	78, 79
空海	199
『空想から科学へ』	170
偶像崇拝の禁止	56, 64
「空想的社会主義」	170, 184
空也	205, 214
久遠実成の本仏	211
九鬼周造	242
苦行	72
倶舎宗	196
『愚神礼讃』	98
ク＝セ＝ジュ	100
苦諦	76
具体的行動計画	279
「くたばれ GNP」	291
国生み	248
熊沢蕃山	219

グリーン化税制	290
グリーン購入法	281
『クリトン』	37
『クルアーン』	64, 66, 67
グレートマザー	19
クレッチマー	16
グローバリズム	291
グローバル化	265
クローン	272
クローン規制法	273
クローン羊ドリー	273
グロティウス	121, 122
君子	81
君主制	49
『君主論』	99

け

ケアプラン	286, 293
ケアマネージャー	286
敬（つつしみ）	217
経験論	108, 111
経済難民	289
啓示	64
形而上	154
『形而上学』	45, 53
形而上学クラブ	174
芸術・文化支援活動	288
形相	45
契沖	222
啓典の民	65
ケイパビリティ	176
啓蒙思想	130
『啓蒙の弁証法』	179
啓蒙の弁証法	180
契約	56, 69
穢れ	246
劇場のイドラ	110
華厳宗	196
ゲゼルシャフト	260
解脱	70
結社体	260
結集	77

ケノン	30
ケプラー	105
ゲマインシャフト	260
兼愛	94
権威主義的性格	180
限界状況	163
顕教	197
元型	19
言語哲学者	187
原罪	60
元始、女性は太陽であった	236
現実態	45
『源氏物語』	224
現象学	186
原子力発電	290
源信	205, 214
現世利益	193, 204
現存在	164
権謀術数	99
倹約・勤労	225

こ

ゴア	279
孝	83, 218
業	71
公案	210
後期高齢者医療制度	293
合計特殊出生率	293
工作人	22
孔子	81, 82
公正としての正義	176
浩然の気	84, 95
構造主義	181, 187
高速通信網	264
交通バリアフリー法	287
幸徳秋水	242
公務員の国籍条項	289
交利	94
合理化	15
功利主義	142, 148
合理的解決	21
合理論	108, 113

高齢化社会	284	
高齢社会	284, 292	
コーポレート＝ガバナンス	288	
『コーラン』	66	
ゴールドプラン	285, 293	
五戒	76	
古学	219	
古学派	219	
古義学	220	
コギト	115	
五行	67	
『古今集』	224	
『国意考』	222	
国学	222	
国際化	259, 265	
国際刑事裁判所	178	
国際原子力機関	177	
国際人口開発会議	292	
国際連盟	141	
国粋主義	242	
国民道徳	242	
国民負担率	293	
国連環境開発会議	278, 295	
国連難民高等弁務官事務所	289	
国連人間環境会議	278	
コジェネレーション	282, 290	
『古事記』	223, 246	
『古事記伝』	223	
『古寺巡礼』	250	
個人情報の流出	263, 291	
個人情報保護法	265	
個人的無意識	19	
コスモポリテース	51	
悟性	136	
個性の形成	16	
胡蝶の夢	92	
『国家』	53	
国家	147, 148	
克己復礼	83	
COP	280	
古道	223	
『孤独な群衆』	256	

『子供の誕生』	20	
古文辞学	220	
コペルニクス	105	
コペルニクス的転回	142	
コミュニティ	260	
雇用の流動化	294	
五倫	85	
ゴルギアス	32	
コント	152	
コンピューター犯罪	263	
コンプライアンス	288	
権理通義	230	

さ

サイード	182	
『西国立志編』	242	
最後の審判	67	
祭祀	247	
再生医療	274	
再生可能エネルギー	291	
再生可能エネルギー法	291	
最大多数の最大幸福	149, 184	
在宅介護サービス	286	
最澄	198, 199	
在日外国人	288	
サヴォナローラ	101	
ザカート	67	
佐久間象山	227	
坐禅	209, 241	
札幌農学校	232	
サティヤーグラハ	176	
裁きの神	56	
砂漠型	250	
さび	252	
坐忘	93	
サルトル	166	
『三経義疏』	195	
産業構造の高度化	291	
『山家学生式』	198	
三元徳	60, 62	
三権分立	132	
『三教指帰』	199	

サン＝シモン	170	
三従の論理	226	
三乗真実	198, 199	
山上の垂訓	58, 59, 160	
『三酔人経綸問答』	231, 232	
酸性雨	282	
参政権	288	
3大発明	97	
三段階の法則	152	
産婆術	35, 36	
三宝	194	
三位一体説	62	
三密	200	
三密加持	200	
三民主義	176	
三民の師表	220, 228	
三論宗	196	

し

思惟	116	
シーア派	68	
CSR	288	
ジェームズ	174	
シェールガス	290	
ジェノサイド条約	178	
ジェンダー	268	
自我	8, 17	
四箇格言	212	
只管打坐	210	
私擬憲法	242	
四苦	76	
資源・エネルギー問題	290	
四元徳	44, 62	
自己決定権	276	
自己拘束	167	
自己実現欲求	15	
自己浄化	176	
自己疎外	155, 262	
自己本位	235	
時宗	205	
四書	87	
時・処・位	218	

辞譲の心	84	
『自助論』	242	
『自省録』	53	
慈善活動	288	
自然権	122	
自然状態	122	
『自然真営道』	225	
自然哲学	26, 31	
自然に帰れ	128	
自然法	121	
持続可能な開発	278, 295	
四諦	75, 76	
四端の心	84	
十戒	55, 56	
実学	230	
実験・観察	108	
実証主義	152	
実証的段階	152	
実践理性	136, 140	
『実践理性批判』	135	
実存主義	155	
実存的交わり	163	
実存の三段階	158	
「実存は本質に先立つ」	166	
集諦	76	
シッダルタ	73	
質的功利主義	150	
疾風怒濤の時代	10	
実用主義	173	
質料	45	
士道	220, 228	
自動車税のグリーン化税制	290	
自動車リサイクル法	281	
四徳	84	
『死に至る病』	156	
死に至る病	157	
自然世	225	
自然法爾	208	
死の権力	187	
死の三徴候	274	
死の判定	274	
慈悲	75, 80	
事物の認識	136	
死への存在	165	
死への不安	165	
四法印	74	
『市民政府二論』	125	
自民族中心主義	266, 291	
しめやかな激情	250	
指紋押捺制度	288	
四門出遊	73	
ジャイナ教	72	
社会契約思想	123	
社会契約説	121, 130, 176	
『社会契約論』	127, 231, 232	
社会構造に関する考察	187	
社会参加	167	
社会主義	242	
社会主義思想	169	
社会進化論	153	
社会有機体説	153	
折伏	212	
シャリーア	66	
自由	166	
シュヴァイツァー	175	
自由意志	99, 102	
自由意志論争	98	
縦横家	94	
羞悪の心	84	
『自由からの逃走』	180	
宗教改革	100	
宗教的寛容	132	
宗教的実存	159	
集合的無意識	19	
私有財産	127	
十字軍	97	
柔弱謙下	90	
『十住心論』	199	
終身雇用	294	
習性的徳	48, 54	
修正マルクス主義	172	
自由と責任	167	
十七条憲法	194	
十二使徒	60	
自由の刑	167	
周辺人	10	
自由貿易協定	291	
自由放任主義	152	
自由民権運動	230	
儒家	81	
儒学	215	
主客合一	241	
主客未分	240	
朱熹	86	
儒教	81, 220	
修験道	196	
朱子	86	
朱子学	86, 215, 221	
修証一等	210	
種族のイドラ	110	
主体的真理	156	
出エジプト	55	
出生率	267, 284, 293	
出生前診断	277	
出入国管理法	288	
シュプランガー	16	
循環型社会	281	
循環型社会形成推進基本法	280	
荀子	84, 85, 94	
純粋経験	239	
純粋形相	46	
『純粋理性批判』	135	
恕	83	
止揚	145	
省エネ	282	
昇華	15	
松下村塾	227	
商業主義	263	
消極的安楽死	276	
上下定分の理	216	
正見	76	
尚賢	94	
正語	76	
正業	76	
小国寡民	91, 95	
『省察』	113	
上座部	77	
少産少死	292	

正思	76	
少子化	267, 284	
尚歯会	226	
少子化対策基本法	294	
正直と倹約	224	
少子高齢化対策	293	
成実宗	196	
正定	76	
正精進	76	
小乗仏教	77, 79, 192	
少数民族	288	
唱題	211	
聖道門	207	
浄土教	203	
聖徳太子	193	
浄土宗	206	
浄土信仰	204	
浄土真宗	207	
浄土門	207	
商人	224	
正念	76	
情念	51	
上部構造	171, 184	
正法	203	
情報化	259	
情報格差	264	
『正法眼蔵』	209	
『正法眼蔵随聞記』	209, 213	
情報通信技術	264	
情報リテラシー	264	
勝鬘経	195	
正命	76	
称名	206	
称名念仏	205, 214	
常民	253	
聖武天皇	196	
逍遥游	93	
浄瑠璃	226	
ショートステイ	285	
ショーペンハウアー	188	
諸行無常	74	
職業召命観	102, 103	
職業人	104	
贖罪	60	
職分	224	
贖宥状	101	
助産術	35, 36	
諸子百家	82, 93	
女子保護規定の撤廃	283	
女性2000年会議	269	
女性の雇用	283	
女性の社会進出	259, 268	
女性の地位向上	292	
女性労働力率の推移	268	
初転法輪	75	
諸法無我	74	
地雷禁止国際キャンペーン	177, 295	
自力救済	209	
自力作善	208	
自律	140	
仁	81, 83, 84	
仁愛	220	
神学	62	
人格	140, 141	
『慎機論』	226	
身口意	200	
信仰	63	
信仰義認説	60, 102	
信仰・希望・愛	60	
人工授精	272	
人工生殖技術	272	
人工多機能性幹細胞	274	
人口爆発	292	
人口問題	292	
『人口論』	292	
真言	200	
真言宗	199	
真言亡国	212	
心斎	93	
心斎坐忘	93	
真実無偽の心	220	
真人	92	
身心脱落	210	
心即理	88	
身体の役割	186	
信託	126	
ジンテーゼ	145	
シンデレラ＝コンプレックス	12	
人道	225	
人道主義	175	
神農	94	
新プラトン主義	52	
新フロイト派	180	
人文主義	98	
シンボルを操る動物	22	
『新民主主義論』	172	
新約	58	
『新約聖書』	57, 65	
親鸞	207, 213	
真理把握	176	
人倫	147	
森林吸収分	279	
人倫の最高形態	148	
人倫の三段階	148	
神話	26	

す

垂加神道	217
推譲	225
『随想録』	99
水平化の時代	157
スーパーエゴ	17
崇仏論争	193
数理学	230
杉田玄白	226
スコトゥス	63
スコラ哲学	62, 96
スコレー	26
鈴木大拙	242
『スッタニパータ』	79
捨聖	205, 214
ステューデント＝アパシー	12
ステレオタイプ	263
ストア派	51, 54
スピノザ	118
スプロール現象	259, 291
スペンサー	153

スラム化 … 292
スンナ派 … 67
スンニー派 … 67

せ

性悪説 … 85
性格 … 16
生活関連社会資本 … 291
正義 … 44, 49, 176
清教徒革命 … 123
『聖教要録』 … 219
政治 … 188
『政治学』 … 48
政治的無関心 … 258
成熟した人格 … 20
清浄恬淡 … 91
聖書中心主義 … 102
『精神現象学』 … 142, 145
聖人批判 … 225
性善説 … 84
聖俗一致 … 66, 69
『成長の限界』 … 282
『青鞜』 … 236
生得観念 … 111
性と生殖に関する健康と権利
　　　　　　　　　… 292, 295
青年期 … 9
青年期の発達課題 … 11
青年文化の特徴 … 13
生の権力 … 187
「生の哲学」 … 185
生の飛躍 … 185
正・反・合 … 145
政府開発援助 … 270
生物エネルギー … 290
清明心 … 248
生命の質 … 276
生命の神聖性 … 276
生命への畏敬 … 175
生命倫理 … 272
『西洋紀聞』 … 227
西洋夫婦観 … 242

聖霊 … 62
精霊信仰 … 246
世界市民 … 50, 51
世界精神 … 144
世界一内一存在 … 164
世界貿易機関 … 291
石門心学 … 224
セクショナリズム … 261
セクハラ … 269, 271
セクハラ防止義務 … 283
世間虚仮, 唯仏是真 … 195
世親 … 79
世代間倫理 … 278
積極的安楽意志 … 276
積極的差別是正措置 … 268
絶対王政 … 125
絶対精神 … 144, 184
絶対他力 … 207
絶対無 … 241
絶望 … 157
説明と同意 … 276
節用 … 94
摂理 … 103
セネカ … 52, 53
ゼノン … 51, 53
ゼノン（エレアの） … 30
是非の心 … 84
ゼロ＝エミッション … 282
世話物 … 228
禅 … 239
善意志 … 138
『1984年』 … 263
選挙法改正 … 150
潜在能力 … 176
繊細の精神 … 118
専修念仏 … 206
扇情主義 … 263
全体意志 … 128, 129
全体主義 … 263
全体主義の分析 … 188
全体的正義 … 49
選択的夫婦別姓制度 … 269
『選択本願念仏集』 … 206, 213

先天的 … 136
禅天魔 … 212
戦闘的な恬淡 … 250
善人なほもて往生をとぐ、いはんや悪人をや … 209
善のイデア … 42
先王の道 … 221
『善の研究』 … 239
千利休 … 252
善美の事柄 … 33, 37, 38
選民思想 … 56, 69

そ

想起 … 42
臓器移植法 … 274
臓器移植法改正 … 275
総合 … 145
荘子 … 91
『荘子』 … 91
想世界 … 236
創造的知性 … 175
相待 … 92
相対主義 … 32
相対的真理 … 174
曹洞宗 … 209
像法 … 203
双方向性 … 265
SOHO … 265
惻隠の心 … 84
即身成仏 … 200, 201
則天去私 … 236
ソクラテス … 33, 53, 100, 150
『ソクラテスの弁明』 … 37, 53
蘇秦 … 94
ソフィスト … 32
ソフォクレス … 52
ゾルゲ … 165
祖霊信仰 … 253
尊厳死 … 276
『存在と時間』 … 164
孫子 … 94
存心持敬 … 216

| 尊王攘夷運動 | 217 |
| 孫文 | 176 |

た

ダーウィン	153
第一次ベビーブーム	258
ダイオキシン	282
体外受精	272
大義名分論	215
大逆事件	242
退行	15
『第三の波』	262
大衆化	256
大衆社会	256
大衆の特徴	189
『大衆の反逆』	189
大衆部	77
代償	15
大乗経典	195
大正デモクラシー	242
大乗非仏説	78
大丈夫	85
大乗仏教	77, 79, 192
対人地雷全面禁止条約	295
第二次性徴	8
大日経	199
大日如来	197, 202
第二の誕生	10
第二反抗期	8
太母	19
ダイモニオン	37
太陽の比喩	42
第四の権力	263
代理出産	272
大量生産・大量消費	256
大量破壊兵器	177
対話的理性	181
ダヴィンチ	98
タオ	89, 90
たおやめぶり	224
高く直き心	222
高野長英	226
高天原	246
多産少死	292
多産多死	292
他者	189
他者危害原則	151, 153
多神教	70
ダス＝マン	165
脱亜論	230
『脱工業社会の到来』	262
脱構築	186
タテ社会	249
『タテ社会の人間関係』	249
タナトス	21
ダニエル＝ベル	262
他人志向型	257
他人本位	235
WTO	291
タブラ＝ラサ	111
多文化主義	266
魂	42
魂の三分説	44
魂への配慮（気配り）	34, 37
ダランベール	132
他力	206, 207
他律	140
ダルマ	75
タレス	28
団塊の世代	258, 284
単子	119
男女共同参画会議	271
男女共同参画社会基本法	268
男女雇用機会均等法	283
『単子論』	119
ダンテ	98
単独者	158
『歎異抄』	207, 213
『ダンマパダ』	79

ち

智	84
地域社会	260
地域主義	291
知恵のある人	22
知恵・勇気・節制・正義	44
知覚の束	111
近松門左衛門	226
近道反応	21
「ちから」	185
力への意志	162
地球温暖化対策	279
地球サミット	278, 295
知行合一	37, 88
知・情・意	240
知性的徳	48
知足安分	224
知的財産権の侵害	263
地動説	105
着床前診断	277
忠	83
中観	79
中間者	117
忠信	220
中世	97
中道	76, 79, 80
中庸	47, 48, 95
超越者	163
張儀	94
超高齢社会	284
超自我	17
超人	162
調整的正義	49
直接民主制	129
致良知	88
鎮護国家	195
『沈黙の春』	282

つ

『ツァラトゥストラはかく語りき』	160
通過儀礼	251
つぼ型	292
罪の文化	249
つりがね型	292

て

- 悌 ………………………………… 83
- DV ………………………………… 269
- DV防止法 ………………………… 269
- 定言命法 …………………… 138, 141
- 抵抗権 …………………………… 127
- 帝国主義 ………………………… 172
- 『帝国主義論』 …………………… 172
- ティコ＝ブラーエ ……………… 105
- デイサービス …………………… 285
- デイトレーダー ………………… 265
- ディドロ ………………………… 132
- 諦念 ……………………………… 236
- 締約国会議 ……………………… 280
- 定立 ……………………………… 145
- テーゼ …………………………… 145
- テオリア ………………………… 47
- デカルト ………………… 100, 113, 117
- 適応 ……………………………… 14
- 適者生存 ………………………… 153
- テクノクラート ………………… 261
- テクノストレス ………………… 263
- デジタル＝デバイド ……… 264, 291
- 『哲学書簡』 ……………………… 132
- 哲学の神学からの解放 ………… 63
- 哲学の第一原理 ………………… 115
- 哲学は死の訓練 ………………… 38
- 哲学は神学の侍女（下僕・婢）
  ………………………………… 63
- 哲人王 …………………………… 44
- デポジット方式 ………………… 282
- デモクリトス ………………… 28, 30
- デューイ ………………………… 175
- デュナミス ……………………… 45
- デリダ …………………………… 186
- デルフォイの神託 ……………… 34
- 電子商取引 ……………………… 264
- 電子署名・認証法 ……………… 265
- 電子政府 ………………………… 264
- 電子マネー ……………………… 265
- 天寿国繡帳 ……………………… 195
- 天職 ……………………………… 104
- 天人合一 ………………………… 216
- 天台宗 …………………………… 198
- 天道 ……………………………… 225
- 伝統志向型 ……………………… 257
- 天動説 …………………………… 105
- テンニース ……………………… 260
- 天然ガス ………………………… 290
- 天は人の上に人を造らず ……… 230
- 天は自ら助くる者を助く ……… 242
- 天賦人権 ………………………… 229
- 天命 ……………………………… 81
- 天理 ……………………………… 217

と

- ドイツ観念論 …………………… 135
- 道 ……………………………… 89, 90
- 同一視 …………………………… 15
- 統一の思考 ……………………… 185
- 当為の世界 ……………………… 138
- 道家 ……………………………… 89
- 動機説 ……………………… 139, 142
- 道具主義 ………………………… 175
- 洞窟のイドラ …………………… 110
- 洞窟の比喩 ……………………… 41
- 道具的理性 ……………………… 179
- 道元 ………………………… 209, 213
- 『童子問』 ………………………… 220
- 投射 ……………………………… 15
- 道諦 ……………………………… 76
- 『統治論』 ………………………… 125
- 道徳 ……………………………… 146
- 道徳法則 …………………… 138, 142
- 道徳命令 ………………………… 138
- 東密 ……………………………… 199
- 東洋道徳，西洋芸術 …………… 227
- 東洋になきもの ………………… 230
- 東洋のルソー …………………… 231
- ドゥルーズ ……………………… 185
- ドーナツ化現象 …………… 259, 291
- 徳 ………………………………… 36
- 徳一 ………………………… 198, 199
- 特殊意志 ………………………… 128
- 徳治政治 ………………………… 81
- 特定非営利活動促進法 ………… 270
- 徳富蘇峰 ………………………… 242
- 特別養護老人ホーム …………… 285
- 独立自尊の精神 ………………… 229
- 独立心 …………………………… 230
- 都市化 ……………………… 259, 291
- ドナー …………………………… 275
- ドナー・カード ………………… 274
- 『都鄙問答』 ……………………… 224
- トマス＝アクィナス …………… 63
- トマス＝モア …………………… 98
- 富永仲基 ………………………… 78
- ドメスティック＝バイオレンス … 269
- 奴隷制 …………………………… 50
- 奴隷道徳 ………………………… 161

な

- ナーガールジュナ ……………… 78
- 内的制裁 ………………………… 151
- 内部志向型 ……………………… 257
- 中江兆民 ………………………… 231
- 中江藤樹 ………………………… 218
- 中村正直 ………………………… 242
- ナショナル＝トラスト ………… 282
- ナチス ……………………… 179, 189
- 夏目漱石 ………………………… 234
- 南無阿弥陀仏 ……………… 204, 206
- 南無妙法蓮華経 ………………… 211
- 奈良仏教 ………………………… 195
- 縄張り主義 ……………………… 261
- 難行門 …………………………… 207
- 汝殺すなかれ …………………… 189
- 汝自身を知れ …………………… 35
- 南伝仏教 ………………………… 79
- 南都六宗 ………………………… 196
- 難民 ……………………………… 289
- 難民の地位に関する条約 ……… 289

に

新島襄	233
ニーチェ	160
肉体の牢獄	33
二元論	42
二元論的世界観	61
『ニコマコス倫理学』	47, 53
西周	242
二次エネルギー	290
西川如見	226
二次産業	291
二次的欲求	21
西田幾多郎	239, 240
西村茂樹	242
二重予定説	103
日蓮	211, 213
日蓮宗	211, 212
新渡戸稲造	233
二宮尊徳	225
ニヒリズム	160
『日本人』	242
日本道徳	242
日本に哲学なし	232
日本の仏教	192
日本フェビアン協会	242
日本陽明学の祖	218
ニュートン	105
ニューハーモニー平等村	170
ニルヴァーナ	74
人間観	22
『人間悟性論』	111
人間疎外	262
人間の安全保障	178
『人間の学としての倫理学』	237
『人間の条件』	188
『人間の尊厳について』	99
人間は考える葦である	117
人間は万物の尺度である	32
人間はポリス的動物である	48
『人間不平等起源論』	127, 128
認識	137
認定NPO法人	270
人々皆仏法の器なり	209

ね

涅槃	74, 75
涅槃寂静	74
年中行事	251
念仏	206, 208
念仏無間	212

の

農家	94
脳死	274, 275
能動的ニヒリズム	162
『ノヴム＝オルガヌム（新機関）』	108
能力	16
ノーベル平和賞	177, 178, 279
ノーマライゼーション	287
ノーマン	225
ノマドワーキング	265
ノモス	32

は

バークリー	111
パース	174
ハートビル法	287
パート労働者	294
パート労働法	283
バーナード＝ショー	172
ハーバーマス	181
バイオエシックス	272
バイオエタノール燃料	290
バイオテクノロジー	272
バイオマス	290
廃棄物ゼロ計画	282
排出権取引	279
排出者責任	280
胚性幹細胞	274
ハイデガー	164
『パイドン』	38
配分的正義	49
売利を得るは商人の道なり	224
ハヴィガースト	11
パウロ	60, 102
破壊衝動	21
『葉隠』	220, 228
パグウォッシュ会議	177
白紙説	111
派遣労働者	294
恥の文化	249
「場所」の論理	241
パスカル	117
パターナリズム	276
ハッカー	263
八苦	76
八正道	76, 80
『ハディース』	66
覇道政治	84
パトス	51
バビロン捕囚	55
バプテスマのヨハネ	57
林羅山	216, 217
祓い	246
パラサイト＝シングル	12
バラモン	70
バラモン教	70
バリアフリー	287
バリアフリー新法	287
ハリーファ	67
パリサイ派	58
パルメニデス	29
ハレとケ	251, 253
パワハラ	271
万学の祖	45
蛮社の獄	226
蕃神	193
万人直耕	225
汎神論	118
『パンセ』	117
反定立	145
反動形成	15
ハンナ＝アーレント	188
万人司祭主義	102

万人の万人に対する闘争 …… 124, 125
万人は平等 …… 150
万能細胞 …… 273, 274
万能人 …… 98
万物斉同 …… 92, 95
万物の根源 …… 27
「万物は流転する」 …… 29

ひ

ピーターパン＝シンドローム …… 12
非営利組織 …… 270
ヒエラルキー …… 261
光ファイバー …… 264
非攻 …… 94
ピコ＝デラ＝ミランドラ …… 99
非政府組織 …… 270
皮相上すべりの近代化 …… 235
美的実存 …… 158
ひと …… 165
ヒトゲノム …… 277
人の死 …… 274
一人っ子政策 …… 292
批判哲学 …… 135
非暴力・不殺生 …… 176
非暴力・不服従 …… 175
『百科全書』 …… 132
百科全書派 …… 131, 132
ヒューマニズム …… 98
ヒューマニズム（現代） …… 175
ヒューム …… 111
ピュタゴラス …… 28, 31
ヒュレー …… 45
ピュロン …… 100
平塚らいてう …… 236

ふ

ファシズム …… 180
ファランジュ …… 170
フィランソロピー …… 288
フィリア …… 49
フィルタリング …… 265

フィロソフィア …… 26, 35
フーコー …… 187
風水 …… 94
『風土』 …… 237, 250
ブーバー …… 20
夫婦別姓 …… 269
フーリエ …… 170
風流 …… 252
フェノロサ …… 242
フェビアン社会主義 …… 172
福音 …… 57, 102
福沢諭吉 …… 229, 242
父権的温情主義 …… 276
不耕貪食之徒 …… 225
富士山型 …… 292
武士道 …… 220
『武士道』 …… 233
武士道精神 …… 233
武士道に接ぎ木されたるキリスト教 …… 233
プシュケー …… 34, 37
藤原惺窩 …… 215, 217
フス …… 101
不正アクセス禁止法 …… 265
不殺生 …… 72
２つのＪ …… 232
仏教 …… 73
『不都合な真実』 …… 279
フッサール …… 186
物心二元論 …… 116
仏陀 …… 73
仏・法・僧 …… 194
不動心 …… 52, 54
不動の動者 …… 46
プトレマイオス …… 105
部派仏教 …… 77
部分的核実験禁止条約 …… 177
部分的正義 …… 49
普遍人 …… 98
普遍的立法の原理 …… 141
不法就労者 …… 289
不法投棄 …… 281
フュシス …… 32

プラグマティズム …… 173
『プラグマティズム』 …… 174
プラトン …… 33, 37, 40, 53, 54
ブラフマチャリヤー …… 176
ブラフマン …… 71, 72
フランクフルト学派 …… 179, 181
フランス革命 …… 127
ブルーノ …… 105
フルタイム労働者 …… 283
フロイト …… 15, 17
ブロードバンド …… 264
プロタゴラス …… 32
プロティノス …… 52
『プロテスタンティズムの倫理と資本主義の精神』 …… 104
プロテスタント …… 100, 232
フロム …… 179, 180
フロンガス …… 282
フロンティア精神 …… 173
文化相対主義 …… 266, 291
文芸復興 …… 96
分度 …… 225
『文明論之概略』 …… 229

へ

平安仏教 …… 196
兵家 …… 94
平均寿命 …… 284, 293
平静心 …… 51, 54
平民主義 …… 242
ヘーゲル …… 142, 146, 184
ヘーゲル哲学 …… 158
ベーコン …… 108
別愛 …… 94
ペトラルカ …… 98
ヘラクレイトス …… 28, 29
ベルクソン …… 185
ペルソナ …… 19
ベルンシュタイン …… 172
ヘレニズム文化 …… 50
変化 …… 185
ベンサム …… 149, 184

弁証法
　　　　 144, 145, 158, 171, 238
弁証法的唯物論 ・・・・・・・・・・・ 171
『弁道』 ・・・・・・・・・・・・・・・・・・・・ 220
弁論術 ・・・・・・・・・・・・・・・・・・・・・・ 32

ほ

法 ・・・・・・・・・・・・・・・・・・・・・・・・・・・ 75
防衛機制 ・・・・・・・・・・・・・・・・ 14, 17
法家 ・・・・・・・・・・・・・・・・・・・・・・・・・ 93
包括者 ・・・・・・・・・・・・・・・・・・・・・ 163
包括的核実験禁止条約 ・・・・ 177
封建制の打破 ・・・・・・・・・・・・・ 229
法治主義 ・・・・・・・・・・・・・・・・・・・ 94
報徳思想 ・・・・・・・・・・・・・・・・・・ 225
法難 ・・・・・・・・・・・・・・・・・・・・・・・ 211
法然 ・・・・・・・・・・・・・ 206, 207, 213
『法の精神』 ・・・・・・・・・・・・・・・ 131
『法の哲学』 ・・・・・・・・・・・・・・・ 142
『方法序説』 ・・・・・・・・・・・・・・・ 113
方法的懐疑 ・・・・・・・・・・・ 100, 113
訪問介護ステーション ・・・・ 286
法令遵守 ・・・・・・・・・・・・・・・・・・ 288
ボーダーレス化 ・・・・・・・・・・・ 265
ホームヘルパー ・・・・・・・・・・・ 286
墨子 ・・・・・・・・・・・・・・・・・・・・・・・・ 94
牧場型 ・・・・・・・・・・・・・・・・・・・・・ 250
北伝仏教 ・・・・・・・・・・・・・・・ 79, 192
法華経 ・・・・・・・・・・・・・・・・ 195, 198
法華経の行者 ・・・・・・・・・・・・・ 211
法華至上主義 ・・・・・・・・・・・・・ 211
菩薩 ・・・・・・・・・・・・・・・・・・・・・ 77, 78
ポスト京都議定書 ・・・・・・・・・ 279
ホスピス＝ケア ・・・・・・・・・・・ 277
墨家 ・・・・・・・・・・・・・・・・・・・・・・・・ 94
北海道旧土人保護法の廃止　289
ボッカチオ ・・・・・・・・・・・・・・・・・ 98
『法句経』 ・・・・・・・・・・・・・・・・・・ 79
法華一乗 ・・・・・・・・・・・・・・ 198, 199
法世 ・・・・・・・・・・・・・・・・・・・・・・・ 225
法相宗 ・・・・・・・・・・・・・ 196, 198, 199
ホッブズ ・・・・・・・・・・・・・・ 123, 125

ホメロス ・・・・・・・・・・・・・・・・・・・ 52
ホモ＝エコノミクス ・・・・・・・ 22
ホモ＝サピエンス ・・・・・・・・・ 22
ホモ＝ファーベル ・・・・・・・・・ 22
ホモ＝ルーデンス ・・・・・・・・・ 22
ホモ＝レリギオス ・・・・・・・・・ 22
ボランティア ・・・・・・・・・・・・・ 270
ボランティア活動 ・・・・・・・・・ 12
ポリス ・・・・・・・・・・・・・・・・・・・・・ 49
ホルクハイマー ・・・・・・・・・・・ 179
ホロコースト ・・・・・・・・・・・・・ 178
梵 ・・・・・・・・・・・・・・・・・・・・・・ 71, 72
梵我一如 ・・・・・・・・・・・・・・・ 71, 72
本願ぼこり ・・・・・・・・・・・・・・・ 209
梵語 ・・・・・・・・・・・・・・・・・・・・・・ 197
ボン＝サンス ・・・・・・・・・・・・・ 113
本音とタテマエ ・・・・・・・・・・・ 249
本然の性 ・・・・・・・・・・・・・・ 86, 216
煩悩 ・・・・・・・・・・・・・・・・・・・・・・・ 74
煩悩具足の凡夫 ・・・・・・・ 208, 209
凡夫 ・・・・・・・・・・・・・・・・・・・ 194, 207

ま

マーガレット＝ミード ・・・・・・ 9
マージナル＝マン ・・・・・・ 10, 23
前野良沢 ・・・・・・・・・・・・・・・・・・ 226
マキャヴェリ ・・・・・・・・・・・・・・ 99
マキャヴェリズム ・・・・・・・・・ 99
真心 ・・・・・・・・・・・・・・・・・・・・・・ 223
誠 ・・・・・・・・・・・・・・・・・・・・ 216, 220
マザー＝テレサ ・・・・・・・・・・・ 176
マスコミ ・・・・・・・・・・・・・・・・・・ 257
マス＝メディア ・・・・・・・・・・・ 263
ますらおぶり ・・・・・・・・・・・・・ 222
マズロー ・・・・・・・・・・・・・・・・・・・ 15
松尾芭蕉 ・・・・・・・・・・・・・・・・・・ 252
マッキーバー ・・・・・・・・・・・・・ 260
マックス＝ウェーバー ・・・・ 261
末法 ・・・・・・・・・・・・・・・・・・・・・・ 203
末法思想 ・・・・・・・・・・・・・・・・・・ 203
マニ教 ・・・・・・・・・・・・・・・・・・・・・ 61
マハトマ ・・・・・・・・・・・・・・・・・・ 175

マルクーゼ ・・・・・・・・・・・・・・・・ 181
マルクス ・・・・・・・・・・・・・・・・・・ 170
マルクス＝アウレリウス ・・ 52, 53
マルクス主義 ・・・・・・・・・ 170, 242
マルサス ・・・・・・・・・・・・・・・・・・ 292
まれびと ・・・・・・・・・・・・・・・・・・ 253
『万葉集』 ・・・・・・・・・・・・・・・・・ 222
『万葉代匠記』 ・・・・・・・・・・・・ 222

み

見えざる手 ・・・・・・・・・・・・・・・ 152
三木清 ・・・・・・・・・・・・・・・・・・・・ 242
ミケランジェロ ・・・・・・・・・・・・ 98
禊 ・・・・・・・・・・・・・・・・・・・・・・・・ 246
弥陀の本願 ・・・・・・・・・・・・・・・ 206
密教 ・・・・・・・・・・・・・・・・・・・・・・ 197
3つのR ・・・・・・・・・・・・・・・・・・・ 280
南方熊楠 ・・・・・・・・・・・・・・・・・・ 242
南村梅軒 ・・・・・・・・・・・・・・・・・・ 217
三宅雪嶺 ・・・・・・・・・・・・・・・・・・ 242
ミュトス ・・・・・・・・・・・・・・・・・・・ 26
ミル ・・・・・・・・・・・・・・・・・・ 150, 153
弥勒菩薩 ・・・・・・・・・・・・・・ 201, 202
民芸 ・・・・・・・・・・・・・・・・・・・・・・ 253
民権 ・・・・・・・・・・・・・・・・・・・・・・ 231
民権これ至理なり ・・・・・・・・ 232
民主主義 ・・・・・・・・・・・・・・・・・・ 175
民俗学 ・・・・・・・・・・・・・・・・・・・・ 253
民本主義 ・・・・・・・・・・・・・・・・・・ 242
『民約訳解』 ・・・・・・・・・・・ 231, 232

む

無為自然 ・・・・・・・・・・・・・・・・・・・ 90
無我 ・・・・・・・・・・・・・・・・・・・・・・・ 74
無教会主義 ・・・・・・・・・・・・・・・ 233
無鬼論 ・・・・・・・・・・・・・・・・・・・・ 226
無着 ・・・・・・・・・・・・・・・・・・・・・・・ 79
無常 ・・・・・・・・・・・・・・・・・・・・・・・ 74
無常観 ・・・・・・・・・・・・・・・・・・・・ 252
無神論者 ・・・・・・・・・・・・・・・・・・ 166
ムスリム ・・・・・・・・・・・・・・・・・・・ 66

無知の知 … 34, 35, 100	問答法 … 34, 35	容器包装リサイクル法 … 281
ムハンマド … 64	門閥 … 229	陽明学 … 87, 218
無明 … 74		抑圧 … 15
無用の用 … 92		善く生きる … 36, 37
		抑制と均衡 … 132
	や	欲望の体系 … 147, 148
め	ヤーウェ … 55, 65	預言者 … 64, 65
	八百万神 … 246	横井小楠 … 227
名家 … 94	役割実験 … 20	与謝野晶子 … 236
明晰かつ判明な真理 … 113	ヤスパース … 163	吉田松陰 … 227
名誉革命 … 125	『野生の思考』 … 182	吉野作造 … 242
明六社 … 242	柳田国男 … 253	欲求不満 … 14
メシア … 55, 56	柳宗悦 … 253	4つのイドラ … 109
メセナ … 288	野蛮への退行 … 179, 180	4つの制裁 … 149
メソテース … 47	ヤマアラシのジレンマ … 10	予定説 … 103
メタンハイドレート … 290	山鹿素行 … 219	予定調和論 … 119
メッカ … 64	山片蟠桃 … 226	黄泉の国 … 246
滅諦 … 76	山崎闇斎 … 217	世論操作 … 263
メルロ＝ポンティ … 186	大和心 … 223	
免罪符 … 101		
	ゆ	**ら**
も	唯円 … 207, 213	ライヒ … 18
	唯識 … 79	ライプニッツ … 119
孟子 … 84	唯心論 … 111	ラッセル … 177
『孟子』 … 84, 220	唯物史観 … 171, 184	ラッセル・アインシュタイン宣言
毛沢東 … 172, 173	唯物論 … 31, 171	… 177
盲目の生存意志 … 188	維摩経 … 195	ラマ教 … 79
モーセ … 55, 65	友愛 … 49	蘭学 … 226
目的因 … 46	UNHCR … 289	理 … 86
目的の王国 … 140	遊戯人 … 22	
目的論 … 46	有機的自然観 … 106	**り**
目的論的自然観 … 106	『ユートピア』 … 98	
本居宣長 … 223, 224, 228	有用性 … 174	リージョナリズム … 291
モナド … 119	遊行 … 205, 214	リースマン … 256
物自体 … 142	ユダヤ教 … 55, 65	理一元論 … 87
もののあはれ … 224, 252	ユダヤ人 … 55	『リヴァイアサン』 … 123
モラトリアム … 8, 11	ユニバーサルデザイン … 287	リヴァイアサン … 124
モラリスト … 99	ユビキタス … 265	利益社会 … 260
モラルハザード … 288	ユング … 12, 16, 18, 23	リオ宣言 … 279, 295
森有礼 … 242		理気二元論 … 86
森鷗外 … 236	**よ**	リサイクル … 280
モンスーン型 … 250		リサイクル関連法 … 281
モンテーニュ … 99	要介護認定 … 286, 293	利子 … 67
モンテスキュー … 131		

利潤肯定	104
理神論	131
理性	27, 47, 63, 108, 113
理性・意志・欲望	44
理性化への批判	179
理性に関する考察	187
理性の狡知	144
利他行	75, 78
律国賊	212
律宗	196
『立正安国論』	211
律法	56, 69
リデュース	280
リビドー	17
リビング・ウィル	276
リプロダクティブ＝ヘルス／リプロダクティブ＝ライツ	292, 295
流行	258
竜樹	78
リユース	280
良寛	226
良識	113
良心	151, 257
良心の呼び声	165
両性の本質的平等	268
良知	88, 218
量的功利主義	149
理論理性	136
臨海前核実験	177
臨済宗	210
隣人愛	59
輪廻	31
輪廻転生	70
倫理的実存	159

る

ルサンチマン	161
ルソー	10, 127, 129, 231
ルター	98, 101
ルネサンス	96

れ

礼	83, 84
礼楽刑政	221
礼治主義	85, 94
霊肉二元論	61
レヴィ＝ストロース	181, 182
レヴィナス	189
レヴィン	10
レーニン	172
連衡	94

ろ

老子	89
『老子(道徳経)』	89
老荘思想	89
労働基準法	283
労働の疎外	172
老年人口	292
老老介護	286, 293
ローマ＝クラブ	282
ロールズ	176
六師外道	72, 73
六信	67
六波羅蜜	79, 192
ロゴス	27
ロゴスの種子	51
ロック	111, 125, 130
『論語』	82, 220

わ

和魂洋才	227
『忘れられた思想家』	225
『私の個人主義』	234
「私は何を知るか?」	100
渡辺崋山	226
和辻哲郎	237, 250
わび	252
我思う、ゆえに我あり	115
われ―汝	20
和をもって貴しとなす	194

memo

著者紹介

蔭山 克秀
（かげやま かつひで）

　代々木ゼミナール公民科講師。愛媛県出身。早稲田大学 政治経済学部卒。

　学生時代はバブル期だったが、時代に逆行するかのように激安の学生寮に住み、むさ苦しくも早大生らしい青春を謳歌する。大学は授業以外のすべてが楽しく、3年留年。その間にバブルが崩壊し、就職活動で凍死。さすがにこの時期、大いに人生に悩む。しかし、それらがすべて今日代ゼミで教壇に立つ上での糧になっていると信じている。

　授業では西洋・東洋の区別なく、受験に必要なすべての範囲を偏りなく、しかもわかりやすく教えることをモットーとしている。生徒からは「先生の倫理のわかりやすさと面白さは別次元！」と、熱烈に支持されている。

　著書は『蔭山のセンター倫理ポイント＆キーワード』『人物で読み解くセンター倫理』『蔭山のセンター政治・経済パワーアップ版』『蔭山のセンター政治・経済ポイント＆キーワードパワーアップ版』『蔭山のセンター倫理、政治・経済ポイント＆キーワード』『蔭山のセンター現代社会パワーアップ版』『蔭山のセンター現代社会ポイント＆キーワード』（以上学研プラス）、『改訂版 大学入試 蔭山克秀の政治・経済が面白いほどわかる本』（KADOKAWA）など多数。

　何事もほどほどに行動することが苦手で、熱中しやすい。現在の趣味は散歩（毎回20km近く歩く）、マンガ読書（最新作から旧作まで一気に20〜30冊読む）。

スタッフ

ブックデザイン	グルーヴィジョンズ
イラストレーション	濱口博文（Hama-House Illustrations）
編集協力	佐野美穂、秋下幸恵、高木直子
スタイリング（オビ写真）	ササキユキ
DTP	株式会社 ジャパンアート
印刷	株式会社 リーブルテック